CW01334214

Je vous écris de l'usine

JEAN-PIERRE LEVARAY

Je vous écris
de l'usine

LIBERTALIA

DU MÊME AUTEUR, AUX ÉDITIONS LIBERTALIA :

Tue ton patron, saison 1 (2010)
Tue ton patron, saison 2 (2012)

Actualité & catalogue complet : editionslibertalia.com

Les chroniques présentées ici sous forme de recueil
ont été initialement publiées dans *CQFD*,
mensuel de critique et d'expérimentation sociales,
de septembre 2005 à juillet 2015.
Il va de soi, ami lecteur, que nous te recommandons vivement
de t'abonner à cette publication, qui nous est chère.
cqfd-journal.org

ÉDITION POCHE

Première édition (grand format) : Éditions Libertalia, Paris, 2016
© Éditions Libertalia, 2016

PRÉFACE

Abonné à CQFD *depuis sa création, j'ai rempilé pour dix ans. Dix années à attendre chaque mois le nouveau numéro et souvent à commencer sa lecture par la chronique de Jean-Pierre Levaray : « Je vous écris de l'usine ». Ouvrier moi-même durant quarante-deux ans, les chroniques de Jean-Pierre me parlent.*

En même temps que débutaient ces chroniques, en 2005, Nicole Maillard-Déchenans* me fit découvrir Une année ordinaire. *Il s'agissait de l'année 2003, marquée par de nombreuses grèves dans l'Éducation nationale. Jean-Pierre y mêlait son quotidien d'ouvrier dans sa « putain d'usine » aux problèmes des enseignants, métier de sa compagne de l'époque.*

La véritable histoire des ouvriers ne peut être mieux racontée que par les ouvriers eux-mêmes. Un exemple de falsification : les «historiens» Robert Belot et Pierre Lamard sont les auteurs de Peugeot à Sochaux, des hommes, une usine, un territoire, *un gros livre illustré de photos d'archives. Pas un mot sur la grève de l'automne 1981 qui a enflammé les ateliers sochaliens du 16 octobre au 27 novembre de cette année-là.*

Pour écrire sur l'usine, il faut la vivre de l'intérieur, la renifler avec ses tripes. Jean-Pierre trouve les mots justes pour raconter son quotidien. Il est l'un des maillons de cette usine d'engrais chimiques située à Grand-Quevilly, près de Rouen. Cette usine était une filiale de

---

* Elle est l'auteure de *Maltraitance sociale à l'enfance*, éditions Los Solidarios, 2004, et de *Pour en finir avec la psychiatrie*, Éditions libertaires, 2008.

Total jusqu'en 2014. Depuis, le pétrolier a vendu l'usine à Borealis, une boîte autrichienne avec fonds d'Abu Dhabi. C'est une usine classée Seveso 2, seuil haut.

Le père de Jean-Pierre est originaire du Havre. Cheminot syndiqué à la CGT mais pas militant. Sa mère est née en région parisienne et les tâches ménagères l'ont occupée pleinement. Le couple s'est rencontré près de Bernay, dans l'Eure, puis est venu s'installer dans la banlieue de Rouen. Jean-Pierre est né en Normandie.

Il a échappé à l'uniforme kaki ; en revanche il a pris pour quarante-deux ans de (putain d') usine. En 1973, dès sa sortie du collège d'enseignement technique, un peu avant ses 18 ans, il y rentre comme ouvrier qualifié. Il en sortira en 2015, en tant qu'ouvrier hautement qualifié. Gravir les échelons, être chef, c'est pas son truc. Il a travaillé trente ans en 5 x 8. Des horaires qui te déglinguent un bonhomme (ou une bonne femme).

Il a été élu délégué du personnel (CGT) et s'est retrouvé secrétaire du comité d'établissement pendant quatre ans. Mais, comme il n'aime pas être chef, il s'est contenté du poste de secrétaire adjoint. Il devient délégué syndical ces dernières années avec des postes au placard.

Jean-Pierre s'est syndiqué une première fois, dès son entrée dans la boîte, mais ses rapports avec certains militants staliniens étaient compliqués. Il a quitté la CGT en juin 1981, ne voulant pas être dans un syndicat trop inféodé au mitterrandisme. Il a repris sa carte à la CGT en 1989, après un accident de travail faisant deux morts. Il n'a jamais cessé de militer depuis.

Pendant les pauses, au travail, Jean-Pierre écrit. De 1985 à 2000 il s'occupait du fanzine On a faim ! Avec

des potes, il soutenait des groupes punk-rock, au discours engagé, anar ou antifasciste. Il n'a pourtant jamais réussi à jouer d'un instrument. Il écrit aussi dans Le Monde libertaire et dans CQFD.

Jean-Pierre aime écrire. La liste de ses publications est longue. Au syndicat, c'est lui qui rédige la plus grande partie des articles du journal (mensuel).

Il est allé, aussi, des paquets de fois à La Défense, au siège de la boîte, pour les réunions obligatoires. Tâches contraignantes. Manifester devant le siège puis envahir les lieux était néanmoins un pur plaisir pour lui.

Aimer son travail, avoir la volonté de bien faire n'empêche pas de prendre à cœur ce qui coince. L'accident mortel de 1989 dont il a été le témoin et le rescapé, puis un autre en 2000, l'ont décidé à écrire sur l'usine. La mort ne laisse pas indifférent. Elle l'a conduit à des questionnements et à une prise de conscience sur le travail.

Pas évident de trouver un sujet chaque mois et de l'envoyer dans les délais à CQFD. Pourtant, chaque chronique est vivante, sortie toute chaude de la machine infernale. Jean-Pierre raconte son usine et, surtout, à travers ses anecdotes, porte la parole de ses collègues au-delà du site industriel. Faire partager leurs colères, leurs joies, leurs espoirs, leurs luttes, leurs victoires, mais aussi leurs travers. En se souciant en permanence du respect des personnes.

Il décrit également les soubresauts de son usine. Fermera? Fermera pas? L'usine employait 2 000 salariés en 1980. Il n'en reste plus que 360 aujourd'hui. Jean-Pierre a vu défiler une douzaine de PDG et directeurs au cours de sa carrière dans cette même boîte. Les PDG sont des pions jetables… avec parachute doré.

Jean-Pierre parle de sa classe : la classe ouvrière, dont il est fier. Le corporatisme est un frein. Il divise les catégories sociales exploitées, alors qu'il est important de commencer par mieux se connaître, se comprendre et comprendre que nous avons un ennemi commun : le capitalisme. Unissons nos forces. Tous ensemble, tous ensemble, ouais ! « Prendre des pierres au mur et construire des ponts*. »

Métallos, enseignants, chômeurs, ouvriers agricoles, postiers, marins pêcheurs, intermittents, routiers, etc., 200 catégories de salariés et d'exclus du monde du travail auraient tout à gagner à mieux connaître les galères que subissent les exploités des autres catégories professionnelles. Affûtons des armes communes, cristallisons un rapport de force dur et tranchant comme un silex projeté dans la gueule de nos exploiteurs. Et, pour se faire la main, sans aller jusqu'à tuer son patron (ce qui n'est pas tâche facile d'après Jean-Pierre), commençons par lui botter le cul.

Replongeons avec un vif intérêt dans ces dix années de chroniques. Souhaitons à Jean-Pierre une bonne, longue et heureuse retraite largement méritée. Retraite qui lui permettra de s'investir encore davantage dans le militantisme.

*Hubert Truxler alias Marcel Durand (dit Bébert)
Zupland – Montbéliard, octobre 2015*

Ouvrier, auteur de Grain de sable sous le capot *sous le pseudonyme Marcel Durand, Agone, 2006.*

---

* Voir VERNANT Jean-Pierre, *La Traversée des frontières*, Le Seuil, 2004.

— I —

SE LEVER, FAIRE LE MUR ET BALAYER

Karim fait de l'intérim depuis quatre ans. C'est pas trop que ça lui plaise, mais c'est comme ça maintenant, se plaît-il à répéter. Début août, il a été embauché par une filiale du groupe Total dans la région de Rouen pour faire du nettoyage. Il nettoie un atelier d'engrais particulièrement crade : lorsqu'il fait humide on patauge dans la bouillasse, quand il fait sec on se retrouve dans des nuages de poussière parfois étouffants. Et cet été est particulièrement sec. Un boulot pas très enthousiasmant, mais qui permet de penser à autre chose. Le contremaître a demandé à Karim s'il pourrait venir bosser samedi matin pour continuer le travail. Les heures supplémentaires, dans l'état actuel de ses finances, Karim les accepte toujours. Seulement, se lever tous les jours à 4 heures du matin, c'est une plaie. C'est la fatigue qui s'accumule. Et ce samedi, Karim n'entend pas le réveil, bondit quand il voit l'heure et se pointe, sur sa moto, devant les grilles de l'usine à 6 heures au lieu de 5.

Les lourdes portes métalliques sont fermées et bien fermées, mais il est hors de question pour Karim de faire demi-tour. Il se dirige vers l'hygiaphone et appuie sur la sonnerie. Rien. Pas de réaction. Il réappuie, encore et encore, sans résultat. Le gardien est sans doute parti au poste de bascule pour s'occuper d'un camion. C'est comme ça maintenant : tout a été centralisé, on a remplacé les gardiens

par des caméras placées un peu partout et, en plus, on a donné des tâches supplémentaires au gardien restant. Karim ne veut pas en rester là, il veut bouffer et il veut se rendre à son turbin. Alors il a une idée : le long de cette muraille, il pose sa moto pour qu'elle lui serve de courte échelle et ainsi il fait le mur. Faire le mur pour aller bosser! Eh oui, ça arrive! Puis il se rend à l'atelier, enfile ses bleus et va bosser comme si de rien n'était.

C'est lorsque les vigiles font leur ronde en 4x4 autour de l'usine, dans la matinée, qu'ils tombent sur la moto abandonnée le long du mur. L'usine de fabrication d'engrais est tenue à des règles strictes de sécurité (« Seveso 2 ») et, de plus, depuis les attentats de Londres en juillet, elle est de nouveau soumise aux dispositions « Vigipirate rouge » (c'est dire). Les vigiles alertent aussitôt la police qui, n'ayant sans doute rien à faire ce matin, se pointe rapidement. « Est-ce que la moto est en panne? Est-ce qu'elle est piégée? À quoi et à qui a-t-elle servi? » Dans ce milieu de parano, les films se font à toute vitesse. Grâce à la plaque minéralogique, les flics trouvent vite le propriétaire de la moto qui n'est autre que Karim. En poussant plus avant les investigations, il est facile de trouver sa piste et de voir qu'il travaille ici. Mais le film continue : « S'il était venu ici pour prendre connaissance des lieux et faire du repérage, pour un éventuel attentat? » Flics et vigiles le recherchent donc dans les ateliers et les hangars. Ils n'ont pas besoin de passer l'usine au peigne fin pour le trouver, armé de son balai, en train de pousser la poussière d'engrais dans des sacs.

Aussitôt Karim est embarqué. En fait, il n'est pas cuisiné longtemps : les flics semblent croire son explication, d'autant que tout le service sécurité de l'usine, arrivé sur les lieux, prend fait et cause pour lui. Le chef du service sécurité se porte presque garant et Karim retourne à son travail.

L'histoire aurait pu s'arrêter là. Seulement voilà : le lundi matin, lors de la réunion d'encadrement, où tous les ingénieurs et chefs de service, le doigt sur la couture du pantalon, doivent faire leur rapport au patron, le chef de la sécurité tient à relater cet épisode de Karim, qu'il trouve plutôt amusant. Le directeur de l'usine ne l'entend pas de cette oreille. Il s'offusque même. Il ne supporte pas cette intrusion, il ne supporte pas que quelqu'un ait fait le mur, même pour venir bosser. Une sanction doit être prise, et vite. Le lendemain, Karim se voit signifier la fin de sa mission dans l'usine. Il a fallu l'intervention des délégués du Comité d'hygiène et de sécurité et du syndicat CGT pour que Karim soit réintégré.

Karim continue aujourd'hui à nettoyer cette poussière d'engrais piquante et suffocante.

Septembre 2005.

LENDEMAIN DE GRÈVE

Mercredi 5 octobre 2005, 5 h 15 du matin. Réfectoire de l'atelier, autour du café. Tout le monde a la tête dans le sac. Les cuillères tournent dans les tasses, lamentablement. Le café nous donnera peut-être un peu de cœur à l'ouvrage. Question ambiance, c'est encore pire que les autres jours où il faut se lever et travailler du matin. C'est comme si on avait la gueule de bois, comme si les flonflons de la fête s'étaient tus. Le quotidien reprend le dessus et c'est bien ça la pire des choses. Je ne sais pas comment ça se fait, parce que, habituellement, les journées d'action, on les fait parce qu'il le faut bien, sans trop d'illusion, parce que ça permet de se payer une journée sans bosser. Une journée à soi, quoi. Cette fois, je ne sais pas ce qui nous a pris, on y a mis tout notre cœur, toute notre hargne, toute notre énergie. Même moi j'y ai presque cru, moi qui n'aime pas ces « journées d'action », ces « temps forts syndicaux » que je fais quand même. Je sais que ce sont davantage des soupapes de sécurité que des grandes avancées du mouvement social. Peut-être qu'on s'est dit que c'était toujours ça : une journée plutôt que le rien, que ces combats qu'on n'arrive pas à mener jusqu'au bout. Est-ce qu'on se fera toujours avoir ?

Surtout que dans l'usine, ça a été très fort. Il faut dire qu'avec les plans de restructuration qui se succèdent, le manque de personnel qui fait que le travail s'intensifie

et qu'il arrive fréquemment que nos repos sautent pour faire des remplacements, les rapports avec la hiérarchie qui se dégradent encore davantage, l'avenir précaire de la boîte... les raisons de la colère ne manquent pas. Se sont ajoutés la SNCM, les hausses de l'essence, le Medef, de Villepin... Que sais-je encore ?

Tout ça mis bout à bout, ça a donné un vrai ras-le-bol et je peux vous dire qu'on a tous mis le paquet sur ce 4 octobre. Ça a discuté très fort dans les ateliers ; on a échangé aussi avec les autres salariés des entreprises sous-traitantes ; il y a eu des revendications déposées, des tensions avec les chefs qui ne voulaient pas qu'on arrête les machines ; il a fallu discuter avec le DRH parce qu'on voulait arrêter toute la boutique et que « ça ne se fait pas pour une simple journée d'action »... Nous on voulait. Bref, dans la boîte, mais aussi dans un des ateliers, les gars de toutes les équipes sont même venus, à une trentaine, la veille de la grève, pour arrêter l'atelier ensemble. Pour montrer aux chefs qu'ils étaient motivés. Comme si le combat reprenait de la vigueur.

Le 4, lors de la manif (imposante), je n'ai jamais rencontré autant de copains de la boîte. Plus encore que pendant le printemps 2003, pour les retraites. C'est dire. Et puis les banderoles ont été rangées, les piles ont été retirées des mégaphones, les tracts sont allés à la poubelle, et chacun est docilement rentré chez lui. On nous a dit qu'on n'allait pas en rester là, que d'autres actions se préparaient, mais...

Toujours est-il que ce matin, à l'usine, le café est amer, en plus il va falloir redémarrer les machines et

revoir la tronche du chef. Bertrand me dit : « Quand est-ce qu'on remet ça pour de bon, parce que j'en ai vraiment marre ? »

Novembre 2005.

LES PORTES DE L'ENFER

Y a aussi ces boulots-là. On ne pense même pas que ça existe encore aujourd'hui, en France. Dans l'industrie chimique, il nous faut côtoyer et utiliser des produits plus ou moins corrosifs, plus ou moins dangereux. Ils servent pour accélérer ou faciliter certaines fabrications. Dans différents réacteurs, tubes, fours ou chaudières, on place des catalyseurs qui aident à des réactions chimiques ou physiques. La plupart du temps, ce sont des anneaux ou des billes de porcelaine et de métaux lourds mêlés. Ces catalyseurs vieillissent vite et se chargent d'impuretés. Il faut donc les changer régulièrement. Ce n'est pas nous qui manions ces produits. Dans l'usine, il est fait appel à des entreprises sous-traitantes, souvent étrangères et «spécialisées». C'est-à-dire qu'elles mettent sur le marché un produit, du matériel, un procédé particulier pour un type donné de travail. En fait, le plus souvent, ces boîtes gèrent principalement du personnel précaire qui ne reste pas longtemps, vu les conditions, mais qui est relativement bien payé. Ce genre de boulot est généralement dangereux à court et à long terme, car les catalyseurs sont des produits souvent pyrophoriques (qui s'enflamment à l'air) et toujours cancérigènes. J'en ai vu des «spécialistes» contraints de travailler dans des conditions telles qu'au bout de quelques heures ils enlevaient leurs masques à gaz et leurs gants pour trier à mains

nues ces petites boules à l'aspect inoffensif, mais qui auront peut-être des incidences sur leur santé dans vingt ans (et d'ici là, comment se rappelleront-ils qu'ils ont manipulé ce produit dangereux?). Aujourd'hui, c'est autre chose. Le lieu d'intervention est un four immense, d'une cinquantaine de mètres de longueur sur une vingtaine de hauteur, dans lequel se trouve un catalyseur usagé. Il faut l'enlever pour le remplacer par du neuf. Bien qu'arrêté depuis trois semaines, le four est encore à une température de 45° C. Et ça n'a pas l'air de vouloir refroidir davantage. Il a fallu le placer sous atmosphère dangereuse, puisque de l'azote y est injecté en permanence pour empêcher que le catalyseur ne s'enflamme au contact de l'oxygène de l'air.

Akim est dans le four depuis plus d'une heure. Il a enfilé un scaphandre dans lequel de l'air est envoyé régulièrement par un petit compresseur. En plus d'un matériel radio, il porte un capteur sur son torse pour vérifier son rythme cardiaque, des fois que… Ainsi qu'une caméra vidéo au-dessus de lui pour le surveiller, des fois que aussi… Il est attaché par un filin qu'un collègue, à l'extérieur du trou par lequel Akim est passé, tirera quand ce dernier fera signe ou en cas de danger.

J'oubliais : il y a aussi un pompier en faction, prêt à intervenir. C'est dire si ce travail est dangereux. Akim est au fond du four, sur le lit de catalyseur, seul. Il manie un énorme aspirateur qui avale le catalyseur et le recrache à l'extérieur, au bout d'une centaine de mètres de tuyau. *A priori* ce n'est pas

très compliqué, si ce n'est que les conditions sont difficiles. Akim sue à grosses gouttes et ses yeux le piquent. Comme si ça ne suffisait pas, le temps ne passe pas vite. Akim est turc, il a été embauché par une boîte belge. Il sait qu'il ne restera pas longtemps mais ça paie bien. Ce n'est que la troisième fois qu'il travaille sur un chantier de ce type.

C'est à ce moment qu'il ressent comme une chaleur qui monte. Il crie dans sa radio pour alerter l'extérieur. L'information est aussitôt transmise et, dans la salle de contrôle située à une centaine de mètres, quelqu'un augmente la pression d'azote. Ce qui devrait avoir comme effet d'abaisser la température. Mais ça ne marche pas. La pression plus forte soulève de la poussière et la température monte encore. Akim sent ses pieds qui le brûlent. Le catalyseur est rouge, il entre en fusion. Akim crie : « À l'aide, remontez-moi ! » Dix fois il crie. Le pompier et le collègue, Denis et Sébastien, s'activent. Mais pour évacuer Akim, il faut d'abord sortir le matériel qu'il utilise par le seul et unique orifice de sortie. Dehors, ils entendent Akim qui continue à crier dans la radio. Enfin, ils tirent le filin de toutes leurs forces. Lorsqu'il est à portée de main, Sébastien l'agrippe par le harnais pour accélérer son évacuation. Il a fallu cinq longues minutes pour le sortir. Dehors, Akim, couché sur la passerelle, est libéré de son scaphandre. Il est dans le cirage. On le déshabille et on lui asperge les pieds avec de l'eau. Les secours, déjà alertés, arrivent sur place et Akim est emmené au CHU : brûlure des pieds au deuxième degré. Il s'en

tire bien, il aurait pu y passer. Un défaut de sécurité, une erreur de conception et une mauvaise installation ont entraîné trop de temps pour tirer Akim de ce piège. Le soir même, Akim sort de l'hôpital et se trouve acheminé en Belgique. Son patron lui propose un poste aménagé dans un bureau, pour cacher qu'il s'agit d'un accident du travail. C'est comme ça que les patrons agissent pour ne pas avoir à payer de taxes. Pourtant il y en a des accidents au boulot (730 décès en 2000). Akim accepte la proposition, parce que ça lui permet de retourner chez lui. Peu importent les conditions. Akim a eu peur aujourd'hui. Très peur. Prisonnier dans ce four noir, avec la chaleur qui monte à ses pieds, la douleur, la raison qui s'en va, les cris... C'est comme s'il avait entrouvert les portes de l'enfer.

Décembre 2005.

LES ÉPONGES FARCIES

Didier aurait dû ne partir en retraite que dans deux ans mais, en fait, il a quitté l'usine l'année dernière : le dernier plan de restructuration l'a surpris et l'a fait partir en préretraite. Il s'en est plutôt bien tiré, puisqu'il n'aura pas à subir la loi Fillon. Même s'il a toujours fait partie des gens qui semblaient s'éclater au boulot (après des années passées comme mécanicien, il avait obtenu un statut d'agent de maîtrise sans avoir vraiment de personnel à diriger et ça lui allait bien), Didier a sauté sur l'occasion de partir dans de bonnes conditions, avant que la boîte ferme définitivement, et permettant qu'on ne vire pas un plus jeune à sa place. Donc, il s'était fait à l'idée de partir. C'est trois mois avant son départ que ça s'est compliqué. Lui qui n'avait jamais fumé s'aperçut qu'il avait de plus en plus de mal à respirer, monter les escaliers lui devenait pénible, sortir faire les courses l'épuisait. Parfois, la nuit, il se réveillait en sueur et manquant d'air. Il alla voir son médecin qui ne comprit pas vraiment et l'envoya faire des examens. Le résultat du scanner arriva quinze jours avant les adieux de Didier à l'usine. Diagnostic radical : « cancer de la plèvre, suite à des expositions à l'amiante ». C'est peu dire que son départ ne fut pas joyeux. Comme d'autres (mais pas pour les mêmes raisons), il n'organisa pas de pot de départ. Les six premiers mois de retraite de Didier se passèrent en allers-retours dans

les pavillons pour cancéreux du CHU de Rouen, où il subit rayons et chimio, et où il morfla plus qu'à son tour. Aujourd'hui, son cancer n'est pas guéri mais semble stabilisé. Didier est suivi de près et paraît avoir repris le dessus. Il ne sait pas combien de temps il lui reste à vivre, mais il a décidé de se battre. Car, pendant son traitement, Didier a eu le temps de réfléchir. Il s'est souvenu avoir manié des tresses d'amiante (« tellement plus efficaces ») pendant des années et s'être retrouvé dans des nuages de fibres sans vraiment savoir le danger auquel il s'exposait.

Pourtant, la nocivité de l'amiante est reconnue par les autorités françaises depuis 1945. Déjà avant la Deuxième Guerre mondiale, des médecins avaient fait le rapprochement entre la fibre isolante et certaines maladies pulmonaires. Alors que l'amiante était interdit ailleurs dans le monde, les pressions des industriels de l'Hexagone retardèrent son interdiction jusqu'en 1978, et encore, avec un délai d'application… En discutant ces derniers mois, Didier a rencontré pas mal d'anciens collègues retraités qui présentaient diverses maladies produites par l'amiante (plaques pleurales et autres cancers). Alors il a contacté l'Adeva 76 (Association de défense des victimes de l'amiante de Seine-Maritime) et a découvert que la région était fortement touchée à cause des chantiers navals et de l'industrie automobile. Il apprit que d'ici à vingt-cinq ans, la France compterait 250 000 victimes de l'amiante. Alors que les anciens retraités victimes de l'amiante sont trop malades et trop affaiblis, ou ont préféré se fier aux

explications de la direction affirmant qu'elle n'était pas responsable et que leurs maladies avaient été contractées bien avant de travailler dans cette usine, Didier ne veut pas en rester là. Il vient de porter plainte contre l'usine pour homicide et blessures involontaires. Cela ne lui rendra pas la santé, mais ce combat semble lui donner une force nouvelle. Et, en le rencontrant, il y a quelques jours, j'ai vu qu'il avait retrouvé une lueur de malice dans les yeux. Cette lueur qu'on a les jours où on emmerde le taulier.

Janvier 2006.

RUMEURS AVANT FERMETURE

L'ambiance dans l'usine est particulière en ce moment. Particulière, mais pas nouvelle. Depuis une quinzaine d'années, nous subissons des plans de suppression d'emplois quasi continus qui ont fait passer le nombre des collègues de 2 000 à 400. Cela s'est fait sans trop de vagues, surtout par des départs en préretraite, plus rarement par des mutations sur d'autres sites, plus rarement encore par des licenciements. La moyenne d'âge dans l'usine a facilité les choses aux patrons successifs. Reste que c'est dur à vivre quand même, notamment pour les quelques mutés qui ont dû changer de vie, mais aussi pour ceux qui restent. Car si les effectifs diminuent, le travail, lui, s'intensifie. Le dernier plan « de sauvegarde de l'emploi » (PSE), comme ils disent maintenant, a été radical : un tiers de l'effectif en moins. Terminée le 31 décembre dernier, cette fameuse « sauvegarde » a même supprimé trois emplois de plus que la cible initialement annoncée (223 au lieu de 220). À ce rythme, encore deux plans et l'usine fermera définitivement. On s'y attend tous. Le recours aux préretraites, aussi appelé gestion « palliative » de la fermeture, prend plus de temps qu'une charrette de licenciements secs, mais présente l'avantage de ne pas provoquer de réactions trop viscérales. À part quelques mouvements de colère à chaque annonce d'un nouveau plan, comme un exercice obligatoire,

c'est le calme quasi assuré pour la direction : la majorité des partants est plutôt contente de se barrer avant l'âge prévu. Et puis les dirigeants peuvent toujours pointer l'épée de Damoclès qui plane sur l'avenir de la boîte. Pas facile de revendiquer face à ce chantage, sauf en de rares exceptions encore agréables à vivre.

Habitués que nous sommes à voir ces plans se succéder d'une année sur l'autre, on les agrémente de toutes sortes de rumeurs. Pour le dernier en date, c'est en octobre 2005 que de nouveaux potins sont apparus dans l'usine et même sur l'ensemble des sites du groupe encore en activité. Pas besoin de sortir des hautes écoles pour se douter que c'en est fini de l'industrie lourde en Europe, en particulier la nôtre, celle des engrais. Le problème, c'est qu'on ne sait pas quand le rideau baissera. Dans deux ans, quatre ans, dix ans ? Les on-dit viennent rarement des ouvriers. Ils émanent le plus souvent de l'encadrement et des contremaîtres, parce qu'ils se croient dans le secret des dieux, ou encore des syndicalistes de la CFDT, qui se veulent eux aussi des partenaires privilégiés. On rivalise de conjectures sur les échéances du plan, les sites concernés, les ateliers visés. « Les sites de Bordeaux et de Nantes vont fermer », prédit l'un. « Ici, il y aura 80 suppressions d'emplois », lâche un autre. « Non, il y en aura 150 ! » « Sur l'ensemble du groupe, ça fera encore 330 suppressions d'emplois. » « Ce sera tel atelier qui fermera »... Tout y passe. On se refile les dates d'un prochain comité central d'entreprise extraordinaire qui, bien sûr, n'aura pas lieu. Des cadres soutiennent mordicus qu'ils savent tout, mais le jour prévu, il ne se passe rien.

Il y a les ouvriers âgés qui rêvent de leur possible départ en préretraite : « Moi, je suis le cinquième à partir », « Moi le trentième »... « Quand est-ce qu'il a vraiment lieu ce nouveau plan ? » Pour les rares jeunes, c'est autre chose : ils attendent le plan dans l'espoir d'être mutés à la maison mère, Total. Étrange ambiance dans l'usine. Une rumeur qui enfle et devient sujet quotidien de discussion. Quelque chose qui voudrait que tout cela soit une fatalité. Au fur et à mesure que passent les semaines et les mois, la rumeur va s'amplifier et la tension grimper encore. Les ouvriers ne vont plus avoir que cette seule préoccupation : démêler le vrai du faux. Pris dans une incertitude grandissante, sachant de moins en moins à quelle sauce ils seront mangés, ils vont se taire ou accepter des conditions de travail dégradées. Parce que c'est surtout pour ça que naissent les rumeurs : pour servir la direction. Du coup, le jour où le nouveau plan de suppression d'emplois tombe pour de bon, c'est presque un soulagement, comme une pression qui se relâche. Enfin on y est ! Pour supprimer encore d'autres postes, la direction n'aura même pas à jouer sur du velours : on s'y sera tellement préparé que le mal est déjà fait.

Février 2006.

RÊVE DE BANANERAIE

Driss est l'un des rares ouvriers de l'usine à habiter le vieux quartier qui longe la zone industrielle. Il s'y est installé juste après son mariage et y est resté. Il a seulement déménagé d'un pâté de maisons à un autre, lorsque ses cinq enfants ont commencé à prendre trop de place. Driss a toujours vécu là parce que les loyers sont peu élevés et que la proximité de l'usine fait qu'il n'a pas besoin de véhicule pour venir bosser. D'ailleurs on le croise souvent sur le chemin de l'usine, marchant à un bon rythme. Et quand on lui propose de monter dans notre voiture pour s'économiser, s'abriter ou arriver plus tôt, il refuse toujours. Question de rythme, peut-être. L'autre raison pour laquelle il reste ici, c'est que dans ce vieux quartier il a une vie sociale. Ça fait trente-deux ans qu'il a quitté son pays, qu'il travaille à l'usine et vit dans la région. Et ça en fait vingt-quatre qu'il habite ici. Parmi les autres habitants africains du quartier, il fait figure d'ancêtre. Ce statut social est renforcé par le fait qu'un grand nombre de ceux et celles qui ont quitté leur pays pour s'installer ici viennent de la même région, voire du même village que lui.

Sans être un marabout, Driss a maintenant un certain poids sur ce qu'il aime appeler sa «communauté». Il est respecté et écouté. Sa femme et lui ont créé une association pour envoyer au village du matériel, des livres et des ustensiles utiles. Parfois ils organisent des fêtes, dont leur fille aînée est la maîtresse de cérémonie.

Ce sont des soirées joyeuses, remplies de couleurs, de musique, de bouffe et de souvenirs. Driss s'y sent bien. Ces fêtes le valorisent et lui donnent une fierté. Il en va tout autrement à l'usine où, comme la plupart de ses collègues africains, il n'a pu évoluer ni en qualification ni en coefficient. Ce qui cloche, c'est que Driss a 58 ans et que, dans l'usine, avec tous les plans de suppression d'emplois et de départs en préretraite, il est désormais le plus âgé. Ce n'est pas qu'il veuille rester, au contraire. Il en a marre de ce travail. Il dit qu'il n'en peut plus, qu'il ne tiendra pas longtemps. Bien sûr, ce n'est pas génial d'accepter la préretraite, c'est abdiquer devant le patron, c'est accepter que l'usine ferme, mais à un moment, on en a tellement marre…

Lors du dernier plan de restructuration, vu son âge, il a fait valoir ses droits, mais on lui a répondu qu'il n'avait pas cotisé assez longtemps. « Comment ? s'est-il exclamé. Je travaille depuis que j'ai 10 ans ! » « Oui, mais c'était dans votre pays et vous n'étiez pas déclaré », lui a-t-on répliqué. Cette réponse a été comme un coup de poignard. Il était tellement sûr de faire partie de la charrette des départs. Il a tant de projets et tant de choses à faire. On a besoin de lui dans son pays, du moins c'est ainsi qu'il perçoit les choses. Ses parents sont morts et il est l'aîné. Alors il pense avoir un devoir à accomplir. Il a toujours aidé sa famille en lui envoyant un peu d'argent, il doit continuer. Rester dans ce quartier et à l'usine, alors qu'il se doit de retourner là-bas, ça lui prend la tête. Il ne pense plus qu'à ça. Sa femme lui dit qu'il est fou et qu'il n'a pas à se mettre dans des états pareils pour une famille qui va l'exploiter. Ses

enfants lui disent que, pour eux, il est hors de question de retourner en Afrique. Mais rien n'y fait, il partira seul s'il le faut. C'est plus fort que lui.

Le problème, c'est que Driss a fait une erreur : persuadé qu'il quitterait l'usine avec une prime de licenciement en poche, il a fait des investissements au pays. Il a d'abord accéléré la construction d'une maison qui se montait d'année en année au gré de ses économies. Ensuite, et c'est ça le pire, il a acheté une bananeraie pour fournir du travail à ses frères et peut-être à d'autres. Je n'ai pas pu savoir s'il envisageait une gestion coopérative – voire autogestionnaire ? – de sa plantation, ou un mode plus classique et autoritaire... Reste qu'aujourd'hui il en est là : sa future maison et ses futures bananes l'ont amené à cumuler des dettes qu'il n'arrive plus à rembourser avec son seul salaire. Les fins de mois sont plus que difficiles. Lui qui s'en sortait bien ces dernières années, voilà qu'il replonge. Dans la maison, la tension a monté et ce sont des engueulades à n'en plus finir. Sa femme lui reproche ses investissements d'égoïste, d'autant qu'il a fait tout ça sans lui en parler. « Tu veux jouer les rois là-bas, alors qu'ils vont t'exploiter jusqu'à ton dernier franc CFA ! », crie-t-elle encore. La vie n'est plus pareille désormais. Driss pensait qu'il aurait les mêmes droits que ses collègues, qu'il aurait droit à une nouvelle vie, qu'il pourrait retrouver une vie qu'il avait abandonnée et sur laquelle il fantasme désormais. Aujourd'hui, assis sur son perron, il regarde son maigre jardin. Au-dessus passent les fumées de l'usine. Il voudrait être ailleurs.

Mars 2006.

PUTAIN D'USINE : ON FERME !

Ça y est, ça recommence. Après le dernier plan de suppression d'emplois du 31 décembre dernier (215 départs, soit un tiers de l'effectif), il ne nous aura fallu attendre que trois mois pour subir le suivant : 100 postes éliminés, soit un quart de ce qu'il restait. Le compte à rebours s'accélère. Jusqu'à présent, on pouvait compter sur une trêve d'un ou deux ans entre deux plans sociaux, maintenant ils nous laissent à peine le temps de respirer. Total veut mettre la clé sous la porte de nos boîtes et puis c'est tout. Comme dit Villepin, « dans un monde qui change très rapidement, il faut aller vite, il faut s'adapter ». Située à Grand-Quevilly, près de Rouen, mon usine fait partie du groupe Grande Paroisse, filiale engrais du groupe Total. Florissante autrefois, la boîte a perdu de sa rentabilité. En un sens, c'est pas plus mal. Le marché des engrais chimiques est en berne : les agriculteurs en ont tellement mis partout qu'ils peuvent se permettre de lever le pied. D'autant que leurs revenus sont à la baisse et qu'ils préfèrent donc n'utiliser que des engrais « coup de fouet » (ammonitrates) pour doper les rendements. Et puis notre matériel et nos ateliers sont délabrés, il faudrait investir un paquet pour les maintenir en service. À quoi bon ? L'industrie des engrais est polluante et dangereuse (AZF Toulouse faisait partie du groupe) et les populations environnantes ne veulent plus de nos usines-poudrières. On les comprend.

Ce qui se comprend moins, c'est que Total ne semble pas rassasiée par les bénéfices records qu'elle a accumulés en 2005 : 12,5 milliards d'euros. Soucieuse de faire mieux, elle se débarrasse de toutes ses usines d'engrais pour se centrer sur les raffineries et tout ce qui a trait au pétrole, infiniment plus rentable. Dans leurs calculs, les ouvriers comptent pour du beurre. Lors d'un conseil d'administration (CA) qui a eu lieu ce 30 mars, PDG et pseudo-administrateurs ont donc bâclé, en une demi-heure, une analyse démontrant la nécessité de fermer certaines usines de Grande Paroisse. Armés de transparents, de schémas et de puissantes considérations économiques, ils ont convoqué dans la foulée un Comité central d'entreprise (CCE) extraordinaire pour expliquer aux élus du personnel que ledit personnel était maintenant superflu. Résultat des courses : quatre sites sur sept fermés définitivement, un tiers de l'effectif global supprimé (425 personnes). Un plan bien lourd et saignant, même si les deux tiers des départs se feront en pré-retraites. Comme à chaque fois, nos patrons ont multiplié euphémismes et dénégations. Alors que la charrette précédente avait été baptisée « plan de sauvegarde de l'emploi » (sauvegardé par la suppression de 265 emplois), la nouvelle pelletée porte le joli nom de « plan de redéploiement industriel et de développement ». En fait de «développement», on sait tous que ça sent le sapin. Pour nous arnaquer, nos patrons emploient une novlangue orwellienne qui appelle une chose par son contraire. Un peu comme avec le CPE, enrobé dans une « loi sur l'égalité des chances » qui

creuse l'inégalité des malchances. Autre fait notable : tout le monde savait déjà avant le 30 mars à quelle sauce nous serions mangés. Tout comme lorsqu'un ministre s'apprête à annoncer une nouvelle «réforme» et que les médias, en amont, nous vantent son contenu. Dans les usines du groupe, certains cadres et quelques militants de la CFDT s'empressaient de balancer des chiffres et des informations que les directions se faisaient un plaisir de contester. Cela entretenait un climat de rumeurs, d'inquiétude et de tension au terme duquel ce CCE a presque été vécu comme un soulagement. Dans l'usine, l'annonce crée une drôle de sensation. Il y a ceux qui s'étonnent d'apprendre qu'ils vont dégager. Ceux qui n'attendaient que ça, les pieds déjà calés dans les starting-blocks. Ceux qui calculent quand l'usine fermera pour de bon, ceux qui craignent de ne pas être assez jeunes et déjà trop vieux pour retrouver quelque chose. Il y a aussi les jeunes qui espèrent que ce plan leur permette de trouver un meilleur boulot ailleurs... On ne sent pas de combativité, plutôt comme une vieille odeur d'habitude.

Pour ceux qui partent à 55 ans en conservant quasiment leur salaire, c'est quand même une aubaine, surtout avec la loi Fillon-Raffarin qui veut nous faire trimer au-delà de 60 piges... Dans mon usine, c'est plutôt pour ceux qui restent que ce sera dur. La fermeture de trois ateliers supplémentaires va entraîner une restructuration des services et donc un accroissement de la charge de travail, ainsi que des accidents qui vont avec. Le climat va encore se détériorer davantage, parce que c'est déprimant de bosser dans

une usine en fin de vie. D'autant plus que les patrons vont nous dire que l'activité continue et que certains pousse-culs y croiront (ou feront comme si) et nous feront bosser encore plus. On sait tous très bien que ça ne pourra pas durer, ne serait-ce qu'en voyant l'état vétuste des installations. Et puis il y a les quatre autres sites qui ferment définitivement. Pour les collègues de là-bas, ça va être chaud. Il y aura des mutations, des changements de vie et de région, des déménagements non désirés. Il y aura aussi des «reclassements» sans suite et des gens qui ne retrouveront pas de boulot. On a tous des copains et des copines, là-bas, pour qui l'avenir est mal barré. Voilà où l'on en est aujourd'hui. Une grande partie de mes collègues du syndicat ont la haine. J'aimerais être comme eux, mais c'est le sixième ou septième plan de restructuration qu'ils nous fourguent dans cette boîte, alors je fatigue. Je sais que je ferai tout ce qu'il y aura à faire, manifs, grèves, occupations de bureaux du patron. Je sais aussi que durant les quatre prochains mois, on va encore se taper des tas de réunions inutiles avec les membres de la direction. Les voir me donne de plus en plus la nausée. Ce soir, je n'ai pas la foi. J'ai vu trop de copains partir et je sais que l'usine est condamnée. Ce boulot et cette boîte me sortent par les yeux et je devrais me réjouir d'être un des prochains sur la liste. Au lieu de ça, j'ai un goût de cendres dans la bouche.

Avril 2006.

COUPS DE POT

Les accidents du travail font partie de la vie de tous les salariés, que ce soit dans l'industrie, les services, le bâtiment, j'en passe et des meilleures. Les derniers chiffres disponibles font état de 721 227 accidents du travail avec arrêt et 661 décès pour l'année 2003, ce qui n'est pas rien. En fait, il ne s'agit que des accidents déclarés, car il est impossible de compter tous les postes «aménagés», tous les « tu restes chez toi deux trois jours payés, le temps de cicatriser », que les patrons savent inventer pour cacher des accidents et ne pas payer les taxes afférentes. Ce qui veut dire que leur nombre est largement sous-estimé. L'accident du travail fait donc partie du quotidien à l'usine, on ne le subit pas toujours, on en est seulement témoin parfois, mais en fin de carrière, si on y a échappé, on se demande si c'est pas à l'intérieur qu'on est accidenté. Parce qu'on en a trop vu. C'est aussi sans compter tous les coups de pot, toutes les fois où on a eu la veine de passer à côté de l'accident ou de la catastrophe. Parce que c'est heureusement ce qui se produit le plus souvent. Mais on se demande…

Quelques petits exemples récents dans l'usine : Djibril devait réparer une vanne posée sur une tuyauterie d'acide qui fuyait grave. La tuyauterie avait été vidée, les paperasses engageant toutes les mesures de sécurité avaient été dûment remplies. Djibril pouvait intervenir sans danger. Sauf que l'atelier était en phase de démarrage. Lorsqu'il s'est attaqué à la vanne, celle-ci a littéralement explosé.

Le jet d'acide est passé à 10 centimètres de son visage. La pression était si forte qu'il n'y a même pas eu une goutte perdue pour le brûler. Il a eu le souffle coupé par la peur, c'est tout. Djibril a vite quitté l'endroit. C'était fini pour lui, du moins pour la journée. L'acide sulfurique, en général, ça ne pardonne pas. Coup de pot.

Il y a eu cette cuve, aussi, remplie d'un liquide neutralisant. Ce que personne ne savait, c'est qu'une microfuite d'hydrogène s'y déversait lentement depuis des années, difficilement décelable. Un jour, peut-être à cause de la chaleur, peut-être à cause de la proportion de gaz, va savoir, cette cuve a explosé. Elle s'est élevée à une vingtaine de mètres comme une fusée. Puis elle a courbé sa trajectoire et est retombée dans un fracas terrible. La cuve aurait pu tomber sur la salle de contrôle et blesser ou tuer. Mais non, ce jour-là elle a seulement réduit en morceaux un vieux hangar en tôle. Coup de pot.

Il y a cet autre endroit, dans un hangar où on stocke de l'engrais : le magasin B. Les manutentionnaires ont l'habitude de s'y retrouver pour faire une pause, discuter, fumer une clope. Voilà qu'un matin, à la prise de poste, ils constatent abasourdis qu'une plaque de béton armé de plusieurs tonnes vient de s'écraser sur le magasin B. Ça s'est passé la nuit, quand il n'y avait personne. Coup de pot.

Il y a cet ancien atelier qui est en cours de démolition. Il ne reste plus grand-chose : tout le béton, toutes les tuyauteries, toute la pomperie, les bidons, les turbines… tout a été découpé, détruit et enlevé. Il ne reste plus que cette gigantesque bonbonne de 400 tonnes à faire tomber. Jean-Luc, armé d'une tractopelle et d'une gigantesque

cisaille, est en train de s'attaquer à la ferraille… Quand, soudain, celle-ci s'écroule. C'était pas calculé comme ça. La bonbonne tombe sur l'engin et sur Jean-Luc. Ça fait un boucan terrible. La tractopelle est écrasée sous le poids. Les témoins appellent les pompiers de l'usine. Pas facile d'intervenir : les pompiers ne savent pas par quel bout s'y prendre pour dégager ce qui ne peut être qu'un cadavre. L'un d'eux, pourtant, se faufile dans les gravats. Il voit une main qui dépasse. Sûr que Jean-Luc est mort, il n'ose pas trop y toucher, pourtant, il le fait. Il tâte le pouls. Il vit. Vite, les pompiers s'activent. Une autre machine est sur place pour soulever la ferraille. L'opération dure plus de deux heures. En fin de compte, Jean-Luc est dégagé. Même pas blessé, juste quelques hématomes. Il rouspète en sortant, car il croyait y passer. En fait, il s'est retrouvé protégé dans une sorte de poche métallique. Coup de pot.

Enfin, dernier en date, dans mon atelier : une énorme cuve de 1 500 m^3 d'eau, qui trône en plein milieu de l'atelier, « pour la sécurité », en cas de manque d'eau inopiné. Il y a sept ans déjà, le service chargé d'inspecter le matériel avait décelé une forte corrosion : la ferraille ne faisait plus que deux millimètres au lieu de six. Mais, comme ce n'était pas un réservoir prioritaire, quelques petites rustines seulement avaient été placées çà et là. Or voilà que, ce matin-là, la cuve se fend littéralement en deux et que la flotte se répand dans l'atelier comme un mini-tsunami, emportant tout sur son passage, pompes et tuyauterie. Heureusement, ça s'est passé à 7 h 15, un quart d'heure avant que les ouvriers d'entretien et de maintenance n'arrivent sur les lieux. Coup de pot, encore…

Avril 2006.

ON A TROUVÉ UN TRÉSOR

Le mois dernier, je vous parlais du nouveau plan de suppression d'emplois qui touche mon usine et tout le groupe dont elle dépend, Grande Paroisse, filiale engrais de Total. Si, dans les petits sites qui vont fermer (à Nantes, Bordeaux, Granville et Oissel), les ouvriers sont assez remontés (beaucoup sont venus manifester devant le patron et au siège de Total), ici, à Rouen, c'est un peu le calme plat. C'est que les sept charrettes successives ont laissé des traces. Et puis, comme dans mon usine il ne s'agit «que» de départs en préretraite, ceux qui vont partir aimeraient plutôt s'en aller tout de suite… En attendant que tout se mette en place, j'avais envie de vous raconter un épisode troublant que j'ai vécu, il y a peu, lors du montage de ma pièce de théâtre*. Marie-Hélène, la metteuse en scène, et Valérie, la décoratrice, cherchaient des armoires métalliques pouvant servir au décor. Coup de bol, une rencontre de hasard, Michel, m'a dit : « Je connais un endroit. » Avec Yves, le régisseur, voilà qu'on se retrouve dans un bâtiment abandonné près du quai de déchargement le long de la Seine. Une usine qui part en morceaux, c'est l'endroit idéal pour se dégoter quelques breloques. Mais ça n'a pas été si simple. Comme si j'arrachais le cœur à certains…

Michel nous attend sur le quai et nous fait entrer dans l'usine par la porte de derrière. Non parce que c'est illégal (ce matériel est destiné à la ferraille et le bâtiment

---
* *Des nuits en bleus*, Éditions libertaires, 2006.

va être détruit la semaine prochaine), mais pour éviter les palabres et la paperasserie. Michel ouvre la porte et nous pénétrons dans les lieux. Il s'agit d'une enfilade de trois pièces : un bureau, un réfectoire et un vestiaire. À en juger par le dernier calendrier accroché au mur, l'endroit est déserté depuis trois ou quatre ans. Depuis qu'on a arrêté de charger et décharger des bateaux. Manifestement, le bâtiment a déjà été maintes fois visité et revisité. Tout ce qu'il était possible de chiper l'a été, même le carrelage mural. Le moindre tube de néon, l'évier, les prises électriques, le matériel de bureau... tout a disparu. Notre récupération va venir s'ajouter à toutes ces prises sur le tas. Les sols et les murs sont recouverts d'une poussière rose, vestige de l'époque où l'usine faisait venir des phosphates du Maroc.

Bizarrement, les six armoires que nous venons prendre sont toutes fermées à clé et n'ont donc pas été inspectées. Peut-être par respect pour les collègues... C'est nous qui allons profaner ces placards, car pour les transporter, il vaut mieux les vider. Ce n'est pas compliqué : il suffit d'un tournevis, la serrure cède du premier coup. Chaque placard ouvert et c'est comme un petit univers qui s'offre à nous, des bouts de vie éparpillés comme dans une boutique de souvenirs. Celui-là est parti en laissant toutes ses affaires : serviette, savons et tubes de crème médicale, il souffrait manifestement de problèmes de peau. Celui-ci entassait des revues de motos, la porte intérieure du placard est constellée d'autocollants de marques de bécanes. Chez un autre, il reste une bouteille de whisky vide, deux jeux de cartes et des photos sorties d'une imprimante présentant une bouffe

d'atelier en pleine nuit (parmi les gars, j'en reconnais deux). Cet autre encore, sans doute le chef d'équipe, a planté là les agendas distribués chaque début d'année, il y en a 15 et ils n'ont jamais servi. Ailleurs, au milieu des gants de travail en nombre, se trouvent six alarmes pour voitures encore dans leurs étuis, ainsi qu'une collection de la revue *Art & Décoration*. Sur la porte de cette armoire, enfin, il y a des photos de filles à poil. C'est fou l'excitation qui nous gagne à la découverte de ces morceaux de vie. Michel, Yves et moi emportons quelques ustensiles, puis nous embarquons les armoires dans l'utilitaire loué pour l'occasion, laissant aux pelleteuses les reliques qu'elles contenaient.

Pourquoi évoquer cet épisode ? Parce qu'en fouillant ces placards désaffectés, nous avons joué aux archéologues. Nous nous sommes attendris un peu et avons ri pas mal en exhumant ces débris et les histoires qu'ils racontent. À part pour celles et ceux qui y travaillent, entrer dans une usine est quasi impossible. Que se passe-t-il derrière ces hauts murs, sous ces fumées et ces odeurs recrachées ? Dans mon usine qui part en petits morceaux et où les plans de suppression d'emplois se suivent les uns après les autres, le fait d'avoir joué à l'archéo me projette dans un futur proche, quand l'usine sera complètement fermée (ce qui arrivera peut-être plus tôt qu'on ne le pense). D'autres viendront sur les lieux. Ils escaladeront les murs, viendront chercher ce qui restera encore à récupérer et peut-être tomberont-ils sur des restes de nous. Sauront-ils ce que cela aura représenté de souffrances et de vies perdues ?

Mai 2006.

LE TRUST, LE LAMPISTE ET 30 MORTS

Ça y est, le rapport d'expertise sur la catastrophe d'AZF est enfin sorti. Il aura fallu attendre près de cinq ans pour apprendre ce que l'on savait déjà : l'explosion d'AZF et ses 30 morts sont dus à un phénomène chimique lié à des « dysfonctionnements de management ». C'est une façon plus polie de répéter ce que l'on dit depuis des lustres. À part quelques salariés toulousains d'AZF qui refusaient d'ouvrir les yeux (que Total leur avait bien fermés), la plupart des ouvriers et syndicats de la chimie ont toujours dénoncé les conditions de sécurité dans l'industrie et le recours de plus en plus fréquent à du personnel précaire (et donc non formé). Reste qu'aujourd'hui deux personnes seulement se retrouvent mises en examen : le directeur général (ça fait partie de son boulot) de Grande Paroisse, filiale de Total, et le manutentionnaire qui a versé le produit chloré sur le stock d'ammonitrates. C'est-à-dire que c'est le lampiste qui risque de trinquer pour les manquements de Total en matière de sécurité, de formation et de conditions de travail. À cela s'ajoute que ce manutentionnaire est, lui aussi, une victime de l'explosion.

Avec quelques complicités, dans les médias notamment, Total a d'abord fait en sorte que toute une panoplie de fausses pistes soit mise en avant : attentat islamiste, obus datant de la guerre sous les hangars, hélicoptères au-dessus de l'usine avant l'explosion, incident dans l'usine voisine de la SNPE... On se sou-

vient du *Figaro* faisant ses choux gras du «scoop» d'un terroriste évidemment arabe infiltré parmi le personnel et enfilant plusieurs caleçons avant de se faire sauter… Tout ce baratin, Total l'a manigancé pour se dédouaner, retarder les échéances du coût financier de la catastrophe (une grosse partie a été payée par les assurances du groupe), mais aussi pour des raisons directement liées au monde merveilleux des affaires. Les requins de la Bourse sont versatiles. Si la responsabilité de Total était prouvée, actionnaires et fonds de pension risqueraient d'en tirer ombrage pour leurs dividendes et de provoquer une baisse des valeurs de cotation. Des problèmes dont on se fout pas mal, mais qui influent sur nos vies.

Quoi qu'il en soit, le procès va pouvoir s'ouvrir en 2007. Y sera-t-il question de cette industrie que les patrons ont laissée péricliter, des ateliers vieillissants de plus en plus difficiles et dangereux à conduire, de toutes ces maîtrises de « coûts fixes » qui ont entraîné des réductions de personnel, de ces pseudo-mesures de sécurité qui se traduisent par un surcroît de paperasse plutôt que par des protections réelles? Sera-t-il question aussi des bénéfices colossaux d'un trust comme Total (pour rappel, 12,5 milliards d'euros en 2005) qui ferme des usines pour être encore plus rentable? Ou va-t-on parler seulement d'un drame dû à une « erreur humaine »? Car en plus de ce que la population toulousaine a enduré le 21 septembre 2001 et qui mérite pour le moins réparation, c'est bel et bien l'implacable toute-puissance marchande qui devrait être au centre des débats.

Sans parler du pourquoi des produits calibrés par ces boîtes, comme les engrais azotés d'AZF... Depuis l'explosion, la vie dans mon usine a changé : une prise de conscience des dangers qu'il y a à fabriquer de tels produits, de la nécessité de ne pas continuer obstinément à bousiller l'environnement et d'accélérer la fermeture des usines comme celle où je bosse. De là à applaudir quand on vous jette après usage...

Juin 2006.

PÉTAGE DE PLOMBS SUR LA TOUR

L'histoire se passe dans une petite usine appartenant au même groupe que celle où je bosse. Elle est située à 15 bornes de la mienne, alors on a pas mal de contacts. Surtout qu'au fur et à mesure des restructurations, beaucoup ont valsé d'une usine à l'autre et réciproquement. Quand ils ont appris que leur usine allait fermer, l'ensemble des 88 salariés se sont mis en grève. Ils n'ont pas oublié qu'il y a vingt ans, leur dernier vrai conflit avait permis de sauver la boîte. Cette fois, il s'agit d'une grève dure, avec occupation, assemblées générales permanentes et tout ce qui va avec. L'usine est bloquée, de gros arbres ont été abattus devant l'entrée, palettes et pneus partent en fumée… Les grévistes déclarent sans trop y croire que l'usine peut continuer, mais surtout ils disent vouloir du fric pour compenser le préjudice moral. D'autant qu'ici, contrairement à mon usine où les départs se feront en préretraite, les ouvriers sont jeunes et vont subir mutations et licenciements secs. La scène se déroule alors que la grève est commencée depuis sept jours. C'est le samedi soir, cinq grévistes se retrouvent dans la salle de contrôle de l'atelier d'engrais pour l'occupation de nuit. C'est pas pareil que lorsqu'il y a du travail : quand on est en grève, on a presque l'impression que les machines nous appartiennent. Rudy, Xavier, Marc, Michel et José font tourner le café et discutent. Au bout d'un moment, Rudy annonce qu'il va faire un tour dans l'atelier, histoire de… Il se lève et quitte le réfectoire.

Ses quatre collègues le laissent partir mais ne sont pas tranquilles. Il y a trois jours, Rudy s'est suspendu en haut de la tour de l'atelier, accroché à une corde à 60 mètres au-dessus du sol. Il a fallu quatre heures pour le récupérer... C'était l'une de ces révoltes individuelles dont Rudy est familier. N'empêche que son action a été efficace : elle a permis de rameuter toute la presse régionale, qui jusqu'à présent se fichait du conflit comme de l'an 40, et d'affoler la direction générale. Les *big boss* sont venus et ont promis des avancées. Bon, quand ils ont voulu repartir, leurs quatre pneus étaient crevés... Après cette action, Rudy semblait content de lui. Il paradait même en AG. Mais, connaissant le personnage et ses bizarreries quasi quotidiennes, personne n'avait envie d'en rajouter. Cette nuit, ça fait déjà une heure que Rudy est parti et Xavier commence à s'inquiéter. « Allô, salle de contrôle ! » C'est le haut-parleur qui crépite. Xavier répond : « C'est toi Rudy ?

— Oui !

— Qu'est-ce que tu fabriques ? On t'attend pour jouer au tarot.

— Parle plus fort, je ne t'entends pas, il y a trop de vent.

— Qu'est-ce que tu racontes ? Où est-ce que t'es encore allé ?

— Bah ! Je suis là-haut.

— Quoi ? »

Les collègues se sont tous rapprochés de la radio. « On arrive », lance José. Tout le monde cavale jusqu'en haut de la tour. Je vous dis pas comment

ça peste de devoir grimper ces foutus escaliers. Ça tangue, il y a du vent et c'est éreintant. Là-haut, Rudy est juché sur le parapet. Cette fois, il n'est pas attaché. Rudy est près du vide. Il suffirait d'une folie ou d'un faux mouvement. Les quatre arrivants lui crient de ne pas faire le con.

Avant de monter, Marc a appelé les pompiers. Ils ne devraient pas tarder mais en attendant il s'agit de raisonner le copain. Rudy répond qu'il en a marre, que depuis seize ans qu'il bosse c'est la cinquième fois qu'il se mange une fermeture de boîte. À chaque fois, il y perd quelque chose. « Je me suis retrouvé dans des endroits nuls. Orléans, tu n'y penses même pas... » Il se met en équilibre sur un seul pied, les bras écartés, à faire l'avion. « Quand je suis monté, l'autre jour, je me suis aperçu que je n'avais pas peur. En fait, c'est rien de sauter. » Les pompiers arrivent, essoufflés. « J'en ai marre, continue Rudy. Et puis, on perd tout le temps. Si je saute, ça va peut-être prouver quelque chose, ça va peut-être réveiller la conscience des ouvriers. Et puis, vous aurez peut-être le droit à une prime qui portera mon nom... » Ses collègues essaient de l'amadouer. La scène dure longtemps, bien au-delà de ce que peuvent mesurer les aiguilles d'une montre. Inutile de vous dire la tension. Xavier sort sa dernière cartouche : « Et tes gosses ? » C'est peut-être ça qui ramène Rudy à la réalité. Il descend du parapet et rejoint ses copains. Les pompiers l'entourent et le conduisent à l'hôpital. Ça se termine là pour Rudy, qui ne va sans doute pas retourner à l'usine de sitôt. La fermeture va s'étaler sur deux ans, Rudy aura été

le premier à péter les plombs. On sait qu'il y en aura d'autres. Et ce n'est pas seulement une affaire de statistiques. Pour info, après dix jours de grève et d'occupation, les salariés ont obtenu une prime de 350 euros net par mois jusqu'à la fermeture du site, qui s'ajoutera aux autres primes liées au plan de restructuration. Comme quoi, lorsqu'un groupe industriel ou financier comme Total veut charcuter une boîte, il est prêt à allonger du fric. Bonnes vacances !

Juillet-août 2006.

— II —

P'TIT CHEF ET GROSSE ENVIE

Bon, y en a qui courent après, mais il y en a sur qui ça tombe, comme une malédiction. Un jour, l'ingénieur ou le chef de service vient te voir et te propose de devenir chef d'équipe. Il y en a qui, comme moi, ont toujours refusé, mais la plupart acceptent. Ça fait mieux sur la carte de visite, la paie est légèrement plus élevée et puis « ça donne des responsabilités ». Parfois je me demande si la direction ne propose pas aux collègues de devenir p'tits chefs pour les casser ou les faire rentrer dans le rang. J'en ai vu combien, de ces ouvriers rebelles transformés en exécutants serviles après avoir obtenu des responsabilités (modestes) et des (petites) fonctions de commandement ? C'est un peu le cas de Denis. Dans sa jeunesse, avant d'entrer dans la boîte, il avait été « blouson noir ». Plutôt porté sur la baston, il finissait souvent le week-end au commissariat. Devenu salarié, il s'était un peu rangé. Il s'était marié, aussi. Il continuait à ne pas se laisser faire et disait toujours non quand il ne voulait pas de tel ou tel boulot débile. Un rien macho, mais viscéralement indocile. Pendant un temps il a été syndiqué à la CGT et même, un court moment, délégué du personnel.

Et puis voilà qu'il y a quelques années, sa hiérarchie lui offre une promotion de chef d'équipe, quasiment au bénéfice de l'âge : c'était le plus âgé de l'atelier. En fait de montée en grade, il devait continuer à se farcir les quarts et à faire presque le même boulot,

mais avec désormais neuf types sous son autorité. Son salaire n'a été augmenté que de 56 euros par mois. Pas de quoi faire la fête, mais Denis a accepté. Parce qu'il avait travaillé toute sa vie dans cet atelier, parce qu'il n'avait plus que quelques années à tirer, parce que ce serait en quelque sorte son bâton de maréchal. Mais voilà, une fois devenu p'tit chef, Denis n'a plus été pareil. Était-ce le fait d'avoir des comptes à rendre ou d'exercer un bout de pouvoir ? Denis est devenu un vrai con. Un pousse-cul comme il les avait combattus auparavant. À croire qu'il avait perdu la mémoire. Il la jouait dictateur, refusant toute discussion lorsqu'il y avait une tâche spécifique à exécuter. Impossible de se faire entendre, d'autant que Denis étant costaud, il jouait de ses muscles pour imposer ses vues. Pire : il avait ses préférés, auxquels il donnait un boulot correct, et ses têtes de Turc, qu'il malmenait. Un climat malsain s'est donc vite installé dans l'équipe. D'où l'incident d'il y a quelques jours. Pas une action d'éclat, juste un petit geste vengeur. C'est le moment de la pause-café, toute l'équipe est assise autour de la table du réfectoire en attendant que la cafetière se remplisse. Denis trône en bout de table et parle de tout et de rien devant l'équipe qui ne l'écoute plus, tellement ils en ont marre de lui et de sa façon d'être. Il y a une heure, Denis a pris à partie Michel et Max et ça a failli se terminer en bagarre.

« Bon, je vois que vous n'avez pas envie de causer, dit Denis. Je vais faire un tour avant que le café soit prêt. » Il se lève et sort dans l'atelier. On pense qu'il en profite pour aller dans le vestiaire et se

servir, en douce, un whisky caché dans son placard. Mais ce sont les mauvaises langues qui le disent. Le café est prêt et Manu le sert dans les tasses. C'est à ce moment-là que ça se passe. Max dit à Manu : « Passe-moi la tasse de Denis. » Manu obtempère et Max se lève, la tasse de Denis à la main, et se dirige vers l'évier. Là, il déboutonne sa braguette, sort son instrument et lâche quelques gouttes d'urine dans la tasse. Ensuite il remballe le matériel, repose la tasse à la place de Denis et y ajoute le café. Personne ne dit quoi que ce soit. Personne ne critique. Personne ne trouve que c'est dégueulasse. Denis revient, s'assoit, commence à boire son café puis lâche : « Il est pas terrible ton café. » « Non, répond Manu, je l'ai raté, rajoute du sucre. » Denis s'exécute et boit son café, cul sec, sous les regards de toute son équipe. « Bah quoi ? Qu'est-ce que vous avez à me regarder comme ça ? Vous m'avez fait une connerie ? » « Même pas », répondent les collègues en chœur. Voilà, c'est comme ça que ça s'est passé. Une histoire du quotidien, et celui qui me l'a racontée comme moi-même ne savons qu'en penser…

Septembre 2006.

RESTRUCTURATION : SAUVE QUI PEUT !

Ça y est, le nouveau plan de restructuration est en route. Encore un quart des collègues qui vont dégager. D'ici à deux ans, on va se retrouver à 315 dans la boîte, alors qu'on était près de 2 000 quand je suis arrivé. Il ne s'agit que de départs en préretraite, un moindre mal, vous verriez la tronche des premiers à partir ces jours-ci : le bonheur ! Un copain me dit : « Ça fait longtemps que j'ai pas vu quelqu'un quitter l'usine avec la larme à l'œil. » Cette fois, les 15 premiers partants ont la banane. Ils s'en vont parce que leur service est supprimé ou que la hiérarchie voulait s'en débarrasser. Ils ont entre 56 et 58 ans, pour eux c'est comme un cadeau, comme une avance d'autant mieux méritée que la perte de salaire n'est pas trop conséquente. Tout plutôt que de rester à l'usine.

C'est pour ceux et celles qui restent que c'est dur. Déjà, le premier atelier a été totalement arrêté et ceux qui y travaillent ont été dispatchés sur le reste du site. Toute l'usine est réorganisée. C'est un vrai capharnaüm, tout le monde ou presque doit changer de boulot et d'habitudes. C'est la valse des chefs : les plus jeunes cadres demandent leur mutation ou cherchent ailleurs si l'herbe est plus verte. Pour nous, le stress s'accroît et la charge de travail s'alourdit. Tout ce boulot supplémentaire, nous disent-ils, c'est parce que l'usine va tourner vachement mieux, elle va même faire des bénéfices ! On ne les croit même

plus, on a connu trop de plans de restructuration. Les uns suivent les autres, comme une nouvelle façon de nous gérer et de nous arracher la paix sociale. Comment revendiquer dans une usine qui s'en va par petits bouts d'année en année ?

Nos patrons, affiliés à Total, ont annoncé la construction d'un nouvel atelier, peut-être même d'une autre unité, qui rendrait l'usine rentable à nouveau. Mais les salariés savent que c'est de la poudre aux yeux. Ces extensions seront rentabilisées en quelques mois et n'assureront pas l'avenir du site. Grâce à la vague des produits censés empêcher l'effet de serre, un marché juteux s'annonce, avec des produits qui ne coûtent quasiment rien à la fabrication mais rapportent bonbon à la vente. Et puis, combien d'usines a-t-on vu fermer avec des ateliers n'ayant jamais servi ?

Alors voilà, même si on en voit partir avec le sourire, ce plan, comme les précédents, est violent comme un direct au foie. Les prochains sur la liste savent que, pour la plupart, ils ne bénéficieront de la préretraite qu'au dernier moment, selon les besoins comptables des services et de l'usine. Et quand vous savez que vous devez partir, vous n'avez plus guère envie de rester. Rester, à quoi bon ? Des tensions se créent dans l'usine et ça ne va pas fort. Enfin, vu l'état des installations, il y en a plein qui se disent : « Vivement que ce soit mon tour de dégager. » Et si ce plan était le bon ? S'il permettait de garder l'usine en marche ? Ceux qui ont presque l'âge de partir voudraient être vieux de quelques années supplémentaires pour être bien assurés de mettre les bouts

avant l'âge légal. Sauve qui peut : c'est l'état d'esprit à l'usine ce mois-ci.

Octobre 2006.

CLAIREMENT HORS CADRE

Souvent ils viennent me voir, lors d'une présentation de mes bouquins dans une librairie. D'autres travaillant dans la même usine que moi m'abordent dans un couloir ou à l'atelier... Tous ont la même requête : « Pourriez-vous parler des cadres ? Parce que, nous aussi, nous souffrons du travail. » La plupart du temps, je leur réponds que j'ai du mal à me mettre à leur place, qu'il n'y a qu'eux qui peuvent parler de leur malaise au travail, et puis je finis toujours par dire qu'ils ont plus de bagage pour écrire que moi. En fait, je le sais qu'ils souffrent et qu'ils en chient. Pour la plupart, je sais qu'ils travaillent tous jusqu'à point d'heure. Mais je m'en fiche carrément : soit ils sont cadres dirigeants et ils sont là pour nous faire trimer davantage (voire pour nous virer), soit ils sont cadres techniques et acceptent le stress parce qu'ils ont la carotte au bout du bâton, celle de devenir un jour de vrais chefs, de gagner vraiment beaucoup d'argent, d'être mieux considérés... que sais-je encore ?

C'est vrai que lorsqu'on est un jeune cadre, il faut s'accrocher davantage, et lorsqu'on est un vieux cadre, on se fait vite mettre au placard. Lorsqu'on est une jeune femme cadre, c'est encore plus dur, face à tous ces encadrés qui se la jouent vieux beaux paternalistes et il faut en faire des tonnes pour être considérée. Je sais également que ces gens ont des vies de famille encore plus perturbées que les nôtres

(d'ailleurs ils fantasment beaucoup sur « la famille ») ; qu'il y a souvent de pauvres histoires de cul entre cadres dans les services et les bureaux, parce que leur univers est des plus restreints... Je m'aperçois aussi qu'ils ont des bagages scolaires importants mais que culturellement ça ne vole pas haut et que le soir, lorsqu'ils rentrent chez eux, ils ne savent que regarder TF1. Bref, je n'irai pas les plaindre et qu'ils se démerdent, j'ai déjà assez à faire de mon côté.

Pourtant, on m'a raconté cette histoire qui vient de se passer au siège parisien d'une entreprise publique en passe d'être privatisée. Claire, cadre technique dans cette boîte, vient d'apprendre qu'elle allait être mutée à Caen. Son mari, qu'elle a connu quatre ans auparavant au siège de l'entreprise, travaille maintenant à Lyon. Leur vie s'est faite ainsi, entre Paris et Lyon, et grâce au TGV c'était facile. Beaucoup d'heures de transport et de stress, mais aussi vivables que s'ils avaient vécu en banlieue. Pour avoir des enfants, ils attendaient une vie plus sereine. Bientôt, peut-être. Mais voilà, cette mutation à Caen rendrait la vie plus difficile, beaucoup plus difficile.

Claire a fait des pieds et des mains pour ne pas être mutée. Rien. Ils ne voulaient rien entendre, là-haut, à la direction générale. Il ne restait à Claire qu'à démissionner, mais c'était hors de question : le train de vie d'un couple de cadres, la maison et tout le reste l'en empêchaient. Cette mutation lui a pris la tête, d'autant que son mari ne semblait pas voir le problème. Il disait que ça ne durerait pas longtemps. Claire se sentait lâchée de toutes parts. Et puis, il y a

eu ce dernier jour de travail à Paris. Claire a envoyé un carton d'invitation à tous ses collègues, pour un pot d'adieu. Ils sont venus nombreux dans la « salle automne », pour partager un moment avec elle, mais aussi pour déserter les PC et le travail. Devant tous et toutes, Claire n'a pas fait de discours, elle a juste trinqué (du champagne) avec chacun. Puis, tout le monde étant pris par des discussions, elle s'est éloignée, s'est approchée de la fenêtre qu'elle a ouverte. Le temps que l'assemblée s'en rende compte, Claire était déjà debout sur le rebord. « Claire, fais pas de connerie », ont crié certains, mais, sans adieu, elle a sauté. Voilà, encore une histoire triste, mais c'est toujours dramatique, le travail.

Novembre 2006.

L'INTERNATIONAAAAALE

Quatre heures du matin, plus qu'une heure à tenir et la nuit sera terminée. Cette nuit de travail a été particulièrement harassante. On a eu du boulot par-dessus la tête et on est complètement crevés, là, nous, l'équipe. Il a fallu courir partout, s'escrimer sur les machines. C'est pas une vie. C'est tout foutu, ils le font exprès pour qu'on en ait marre, pour qu'on accepte que l'usine ferme sans trop rien dire. C'est vrai que le travail devient plus lourd et plus dur. Parce qu'on est moins nombreux, parce que l'usine périclite, mais aussi parce qu'on vieillit. On se retrouve tous les six dans le réfectoire. Crevés et sans trop avoir envie de parler. Assis autour de la table, à attendre que la cafetière ait passé notre dernier café de la nuit. Quand on pourra, enfin, se coucher dans une heure, ce sera amplement mérité. Heureusement qu'à minuit, Paulo nous a amené une bouteille de whisky pour fêter son prochain départ en préretraite, ça nous a fait comme une récréation. Ça nous a permis de penser à autre chose et d'avoir un moment convivial. Vous savez, c'est grâce à ces petits moments qu'on tient dans cette usine. Et voilà Pierrot qui dit :

« J'ai un mauvais pressentiment, je suis sûr que la boîte va fermer. »

Je lui réponds :

« Tu parles d'un pressentiment. C'est évident que ça ne va pas durer encore très longtemps. On ne sait

pas combien : six mois, deux ans, quatre ans... Mais on sait que c'est foutu. »

Alors on se met à causer et causer.

« Moi, j'attends rien des patrons, dit Mino. On n'est pas du même bord. Comment veux-tu qu'on s'entende ? En plus, avec ce qu'ils gagnent...

— Je ne te savais pas si révolutionnaire, lui dis-je.

— On est tous un peu révolutionnaires. Ça dépend des jours, ça dépend des moments. »

En gauchiste de service, je lui rétorque :

« Ça serait bien qu'on trouve tous ce moment en même temps. »

C'est à cet instant que Franck, le chef d'équipe, se met à gueuler :

« C'est fini de causer ! Vous avez vu l'heure ? C'est pas le moment de refaire le monde. »

À ces mots, je ne sais pas ce qui me prend. Je n'ai pas la fibre pour chanter des cantiques, fussent-ils révolutionnaires, voilà que je lance :

« C'est la lutte finale... »

Alors que ça pourrait friser le ridicule, voilà que les collègues se joignent à moi et que la chorale de l'équipe de nuit se met en branle. Pierrot (que Franck a trop engueulé cette nuit) d'abord, suivi par Paulo et Mino, bien sûr. Même Jérémie, le plus jeune de l'équipe, s'en mêle, j'ignorais qu'il pouvait connaître ce chant.

« C'est la lutte finale, groupons-nous et demain... »

Franck nous engueule de plus belle. Il nous demande d'arrêter.

« Ici, on est là pour bosser. De temps en temps on peut rigoler, mais on réfléchira après, chez nous. J'ai pas envie de me prendre la tête, ici. »

Ce doit être ce qu'il essaie de dire car nous couvrons sa voix.

« L'Internationaaaaale sera le genre humain. »

Un chant révolutionnaire, dans une usine, par une nuit d'automne, ce n'est pas ce qu'on entend le plus souvent ces temps-ci.

Quand Franck se tait, nous nous arrêtons et la discussion prend des aspects plus futiles. Ce qui est marrant, alors que nous étions tous crevés, c'est que cette chanson de révolte nous a remis du cœur à l'ouvrage. Ça ne veut pas dire qu'on retournerait bosser, non. Et certainement pas avec entrain. C'est autre chose : avoir cassé les pieds à notre chef d'équipe (un petit chef qui en chie aussi, mais qui n'a pas su choisir son camp), c'est encore un plaisir. Il faut dire qu'on a choisi une cible facile : Franck n'est que notre chef d'équipe, pas notre contremaître, ni l'ingénieur... encore moins le patron. Plus tard, alors qu'on a bu notre dernier café de la nuit, et que Pierrot range les verres et le matériel, je l'entends qui sifflote *L'Internationale*, comme si c'était un air de Johnny. Peu après, Jérémie lui-même, au moment de nous quitter, siffle cette chanson. Dès qu'il s'en aperçoit, il se dépêche d'en trouver une autre à se mettre sur les lèvres, plus moderne. Lorsque je sors en même temps que Franck, une fois passées les consignes à l'équipe du matin qui est venue nous remplacer et une fois que nous avons franchi les grilles de l'usine... une

fois dehors, donc, alors qu'on sent que le jour va se lever, que nous retrouvons nos véhicules et que nous allons enfin rentrer chez nous, je surprends Franck qui siffle aussi *L'Internationale*. Et d'une façon gaie. Comme si, une fois sorti de l'usine, libéré du poids de ce petit commandement qu'il a sur nous, il se libérait et aspirait à autre chose...

Décembre 2006.

RÉVEILLON AU TURBIN

Nous aussi nous sommes des «héritiers». Les pères de la plupart de mes collègues faisaient les quarts. Comme nous, nos pères vivaient en horaires décalés et eux aussi travaillaient les nuits et certains soirs de réveillon. Pascal me raconte les réveillons de Noël où son père partait bosser et où la fête n'était pas au rendez-vous. Il se souvient aussi de sa mère qui passait la nuit de la Saint-Sylvestre à repasser le linge parce que son mari n'était pas là. Moi-même je me rappelle ces nuits de Noël où mon père partait au travail sur son Solex plutôt que de rester avec nous. Ce n'est pas que je sois un obsédé des fêtes imposées, mais quand le travail inflige cela, elles prennent une autre dimension. Et nous qui bossons, quand nous nous retrouvons à l'usine par ces nuits de liesse populaire, c'est comme une malédiction. C'est pire que de travailler un dimanche après-midi alors qu'il fait beau et que nous serions mieux ailleurs. En même temps, une fois qu'on est au boulot, avec les collègues, on se fait à l'idée qu'on est là pour huit heures et qu'il vaut mieux faire passer le temps le mieux possible. Les idées noires sont vite balayées.

Ces nuits-là, on est vraiment au minimum technique dans l'usine. Ce n'est plus pareil, c'est comme si on était libres (j'ai déjà parlé de ce sentiment qui nous envahit dans *Putain d'usine*). On est moins d'une trentaine à faire tourner l'usine, tous plus ou moins dis-

patchés dans les différents ateliers encore debout et en activité. En fait, les réveillons à l'usine se préparent à l'avance. S'il y a du personnel en trop (c'est de moins en moins fréquent), on tire au sort celui qui pourra rester chez lui, à charge pour ce bienheureux de nous payer l'apéro. Ensuite on établit le menu. Au début que j'étais à l'usine, les repas étaient simples, Baaba proposait un couscous et tout le monde était content. Après, on a tous voulu des plats plus compliqués, plus en lien avec cette époque de l'année. D'autant qu'il n'est pas rare que dans chaque équipe se trouve un cordon-bleu, voire un ancien cuistot reconverti dans la chimie. Du coup les repas de réveillon à l'usine se sont quelque peu embourgeoisés – l'air du temps, peut-être ? Quand on arrive en poste pour cette nuit-là, c'est souvent en avance, pour permettre aux collègues que l'on remplace de rejoindre les leurs plus rapidement. On revêt vite nos bleus et on va faire notre boulot en vitesse, pour être tranquilles. Souvent la direction et la hiérarchie nous donnent peu de travail particulier à faire dans ces moments-là, mais parfois il arrive qu'il faille courir et manœuvrer du matériel. La technique n'est pas toujours à la hauteur des ambitions et le matériel vieillit et se détériore. Une fois qu'on a fait le plus gros, si l'un de nous est détaché pour faire mijoter le plat principal, nous nous mettons tous à la tâche. On épluche les oignons, à en pleurer, on pousse le plat dans le minifour et on met même une nappe (en papier) sur la table du réfectoire : c'est pas tous les jours la fête. Vers minuit, voire 1 heure, lorsque tout est prêt, nous passons à table.

Ce moment est surtout prétexte à la déconnade et à boire pas mal. Quelques copains sont même franchement éméchés ces nuits-là. Il ne faudrait pas que le nouveau règlement intérieur (qui autorise l'utilisation d'éthylotests) soit appliqué, on serait tous mal. Faudrait pas non plus qu'une turbine disjoncte ou qu'une fuite se produise, on ne serait pas au top dans cette usine classée à hauts risques. Bref, on rigole, on oublie presque qu'on bosse, et le temps passe. Vaudrait mieux pas qu'un chef pointe son nez. Une fois, un jeune contremaître, croyant bien faire, s'est pointé un 31 décembre à minuit avec des bouteilles de champagne. Les bouteilles ont été bien reçues – lui, beaucoup moins. C'est à qui racontera la vanne la plus énorme, ou à qui évoquera les souvenirs de copains partis en retraite ou décédés. Parfois (c'est arrivé à plusieurs reprises) on n'a même pas fini de manger lorsque l'équipe du matin vient nous relever, pas fraîche après une nuit sans dormir. On leur propose de partager une soupe à l'oignon, ou bien de trinquer avec nous… Et puis on peut enfin rentrer et quitter cette usine, où parfois surviennent encore ces moments conviviaux et hors du temps.

Janvier 2007.

AUDITES-LE AVEC DES FLEURS

Y a toujours de méchantes ambiances à l'usine. C'est normal, c'est un microcosme et tout prend des allures de catastrophe ou de psychodrame. Faut dire que tout n'est pas rose : comme je vous l'ai déjà écrit dans des numéros précédents, on subit un énième plan de suppression d'emplois et quatre des sept sites restants sont en train de fermer. Cela se fait avec des heurts et quelques conflits. Il y a les mutations et des gens qui vont devoir changer de métier ou de région, mais on a connu pire ou alors c'est parce qu'on s'habitue (les copains de Bordeaux et de Nantes ont quand même réussi à se faire payer par Total un départ en préretraite dès 52 ans, après trois semaines de grève). Reste que sur les trois sites encore en activité, Total a mis la pression. Et exige une rentabilité immédiate, sinon gare (cela fait des années qu'on est dans le rouge, d'après les chiffres fournis par la direction). Le groupe Engrais de Total (Grande Paroisse) doit retourner à ses valeurs sûres : l'ammoniac et les ammonitrates, mais aussi de nouveaux produits accrocheurs, qui ne coûtent rien à fabriquer et qui vont rapporter beaucoup. Total a redécouvert que l'urée est un produit porteur dans le marché de l'antipollution (je ne vous fais pas le détail technique, mais mélangé au fuel et au gasoil, cela doit aider à baisser les émissions d'oxyde de carbone et d'azote). C'est un produit facile à faire : il suffit de mélanger de l'ammoniac à du gaz

carbonique et à de l'eau. C'était un produit très bas de gamme dans l'agriculture et ça devient une mine d'or à forte valeur ajoutée dans « le marché de l'antipollution ». Il n'y a pas que Total qui est sur le coup, tous les industriels chimiquiers s'y mettent : BASF, Kemira, Yara...

La fabrication d'ammoniac, qui nécessite une quantité très importante de gaz naturel, est de plus en plus abandonnée en Europe. Ce sont les pays exportateurs de pétrole et de gaz qui, désormais, produisent de l'ammoniac, et en grosse quantité. En France, il ne reste plus que trois ateliers de fabrication d'ammoniac, deux pour Grande Paroisse et un pour la multinationale norvégienne Yara. Ce dernier ne fonctionne d'ailleurs plus que six mois par an avant fermeture. Ceux de Grande Paroisse atteignent les trente ans d'âge. Cap difficile pour le matériel, s'il n'a pas été suffisamment entretenu, car il est soumis à des pressions et à des températures terribles. L'un des ateliers, situé en Seine-et-Marne, et qui reste l'atelier « phare » pour Total, a subi un arrêt décennal en avril 2006, pour être modernisé, informatisé, revampé... Le problème c'est que depuis, il n'arrive pas à redémarrer : problèmes de maintenance et de sous-traitance, problèmes techniques à répétition, accidents (on a même frisé la catastrophe en décembre dernier, avec une fuite d'hydrogène). *A priori* cet atelier devrait quand même fonctionner quand vous lirez ces lignes.

En ce qui concerne l'atelier d'ammoniac de l'usine rouennaise où je bosse, ce n'est guère mieux.

Les arrêts pour problème technique ne se comptent plus, alors que ce sont des ateliers prévus pour n'être arrêtés qu'une fois par an pour quelques travaux. De gros travaux sont prévus fin 2007, mais il faudra que l'atelier réussisse à tenir jusque-là. Sachant qu'un arrêt-redémarrage de tels ateliers coûte très très cher (gaz perdu, casse, achat d'ammoniac sur le marché international…), on arrive vite à des millions d'euros jetés par les fenêtres, et Total commence à se poser des questions sur la pérennité de ces fabrications. Aussi, la multinationale a-t-elle décidé de faire un audit sur ces ateliers. Et les audits, on connaît. Ça a toujours entraîné des suppressions d'emplois et un surcroît de travail. Aussi, l'arrivée de ces auditeurs n'est pas franchement vécue avec plaisir. Ces enquêteurs sont partout, ils collent aux basques d'Untel pour vérifier son travail, ils posent des questions vicieuses, mettent la pression, étudient les dossiers et les paperasses… Les gens se doutant des résultats que ces types obtiendront, ça crée un climat malsain et certains stressent encore davantage. Reste que, l'autre soir…

Il est 21h15, l'équipe de nuit vient juste de prendre son poste et s'est réfugiée dans le réfectoire pour prendre le premier café. L'atelier est à l'arrêt et le silence règne. Encore une panne et cette fois c'est assez grave : la chaudière en a un coup dans le nez. Ce n'est pas la première fois. Silence du côté des copains : voilà une nuit où il faudra s'occuper, mais il n'y aura pas le stress vécu lorsque l'atelier tourne, et peut-être que certains pourront un peu dormir. Le café se boit lentement. Arrive un type, la tête de premier de la

classe, avec un dossier sous le bras. Il rejoint l'équipe dans le réfectoire, prend une chaise, s'assoit sans y avoir été invité et se présente. Il est là pour l'audit et a des questions à poser. À ces mots, ça ne fait ni une ni deux : les visages des copains se ferment. Personne ne lui répond. L'atmosphère s'alourdit rapidement et l'auditeur croit faire son malin en reprochant aux gars de ne pas avoir encore mis leurs bleus de travail. Luc réplique alors qu'il n'y a pas urgence vu que l'atelier est arrêté. Et c'est là que ça monte. Momo se lève de son siège. C'est une armoire à glace, il est impressionnant. L'enquêteur commence à comprendre son erreur. « De toute façon, on ne vous répondra pas »; « Vous auriez dû prévenir que vous alliez venir »; « Nous, la nuit, on veut être tranquille ». Ça fuse de partout et la colère monte. Le type attrape ses paperasses, se lève et se sauve presque en courant, sous les rires des collègues. Non mais ! C'est pas grand-chose, mais ça fait plaisir.

Février 2007.

« C'EST PAS LE MOMENT »

L'ambiance est toujours pourrie à l'usine, ça ne peut pas changer d'un mois sur l'autre. Total annonce des bénéfices immoraux, mais sa filiale engrais est carrément déficitaire (moins 55 millions d'euros pour 2006) et l'année 2007 commence très mal. Total ne veut plus éponger les dettes. Sans doute que la multinationale va garder sa filiale Grande Paroisse jusqu'à la fin du futur procès d'AZF et après basta! L'ambiance n'est pas due uniquement à ce déficit – on est habitué –, mais surtout avec les restructurations et le vieillissement du matériel, rien ne va. Tout le monde a du travail par-dessus la tête, tout le monde a la pression... « Après ça ira mieux », nous dit-on, mais personne n'y croit plus. Dans l'atelier d'ammoniac où je bosse (qui est le cœur de l'usine rouennaise), ça ne marche pas bien. Le matériel casse souvent, c'est dangereux et ça nous donne un surcroît de travail et de stress. Les copains l'ont fait savoir à la direction, en envoyant plusieurs pétitions demandant, entre autres, des contreparties financières. Jusqu'à présent, la direction a fait la sourde oreille, ce qui n'a pas arrangé le climat. Même pas une petite réponse, même pas un « non! ». Comme si on n'existait pas.

La colère et l'exaspération sont montées d'un cran lorsque au niveau du groupe a eu lieu une réunion paritaire sur l'augmentation annuelle des salaires. Comme celle-ci ne va se monter qu'à 1,8 %

pour l'année (mieux que pour les fonctionnaires, mais beaucoup moins que pour les autres salariés de Total, 3,5 %, et encore moins que pour les actionnaires, 33 %), les copains ont trouvé qu'on nous prenait pour des moins-que-rien. C'est Total qui décide quand fermer nos boîtes mais nous ne sommes pas traités à égalité. Jean-Mi, Manu, Djamel, quelques autres et moi-même, nous nous retrouvons dans le réfectoire. Il y a longtemps que je n'avais pas vu autant de colère : « Il faut qu'on marque le coup », « on fait un vrai cahier de revendications », « avec un ultimatum », « on s'est trop laissé avoir », « y en a marre », « profitons que l'atelier va redémarrer », etc. En trois jours, un cahier de revendications est élaboré par le personnel des cinq équipes travaillant dans l'atelier. Ça discute ferme. Une trentaine de revendications éparses en sortent, qui vont de demandes de formation à une prime mensuelle supplémentaire de 200 euros, en passant par la retraite à 55 ans. Mission est donnée à deux délégués, un CGT et un CFDT, de déposer les revendications. Le jeudi, lorsque le DRH reçoit le texte, il le prend avec dédain, pensant sans doute que les gars n'iront pas à la grève. Le lendemain, les syndicats redemandent l'ouverture de négociations avant conflit. La direction propose de ne retrouver les organisations syndicales que le lundi. L'atelier étant encore à l'arrêt, c'est pas facile de passer outre. Le lundi, la réunion dure de 10 heures à 18 h 30, en trois phases. Outre les délégués CGT et CFDT, ce sont plus d'une quinzaine de collègues de l'atelier qui s'invitent (sur 50 personnes

qui y travaillent). Ça discute très fort, les gars disent vraiment ce qu'ils pensent et ce qu'ils veulent au DRH. Il n'y a qu'à les laisser parler. L'ambiance est très chaude. Au bout du compte, la direction ne propose que d'augmenter une prime déjà existante de 25 euros. On est loin des revendications.

C'est là que le délégué CFDT sort : « Attention, il va y avoir la grève, et il ne faut pas qu'il y ait de grève. » Il propose même à la direction d'augmenter la prime de 40 euros plutôt que de 25, et que ce sera suffisant pour éviter le conflit. On le regarde tous, interloqués. De quoi se mêle-t-il ? Tout le monde quitte la salle et une assemblée générale se déroule dans l'atelier en phase de prédémarrage. La grève est votée et lancée. « Ce n'est pas le bon moment », dit le DRH. « C'est ce que vous nous dites à chaque fois. Comme si on ne faisait grève que lorsque ça vous convient. » « Non, répond le DRH, ce n'est pas la bonne période, vu la conjoncture. » Tout le monde rigole. Il part. La grève s'organise et c'est plutôt euphorisant. Le ras-le-bol est tel qu'on ne peut pas faire l'impasse sur une grève. Le mardi, le mouvement est bien parti mais la direction ne se manifeste pas. En revanche elle convoque toute la hiérarchie pour un briefing. Et c'est comme ça que ça se passe maintenant : les ingénieurs ne sont plus que la caisse de résonance de la direction. Ces jeunes ingénieurs ont dû être formés pour ça, pour croire tout ce que dit le patron et répandre sa bonne parole dans l'usine. Une véritable campagne de contre-information contre les grévistes se met en place. Dans toute

l'usine (et même dans ce qu'il reste du groupe), il est dit que les grévistes sont des suicidaires qui veulent fermer l'usine. L'épée de Damoclès est si près des têtes que tous les autres services et ateliers de l'usine voient la grève d'un mauvais œil. La peur de la fermeture est bien présente. En même temps, il y en a qui disent que les grévistes doivent aller au bout s'il le faut, même si la boîte doit fermer. Ceux qui disent ça ont souvent dépassé la cinquantaine et souhaitent qu'un nouveau plan de préretraite tombe, ou ce sont les plus jeunes qui en ont marre et qui voudraient aller voir ailleurs. Spécial comme climat.

La CGT sort un tract expliquant les revendications et, à contre-courant, appelle les autres secteurs de l'usine à déposer leurs revendications et à faire grève. Celle-ci semblant s'installer pour durer, la direction générale convoque toutes les organisations syndicales à La Défense, le jeudi. La DG appelle les syndicats pour qu'ils fassent reprendre le travail. Elle explique que l'état de la société est tel qu'une grève va la conduire à une « situation encore plus précaire ». Comme si une grève, même longue, condamnait une boîte qui, de toute façon, marche mal à cause du manque d'investissement. Les syndicats sont convaincus par le directeur général. En rentrant à Rouen, ils convoquent les grévistes afin de voter pour ou contre la poursuite de la grève. La CGC et la CFDT veulent à tout prix que l'atelier démarre et que la grève s'arrête. Le représentant de la CGT a le cul entre deux chaises, car il a trop écouté et trop cru les propos de la direction. Un vote est organisé,

qui donne un résultat à 50 %. C'est là que le représentant de la CFDT appelle par téléphone ceux qui ne sont pas venus et qui sont plutôt timorés, et impose qu'on prenne en compte leur avis (par téléphone !). Du coup la reprise du travail est «votée». Et c'est dans l'amertume qu'on reprend le boulot avec juste cette petite augmentation de prime. Ah oui ! Un fait positif : la CFDT n'a plus le droit de cité dans l'atelier, mais on se pose la question de savoir si ça vaut vraiment le coup d'utiliser les syndicats quand ceux-ci (même la CGT) tombent dans le panneau du discours patronal…

PS : quelques jours après, c'est dans une autre usine du groupe (à Mazingarbe, près de Lens) qu'un conflit se déclenche. Là, les ingénieurs lancent directement une pétition contre les grévistes et, au bout de deux jours, la CGT appelle à reprendre le travail, « vu la situation de l'entreprise, ce n'est pas le moment ». La direction remercie alors les organisations syndicales qui ont fait preuve de «responsabilité»…

Mars 2007.

BOULOT DE NUIT

Ce qui suit ne s'est pas déroulé dans l'usine où je travaille, mais c'est presque le même atelier et l'usine est une des trois encore en activité du groupe. Elle se situe en Seine-et-Marne, à une cinquantaine de bornes de Paname. Les produits fabriqués sont à peu près les mêmes (ammoniac et engrais), mais la direction générale pousse cette usine parce qu'elle est bien située, parce qu'elle n'a jamais connu de gros problèmes techniques et parce que le personnel n'y fait jamais grève ou presque. L'usine trône, à côté d'une raffinerie Total, au milieu d'immenses champs de blé, dont les plaines de la Brie ont le secret. Loin des villes, elle ne préoccupe pas grand monde sur le plan écologique, si ce n'est qu'elle se trouve au-dessus de la nappe phréatique qui alimente Paris, mais les dirigeants de l'entreprise ont bon espoir de négocier une nouvelle dérogation avec les autorités intéressées. Toutes les aspirations du groupe ont été mises dans cette usine qui, une fois technologiquement rechapée, pourra produire de l'ammoniac en quantité et surtout cet adjuvant uréique dont Total a besoin pour améliorer son image de marque et de lutte contre la pollution.

En mars-avril 2006, l'atelier d'ammoniac du site, âgé de plus de trente ans, a été arrêté pour des améliorations techniques et informatiques. Le problème, c'est que depuis il n'a pas pu redémarrer. En près d'un an d'essais de redémarrage, l'atelier n'a produit

que l'équivalent de quinze jours de fabrication. Et si nos dirigeants se tirent les cheveux et font la gueule, inutile de vous dire ce que vivent les salariés qui y travaillent. On l'a toujours dit : mettre du neuf sur du vieux matériel, ça fonctionne mal et ça casse à côté. De grosses pannes se sont fait jour et il y a eu de la casse sur des machines stratégiques. Bref, rien ne va plus. Cerise sur le gâteau, en décembre ça a failli être grave : une fuite d'hydrogène sur une soupape, dans un endroit confiné. L'hydrogène, outre le fait d'être un gaz dangereux, est explosif. C'est aussi un gaz très «fin» et inodore qui s'infiltre dans les moindres failles. S'il s'enflamme (ce qui est un moindre mal), la flamme est invisible en plein jour. Un après-midi, un opérateur s'approche de la soupape avec, dans un seau, un produit spécial qu'on badigeonne sur les brides pour voir s'il y a une fuite. Il pose son seau par terre et ce dernier se trouve soufflé à une dizaine de mètres par le jet invisible du gaz. Si ça avait été le type, il aurait été blessé et brûlé. Encore heureux que ce rondier ait trouvé la fuite à temps, sinon il y aurait eu explosion et peut-être que tout le site aurait été détruit. Là, l'hydrogène s'étant quand même enflammé, ça n'a détruit qu'un compresseur.

Après ces dégâts et un mois et demi de nouvelles réparations, il faut redémarrer l'installation. Je ne vous dis pas l'ambiance dans un atelier où toutes les tentatives de redémarrage échouent. L'atmosphère est très négative, pessimiste, tendue. En plus, tout a été informatisé, sans véritable formation. Il a fallu passer d'une conduite d'atelier où les vannes automatiques et les

régulateurs étaient sur de grands tableaux, à de petits écrans de PC et des claviers. Il s'agit d'un véritable changement de philosophie et d'appréhension du travail. Les salariés de l'atelier ne s'y sont pas habitués, ils ne sont plus très jeunes et l'informatique ne fait pas partie de leur quotidien. Cette nouvelle forme de travail rend également le travail plus stressant.

Ce jour de février, il faut donc essayer de redémarrer l'atelier. La pression sur les salariés est forte, d'autant que l'arrêt de dix mois et les réparations ont coûté des dizaines de millions d'euros à la société qui va déjà mal. La direction générale fait même comprendre que si, cette fois, l'atelier ne redémarre pas, on ferme la société. L'équipe de nuit arrive. Les copains qui étaient postés l'après-midi ont commencé les manœuvres. L'équipe s'installe pour une longue nuit où il ne faudra que surveiller les montées de température dans les machines selon un gradient de 50° à l'heure. Les gars en ont marre. Ces journées et nuits passées à essayer de démarrer les machines se ressemblent et ils se demandent jusqu'où cet essai de redémarrage ira. Qu'est-ce qui va casser cette fois-ci ? Pour tenir éveillée, l'équipe joue au tarot. Ça passe le temps. En plus, maintenant que tout a été informatisé, tout doit se faire automatiquement. La nuit passe et les cartes tournent et retournent. De temps à autre des alarmes sonnent, et les gars les acquittent sans trop faire attention. C'est vers 3 heures du matin qu'une alarme plus sérieuse se met en branle. Le tableautiste se lève et voit sur l'écran que le gradient de température est monté à 150° par heure. Le chauffage a été

beaucoup trop rapide et la température du four est trop élevée. Les alarmes gueulent sans arrêt. Il faut courir, pour arrêter toute l'installation de nouveau.

C'est, dira-t-on, une faute du personnel posté qui n'a pas surveillé assez les écrans de contrôle. Reste que l'informatisation a été trop vite et mal assimilée et que les nouvelles habitudes ne viennent pas comme ça, surtout dans un atelier qui n'est pas fiable. À cause de ce qui vient de se passer, l'atelier va être de nouveau à l'arrêt pour des travaux de réparation entre un et six mois. À la direction générale, ça fulmine et le patron veut des sanctions. Il veut que l'équipe soit virée pour faute grave. Mais leurs licenciements créeraient des difficultés supplémentaires : le personnel manquerait pour redémarrer l'installation. Au bout du compte, les deux agents de maîtrise se voient déclassés et redeviennent simples agents d'exploitation, le tableautiste se voit muté au chargement des wagons et le quatrième (délégué syndical) ne reçoit qu'un avertissement. C'est la première fois dans l'histoire du groupe que des sanctions sont prises pour une erreur dans le travail. Il n'y a pas de réaction dans la boîte, pas de solidarité. Au niveau du groupe on veut faire quelque chose, mais les quatre salariés touchés préfèrent qu'on en reste là. Pire encore, les deux agents de maîtrise déclassés disent respirer car, même s'ils perdent du fric, ils auront moins la pression, tandis que celui qui vient d'être muté au chargement de wagons d'ammoniac n'a plus de responsabilité et dit que ça lui va bien.

Avril 2007.

C'ÉTAIT PAS DU JEU

Je suis obligé de revenir sur l'article « Boulot de nuit » paru dans *CQFD* n° 44. Dans cet article, je parlais d'un incident qui s'était déroulé dans une usine du groupe Grande Paroisse, située près de Nangis. D'une part je n'avais pas vérifié mes sources, d'autre part il s'avère que cette nuit-là, en plein essai de démarrage de l'atelier, tout le monde était à son poste et bossait. L'un de ces ouvriers m'a même dit que : « Vu l'ambiance et le stress liés à un atelier qui n'arrive pas à démarrer, ça fait un an qu'on ne joue plus aux cartes. » Bon. *A priori* ce n'est pas gravissime, si ce n'est que quatre salariés ont été sanctionnés, à la suite de cet incident, et que de lire qu'ils jouaient au tarot les a plutôt énervés. En fait, cet incident s'est produit sur un atelier qui connaît, depuis un an, avarie sur avarie. Il a été totalement informatisé sans formation du personnel et avec des interventions de sous-traitants et d'*engineering* divers et variés qui proposent des améliorations (demandées par la direction) qui marchent sur le papier mais qui ne sont pas opérationnelles sur du matériel de plus de trente ans.

Reste que c'est une usine où la pression règne sur les ouvriers, d'autant que ceux-ci sont peu portés sur l'action collective, sont peu syndiqués et sont assez individualistes. Depuis un an que l'atelier d'ammoniac n'arrive pas à redémarrer, la direction générale

fait retomber sur les salariés les difficultés que ça entraîne sur le groupe chimique dans son entier. De cet incident, la direction n'a pas tiré les enseignements et a préféré la répression. Ce sont les quatre ouvriers et techniciens qui se trouvaient en poste cette nuit-là qui ont trinqué. Dans un premier temps la direction générale a voulu les virer sans autre forme de procès, puis, sous la pression, les licenciements ont été transformés en déclassements. « Les quatre punis ont eu l'impression de payer pour l'ensemble des problèmes techniques (parfois dangereux) qui se sont accumulés », dit quelqu'un de ce site. En réunion du comité central d'entreprise, le directeur général a cru bon de convoquer les représentants de chaque syndicat (et pas moi) pour leur parler de cet article et d'expliquer que ce n'était pas le moment et, qu'en donnant des informations sur les activités de l'usine, je crachais dans la soupe...

Non, c'est juste que je suis plutôt du genre à mordre la main qui tient ma chaîne.

Mai 2007.

QUELQUES FAITS RÉCENTS

Ils nous soufflent le chaud et le froid. Ça fait des mois que l'ambiance est des plus désastreuses, je vous l'ai assez raconté. On en était à penser que l'usine allait fermer dans les mois à venir. Même les cadres, la direction et *tutti quanti* avaient le moral dans les chaussettes, et nous n'avions plus qu'à compter les points. Les plus vieux attendant un énième plan de restructuration et les plus jeunes attendant de possibles mutations dans le secteur pétrolier de Total. Bref, on était dans une atmosphère de pré-plan, alors qu'un plan de restructuration est toujours en cours, mais c'est quelque chose qu'on connaît bien. Et voilà qu'avec le printemps, tout a changé. Depuis un mois, les ateliers des trois usines du groupe fonctionnent enfin de façon quasi correcte (il ne faut pas regarder de trop près), mais, en plus, on voit nos cadres tout guillerets avec plein de projets de travaux. Comme si la direction générale venait d'ouvrir son portefeuille et que tout était possible (il paraît qu'elle a débloqué 70 millions d'euros pour effectuer des travaux sur le groupe). Des techniciens sont mis à contribution pour étudier la faisabilité de tel chantier ou de telles améliorations, et la construction d'un nouvel atelier sur l'usine va voir le jour dans les mois à venir… C'est assez fou. Les bureaux sont remis à neuf; certaines améliorations de conditions de travail, qu'on demandait depuis des années, sont enfin acceptées;

tous les abords de l'usine sont repeints; les ateliers reçoivent également un coup de peinture (et de loin, ça fait illusion). Bon, plutôt que de dépolluer les terrains où se trouvaient des ateliers qui sont désormais démontés, voilà que la direction fait venir des camions par dizaines, qui déversent des tonnes de bonne terre végétale, sur lesquelles il est semé du gazon et planté des thuyas. Il y a même des endroits où la pelouse est amenée par rouleaux entiers, pour aller plus vite. Là aussi ça fait illusion… Que se passe-t-il?

D'abord, en ce moment, les visiteurs de marque sont assez nombreux à venir à l'usine. Le directeur général s'y déplace régulièrement et on vient de nous annoncer la venue d'un ponte de chez Total. Forcément, dans ces cas-là, il vaut mieux montrer une usine modèle (!). Ça entraîne un stress chez les ingénieurs et cadres qui s'inquiètent pour un tuyau qui traîne par terre, pour de la poussière d'engrais qui continue à s'entasser ou pour un bout de ferraille qui fait moche dans le paysage. Ensuite, nous sommes tellement démotivés qu'il faut offrir quelques os à ronger aux cadres pour qu'eux-mêmes motivent leurs troupes. Et quoi de plus enthousiasmant (pour eux) qu'une usine qui semble repartir? D'autant que quelques jeunes cadres et techniciens viennent de démissionner pour voir si l'herbe était plus verte ailleurs. La troisième chose, c'est que pas mal de bruits circulent dans la boîte comme quoi notre société serait en vente (qui en voudrait?), d'autant que Total est en train de transformer notre société chimique en deux sociétés : l'une comportant les trois seules

usines encore en activité (et qui pourrait générer des bénéfices) et une autre société où figureraient tous les passifs : AZF, dépollution des sites... Bref, des choses qui n'intéressent que les actionnaires et que nous ne ferons que subir.

À part ça, dans l'usine, la vie continue et les accidents du travail se multiplient depuis quelque temps. Le dernier en date, c'est celui de Pedro, un vieux copain. Parce qu'il a eu des problèmes de santé et parce qu'il va partir en retraite dans six mois, il ne fait plus les quarts et a été muté au déchargement de wagons d'ammoniac. C'est un boulot sans intérêt mais qui lui va bien pour finir sa carrière à l'usine. Ce matin-là, c'est le même boulot que tous les jours, mais avec de nouveaux wagons venus d'un pays de l'Est. Une fausse manœuvre en débridant une vanne, une purge qui s'ouvre malencontreusement et de l'ammoniac qui se répand. Pedro a son masque à gaz, mais le froid intense de l'ammoniac (qui se trouve à une température de − 33°) le brûle. Aussitôt, il est pris en charge par les pompiers et envoyé à l'hosto. L'ammoniac, comme la soude caustique, est un produit vicieux : si le froid l'a brûlé (oui), le produit continue à le ronger et ce sont ses cuisses et son sexe qui se trouvent attaqués. À l'hôpital de Rouen, impossible d'enrayer la chose, et Pedro se retrouve envoyé aux Grands-Brûlés à Paris. Là, il est maintenu dans un sommeil artificiel en attendant de possibles greffes de peau...

Autre cas, celui d'Olivier. Lorsque l'atelier où il travaillait a été fermé, il y a quatre ans, Olivier s'est

retrouvé sans poste fixe dans l'usine. Ajoutez à ça des problèmes personnels, Olivier s'est mis à picoler grave. Pastis, whisky, bières, tout était bon. Plusieurs essais de cures de désintoxication ont eu bien du mal à le guérir de son addiction. Dernièrement, il semblait aller mieux, même si parfois… Ce jeudi matin-là, il arrive au boulot dans le coaltar. Il est bizarre, on dirait qu'il est complètement saoul. Ses collègues pensent qu'il a remis ça. Le chef d'équipe le fait conduire à l'infirmerie. Le médecin, qui n'est plus à plein-temps, n'est pas là. L'infirmière pense qu'il est ivre, appelle un taxi et le fait reconduire chez lui. Ça peut craindre pour Olivier et entraîner une sanction pour « faute grave », d'être venu sur le site bourré. Seulement ce n'est pas l'alcool. Arrivé chez lui, il s'écroule et tombe dans le coma. C'est son frère qui le découvre le lendemain, étalé dans le séjour. Aussitôt, Olivier est envoyé aux urgences, où il est placé en réanimation. Les médecins diagnostiquent une méningite de type viral et sont très réservés sur l'avenir d'Olivier, le temps de coma sans soin ayant entraîné des séquelles au cerveau. Olivier reste cinq jours dans le coma avant de décéder. On dit que si le médecin du travail avait été là, ça ne serait pas arrivé…

Juin 2007.

LOGO SPARADRAP

Ça fait plus de six mois qu'on nous annonce dans l'usine que la filiale engrais de Total, Grande Paroisse, va changer de nom, parce que, nous explique-t-on, il est négatif et pas porteur. Le nouveau nom a été caché de façon quasi paranoïaque par la haute hiérarchie, pourtant c'était un secret de Polichinelle. Le 3 mai, en arrivant le matin à l'usine, nous voyons de nouvelles oriflammes, de nouvelles pancartes. Dessus il est inscrit «GPN». Tout a été changé durant la nuit. Le personnel qui est à la journée est convié par la direction à la cantine pour un petit-déjeuner de présentation de la nouvelle société. Nous nous y rendons tous : ça fait une heure à glander aux frais du patron. Nous nous retrouvons près d'une centaine avec café, croissants et autres. Les copains du syndicat plaisantent : « On sait comment faut faire pour avoir du monde aux heures d'information syndicale : faut leur payer les croissants. » La direction voudrait que ce soit un moment « festif et convivial », mais nous nous retrouvons juste à table, entre copains. Puis on nous passe un film sur grand écran. C'est notre directeur général qui nous cause, pour nous expliquer le changement de stratégie du groupe. Le «N» de GPN, c'est le symbole de l'azote, autour duquel GPN va uniquement travailler, en produisant moins d'engrais et davantage de produits liés au « développement durable et au respect de l'environnement » en se

tournant vers « une activité liée à la terre, notre premier client » *[sic]*. Ça fait plusieurs articles dans lesquels je vous explique qu'un marché de tout ce qui est dérivé de l'ammoniac et de l'urée est en train d'émerger et de rapporter beaucoup de fric pour un investissement et un coût très faibles. Ce sont des produits qui servent d'additifs et qui doivent permettre de baisser les émissions de CO_2 et de NOX.

Cette nouvelle société ne comporte plus que les trois sites encore en activité. Tout ce qui constitue le passif (AZF, plans de préretraite, dépollution de tous les sites des usines fermées jusqu'à présent…) est mis dans une autre société que Total va absorber en y laissant quelques centaines de millions d'euros. *A priori*, avec ces nouveaux marchés, la société GPN devrait fonctionner quelques années (alors qu'il y a quelques mois, tout le monde s'attendait à la fermeture pure et simple). Cette société deviendrait donc rentable (et peut-être vendable), pour quelque temps. Pour cela il faudrait que le matériel soit fiable, ce qui n'est pas franchement le cas. Au bout d'une heure d'images publicitaires, tous les employés ont droit à une pochette avec de belles plaquettes de présentation, sur papier cher et en quadrichromie. Et, comme si ça ne suffisait pas, ajouté à cela il y a le nouveau règlement intérieur de l'usine accompagné d'un réveil. Juste comme un rappel à l'ordre, pour qu'on arrive à l'heure au boulot. Enfin, les cadres, et eux seuls, sont conviés à un pot plus classe avec champagne et petits-fours. Nous pourrions nous y inviter mais nous préférons les laisser entre eux.

Ah oui, j'oubliais, le mot d'ordre de cette nouvelle société, qui est écrit partout, c'est « GPN, et la terre respire ». On croit rêver.

Juin 2007.

VACANCES, J'OUBLIE TOUT

Bon, arrive la période des vacances. L'usine ronronne et nous sommes tous à souhaiter qu'il ne se passe rien d'exceptionnel pendant les deux mois d'été. Pas d'accident, pas de grosse panne, pas de turbine qui s'enflamme... La période des vacances est un moment difficile pour ceux et celles qui restent à l'usine. Pour pallier le départ d'une partie du personnel, il n'est pas question d'embaucher des intérimaires. Le travail retombe donc sur ceux et celles qui restent ou qui attendent leur tour pour partir. Ce qui veut dire davantage de taf, des heures supplémentaires et des repos déplacés ou supprimés. C'est dire que les vacances sont méritées. À part ça, pas grand-chose. Comme je vous l'avais annoncé le mois dernier, le groupe chimique a changé de nom et le discours est plus que jamais à la productivité (même si les comptes sont toujours lamentablement dans le rouge). On nous dit qu'on va relever la tête et qu'on va y arriver. Côté discours, côté motivation de l'encadrement, la direction y va de sa méthode Coué, mais pour le reste : social, entretien du matériel... c'est toujours pareil.

Deux ateliers de fabrication, l'un d'acide et l'autre d'engrais, ont été arrêtés pour entretiens et réparations annuels. Déjà que le matériel commence à être vieux, en plus, et comme à chaque fois, il a fallu faire vite et réparer *a minima*. Résultat, outre le stress des gars, parce qu'il y a toujours des incidents au

redémarrage, cette fois les ateliers ont recraché par trois fois de sales nuages de fumées qui ont entraîné l'intervention de la Drire (Direction régionale de l'industrie, de la recherche et de l'environnement) et de nouveaux arrêts des installations pour d'autres réparations. La troisième fuite a été impressionnante et aurait pu entraîner des brûlés. Une grosse bride de vanne qui lâche et des mètres cubes d'acide nitrique se répandent. La fumée est particulièrement suffocante et il y en a tant que ça forme un véritable brouillard. Les pompiers doivent intervenir, il faut se couvrir de vêtements spéciaux, prendre des masques à gaz et faire des manœuvres pour que l'acide ne se répande plus. Un plan d'opération interne est lancé et les portes de l'usine sont fermées pour empêcher toute intrusion.

Tout rentre dans l'ordre au bout de quelques heures de travail acharné et risqué. Cette fuite était due à une bête question de *timing*. Il a fallu faire vite pour remonter la tuyauterie. Ceux qui connaissent l'atelier n'ont pas eu le temps de vérifier ; les intervenants d'une boîte extérieure ont pratiqué comme ils en avaient l'habitude... Si ce n'est que c'est un joint en acier classique qui a été mis alors que l'acide circulant nécessitait la pose d'un joint en inox. En trente secondes, l'acide chaud a rongé le joint et c'est ainsi que plusieurs mètres cubes d'un acide hyperagressif se sont répandus. Les gars de l'atelier disent que la faute est liée au fait que toutes les réparations sont confiées à des boîtes extérieures qui ne connaissent rien à la fabrication. C'est vrai que la sous-traitance

est un problème. Les grosses entreprises négocient des contrats *a minima* avec des boîtes qui sont pressurées pour des résultats très souvent hasardeux, voire dangereux, par méconnaissance des ateliers ou emploi de personnel souvent peu qualifié. Bon, voilà, j'arrête ici. Bonnes vacances pour ceux et celles qui partent et rencard à la rentrée pour de nouvelles aventures.

Juillet 2007.

— III —

LE BUREAUCRATE ENGUIRLANDÉ

Ça y est, c'est fini, oublié les vacances, la plage, le soleil (?). Retour au travail, au turbin, au chagrin. J'allais écrire qu'il ne s'est rien passé d'extraordinaire à l'usine au cours des deux mois d'été. Juste les trucs habituels : heures supplémentaires et jours de congé qui sautent à cause du manque de personnel. La seule nouvelle digne d'intérêt a été l'annonce par le directeur général du groupe qu'il allait sans doute être le prochain à sauter, vu que les résultats économiques ne sont pas bons du tout. Mais de son départ on se fiche, on ne le regrettera pas et on sait tous que son remplaçant ne sera qu'un copié-collé. Et voilà que le dernier week-end d'août, dans mon atelier, arrive l'incident qu'on pressentait tous. Le compresseur d'air qui casse, l'arbre de transmission qui se met en banane, le carter qui se retrouve projeté à une dizaine de mètres... Coup de pot, il n'y avait personne à côté. L'atelier qui déclenche, la course (de nuit) dans les escaliers et dans la salle des machines pour sécuriser. Une soupape qui ne se referme pas et qui crache du gaz pendant une heure. Alerte sur la région, pompiers, préfet réveillé en pleine nuit... Et tout qui rentre dans l'ordre après quelques heures d'efforts pour arrêter l'installation.

Encore une fois, on n'est pas passé loin... Pourtant, ce compresseur défectueux, ça fait bientôt deux ans qu'on dit qu'il faut le réparer, sinon on

risque la casse. La direction a attendu le dernier moment et voilà ce qui arrive. La situation se dégrade et un jour la machine lâche. C'est toujours le même scénario. Après, il faut réparer. Cette fois, pour fabriquer la pièce de rechange, c'est au minimum un délai de quatre mois. Si tel était le cas, ça voudrait dire la fermeture (peut-être définitive) de la boîte. Du coup, les réparations sont faites *a minima*. On reprend le même arbre, on le polit et, malgré un manque de dents (je vous passe les détails), la machine repart au bout de quinze jours. Le régime de l'atelier passe de 1 100 tonnes par jour à 800 : pour la direction, c'est la bonne solution. Voilà pour les dernières nouvelles du front. Parce qu'en fait je voulais vous parler d'André, un collègue que j'aime bien. Un ouvrier comme on en fait de moins en moins. Râleur, bien sûr, drôle, souvent, et conscient de sa place. André travaille aux expéditions d'engrais. C'est le dernier endroit de l'usine où il n'y a pas besoin d'une grande technicité. C'est là qu'on trouve les derniers vrais prolos de l'usine, avec leurs bons et leurs mauvais côtés : ceux qui font le plus souvent grève, ceux qui savent dire « non, chef », mais aussi, parfois, racistes ou courant après les heures supplémentaires. André, lui, ne court pas après les heures. Il a même un mal de chien à arriver à l'heure le matin. On ne peut commencer à lui parler que lorsqu'il a avalé son premier café. À le voir arriver, bourru, un véritable ours, on a du mal à penser qu'il va ensuite passer ses temps de pause à faire des pitreries pour amuser ses collègues. Donc, après avoir bu son café et fumé sa troisième clope,

André devient opérationnel. Il coiffe sa casquette rouge réglementaire, à laquelle il a accroché un morceau de guirlande de Noël dorée, et il monte sur son Klark ou sur son chouleur, pour charger l'engrais, en sacs de 600 kg ou en vrac.

Il est sans doute l'un des seuls à écouter Radio Classique ou France Musique dans l'habitacle de son engin. C'est pas qu'il soit véritablement fan de Mahler ou de Chostakovitch, c'est plutôt son côté punk, comme pour dire merde à ceux qui pensent que les prolos ne peuvent s'éclater que sur Bigard ou sur Rire & Chansons. Au réfectoire, le midi, avant de partir, c'est lui qui lance toujours la première vanne pour que les autres rebondissent et que le climat soit à la bêtise. Il m'a fait visiter le petit potager que ses copains et lui entretiennent aux abords des hangars : « Là on fait pousser des tomates cerises… Pour l'apéro », dit-il en souriant. Mais André ce n'est pas que ça. Ce qui l'intéresse, c'est l'hygiène et la sécurité et il est souvent sur le terrain, à chercher le problème, la faille qui pourrait être préjudiciable, dangereuse pour les collègues. Parce qu'il n'a pas appris à parler en public, il a parfois du mal à trouver ses mots devant le directeur, mais dès qu'il l'ouvre, il est écouté et il adore mettre le patron en difficulté. Dernièrement, sa vie au travail a changé. Dans l'usine, le syndicat CGT est pour la rotation des tâches, pour qu'il n'y ait pas de bureaucratisation qui s'installe. Mais personne ne voulait prendre le poste de secrétaire du syndicat, laissé vacant. Pouf-pouf. C'est tombé sur André, qui n'en demandait pas tant.

Il a accepté parce que pendant deux ans, ça allait le changer du quotidien. Pourtant, ça ne lui va pas trop. Il fait son boulot syndical, mais ce n'est pas son truc. André préfère être avec les copains. Alors, dès qu'il peut, il retourne traîner ses grolles aux expéditions. Et là, autour du café partagé avec ses collègues, c'est lui qui se fait vanner, vu qu'il est « un bureaucrate » pour deux ans.

Septembre 2007.

PRESSION MENTALE

Je ne sais pas pourquoi je ne vous ai encore jamais parlé de ce type qui sévit depuis des années dans mon usine. Nous l'appellerons Gérard Legrand. Il est contremaître et a exercé dans différents secteurs de l'usine. Il atteint la fin de la cinquantaine de façon assez active. Sportif, il a de l'allure. Mais il a une très haute estime de lui-même et s'adresse à tout un chacun avec supériorité. Même certains ingénieurs, voire des chefs de service, le craignent. On se disait tous qu'on allait en être bientôt débarrassé, car avec le plan de restructuration il arrive dans les âges de ceux qui partent en préretraite. Ça aurait été trop simple : Gérard Legrand n'est pas du genre à partir quand on le lui dit. Il a donc fait valoir qu'il manquerait des contremaîtres sur le site (et, par là même, des gens de sa valeur) et aussi que, sa femme bossant toujours dans l'usine, il se voyait bien y rester jusqu'à sa retraite à elle (merde, encore huit ans à le supporter, si aucun nouveau plan ne vient nous libérer!).

Dans les différents services où il a exercé, il a toujours eu la main lourde avec le personnel, c'est-à-dire qu'il a toujours fait son boulot de façon autoritaire et cassante. Après qu'il a subi un accident de circulation qui a donné lieu à quelques mois d'arrêt, on pensait tous qu'il la jouerait modeste, mais non. Il est revenu égal à lui-même. Peut-être même pire. Il exerce maintenant dans l'atelier d'engrais. Il y manage le personnel et le côté technique, c'est-à-dire qu'il supervise tout, écrasant

même son contremaître-adjoint. Il gère donc les repos et les vacances de ses subordonnés. C'est de là qu'il tient son pouvoir. Il donne des congés en fonction de l'acceptation, ou non, de faire des heures supplémentaires. Et les repos, notamment chez les salariés postés qui vivent en horaires décalés, c'est primordial. Son autre pouvoir, il l'exerce en mettant la pression : l'atelier d'engrais est le dernier de la société qui fabrique le produit sur lequel la marge de bénéfice est la plus importante, là où le groupe chimique fait son chiffre d'affaires. Problème, l'atelier commence à être vieux et subit des pannes, des arrêts et de la casse. Gérard Legrand se fait d'autant plus autoritaire que l'atelier fonctionne mal. Pour lui, ce ne peut être que la faute des gars.

Dernièrement, après des pannes à répétition, dont une qui aurait pu être catastrophique, il a accentué la pression. Un collègue, qui pourtant en a vu d'autres, en a fait les frais. Mourad a la quarantaine sportive, il passe son temps libre à courir, nager, faire de la musculation, du judo… Il a une hygiène de vie quasi maladive, pour être toujours au top. Durant sa carrière à l'usine, il ne s'est jamais laissé marcher sur les pieds, c'est plutôt lui qui s'impose. Faisant souvent le fier-à-bras et, physiquement, se faisant craindre de certains de ses supérieurs. Il en a même trop fait, puisque malgré des années de formation pour être agent de maîtrise, il a été relégué à chaque fois, pour manque de docilité. Donc une forte tête (qui par ailleurs ne fait jamais grève, parce qu'extrêmement individualiste). Mais voilà qu'il a trouvé pire en la personne de Legrand, qui l'a littéralement cassé.

Lui mettant une pression terrible, lui disant qu'avec son niveau, il n'avait pas le droit à l'erreur, etc.

L'informatisation totale de la conduite des machines sur du matériel vieillissant a entraîné une nouvelle philosophie de conduite. La plupart des conducteurs ne s'y sont pas vraiment habitués. Et si, jadis, en conduite conventionnelle, on pouvait rattraper une petite erreur, maintenant, avec la flopée d'ordinateurs, le moindre faux pas se transforme en arrêt direct de l'installation, ce qui est souvent grave. La dernière fois, lors du démarrage de l'unité, Mourad a commis une bourde qui a provoqué une fuite de gaz. Et puis voilà qu'il doit redémarrer l'atelier à nouveau. Il a la pression, Legrand lui a dit que s'il ratait le démarrage, la direction serait avertie et des sanctions seraient prises. Mourad en a pourtant connu d'autres, mais là Legrand a fait fort. Lorsque Mourad prend son poste, on voit qu'il ne va pas bien. Il s'installe devant son pupitre et ses écrans, il sue à grosses gouttes. Et, lorsque les machines commencent à s'ébranler (comme d'habitude dans cette phase), il fait un malaise. Il se tient au côté gauche et s'écroule. Les pompiers sont appelés et Mourad envoyé aux urgences. Il est arrêté un mois et la direction refuse encore aujourd'hui de considérer ce malaise comme un accident du travail. Quand vous passez dans la salle de contrôle de cet atelier, vous sentez que le stress est omniprésent. Tous les salariés se plaignent de leurs conditions de travail. Ils n'en peuvent plus de subir cette pression mentale. Ils parlent même de faire grève contre le contremaître. À voir.

Octobre 2007.

TOUCHÉS PAR LA GRÂCE

Les autres fois, lorsqu'il y a un car qui attend devant l'usine, c'est soit pour un voyage organisé par le comité d'établissement, soit pour un départ de manif à Paris. Aujourd'hui, ça n'a rien à voir. Le car stationne devant les bâtiments de la direction et près d'une trentaine de cadres et chefs de service de l'usine s'y engouffrent. En guise d'accompagnateurs : le directeur flanqué de la chargée de communication, qui n'a pas l'air dans son assiette. Le car a été affrété pour que tout ce beau monde assiste à la messe bisannuelle organisée par la direction générale. Une réunion de cadres, pour les motiver et les booster, parce que, même à leur niveau, on ne sent pas d'enthousiasme ni de confiance dans l'avenir de la boîte. Le directeur général va leur faire une piqûre de rappel en soulignant les objectifs et en citant les deux mois écoulés où il y a eu (enfin) des bénéfices affichés... Tout cela sera accompagné de petits-fours et de champagne, ce qui explique l'emploi du transport en commun, des fois que quelques-uns se jettent sur les coupes de champ'. Il n'y a pas que les prolos qui abusent...

Derrière les vitres teintées des bâtiments de la direction, ça ne se voit pas de l'extérieur, mais tout le personnel administratif est à l'affût, observant ce départ d'un œil sévère. Rien à voir avec des parents sur le trottoir en train de regarder partir leurs gamins

en classe verte. Chaque cadre qui passe est soumis à critique : celui-là harcelait son personnel féminin ; aujourd'hui, même s'il essaie de la jouer vieux beau, il est décati. L'une des observatrices lance qu'il ferait presque peine à voir s'il n'avait été aussi puant auparavant. Une autre de lui répondre que, de toute façon, même avec le Viagra, ça ne marche plus et qu'elles sont enfin tranquilles.

Il y a ce chef de service qui passe. Lui est plus jeune, mais les secrétaires ne l'aiment pas : il fait trop de courbettes au directeur, a toujours le doigt sur la couture du pantalon et ne contredit jamais les directives. Les filles l'observent. Il monte dans le car, puis redescend rapidement, revient vers les bureaux, disparaît puis ressort en se boutonnant la braguette. Il court de peur que le convoi parte sans lui. Les rires et les moqueries fusent. Tout est à l'avenant. Tous les cadres sont installés. C'est l'heure du départ. L'autocar s'ébroue et s'en va : direction La Défense. Lorsqu'il dépasse les barrières de l'usine et disparaît, tout le personnel reprend son poste, dans les bureaux, à l'informatique ou ailleurs. Et c'est là qu'on voit qu'il y a quelque chose de changé : les secrétaires et les comptables se font plus sereines. L'atmosphère est détendue. C'est tout à fait remarquable. Elles font leur boulot, mais à leur rythme, sans la crainte de voir un cador débouler. Et puis quand le boulot est fini, ou sur le point de l'être, tout le monde se rassemble pour un thé, un café, un gâteau…

Dans les ateliers, c'est pareil. Même si les contremaîtres et les pousse-culs sont restés, l'atmosphère

a changé. Ça ronronne. « T'as vu, dit Laurent, ils ne sont pas là et ça marche quand même. » Là aussi, il y a moins de stress. Savoir que les chefs ne vont pas leur faire faire des manœuvres risquées, qu'ils ne vont pas venir les engueuler parce que telle machine ne fonctionne pas à son nominal, et l'ambiance change. Cédric surveille ses écrans de contrôle, les pieds sur le bureau, détendu. André épluche délicatement une orange, prenant son temps, le regard ailleurs, cool. Peut-être rêve-t-il à de futures vacances. J'aimerais croire qu'il imagine un avenir sans patron... Voilà, c'est tout. Un moment de grâce quasiment, comme il en existe si peu dans une usine, mais je tenais à en rendre compte, pour partager.

Novembre 2007.

LA DÉFENSE, ZONE IMMUNODÉFICITAIRE ?

Le quartier de La Défense devient presque mon deuxième lieu de travail en ce moment, avec toutes ces réunions paritaires : comités centraux d'entreprise, expertises et j'en passe. C'est sûr qu'il y a des prérogatives, qu'il y a des informations à recevoir, mais en même temps ces réunions ne servent qu'à nous occuper, nous éloigner des collègues. Elles ne sont utiles que lorsqu'on a le rapport de force vis-à-vis du patron, quand on a les collègues à nos côtés. Sinon ce ne sont que des chambres d'enregistrement où les patrons font ce qu'ils veulent, même si ces réunions sont parfois animées. Quelle idée j'ai eu d'accepter de venir à ces réunions! En fait, j'ai accepté pour observer ce petit monde, peut-être aussi pour témoigner. Je sais que certains syndicalistes s'y complaisent. Sans doute que côtoyer les «puissants» leur fait tourner la tête. Et je ne vous dis pas ces pseudo-syndicalistes qui viennent en réunion avec le costard et la cravate pour singer le boss. Peut-être croient-ils faire partie du sérail? Moi, je ne supporte ni les uns ni les autres.

Revenons au quartier de La Défense. Je ne sais pas s'il y a eu des études de réalisées sur ce lieu et sur sa faune, mais ça vaudrait le coup de s'y intéresser. La Défense, c'est un autre monde. Total et ses filiales y trustent plusieurs immeubles; EDF s'affiche sur un édifice monumental; la plupart des banques jouent à qui aura la tour la plus haute. Ici, les décideurs

squattent les lieux dans un enchevêtrement d'immeubles tout en verre, béton et acier. Les vitriers ont encore de beaux jours devant eux, d'autant que la tendance est aux immenses patios vitrés, où essaient de survivre quelques palmiers faméliques. Dans cet imbroglio qui préfigure, aujourd'hui, les villes futures déjà annoncées dans quelques films d'anticipation, on pourrait penser qu'il n'y a plus de place pour qu'un nouveau building soit construit. Pourtant, La Défense est toujours en travaux. De nouveaux immeubles émergent encore, toujours plus hauts, toujours plus clinquants. Et lorsqu'ils paraissent trop vieux (vingt ans), que les vitres dorées ne sont plus à la mode, tout est changé pour que la boîte à laquelle appartiennent ces locaux paraisse encore dans le coup. Devant toutes ces tours, on ne peut s'empêcher de penser à Ben Laden. Crainte et fantasme à la fois. Les cibles sont tellement nombreuses, représentent tellement le système capitaliste occidental, qu'il ne serait pas surprenant qu'un avion vienne s'y planter. Depuis le 11-Septembre, tout le monde y pense. Et même si les flics sont là, nombreux, à pied, par groupe de trois ou en fourgonnette, cela n'empêcherait rien. Au pied de ces tours, un centre commercial vulgaire, de maigres espaces verts, en guise de notes bucoliques dans cet univers trop gris. Des sculptures colossales de Miro, Calder et autres qu'on ne voit même plus. L'été a lieu un «festival» de jazz guimauve sur une petite pelouse-moquette gorgée d'engrais. Tout est fondu dans un décor froid et aseptisé à la seule gloire du capitalisme, où quelques écrans géants distillent des spots

publicitaires à longueur de journée : seules vraies touches de couleurs. D'autres sont collées sur les façades des immeubles par des types qui, accrochés à des filins et en rappel, travaillent à faire connaître davantage des marques de fringues de sport (l'alpinisme mène à ça, ici). Il y a cette Grande Arche, aussi, pendant gigantesque de l'Arc de Triomphe et représentation bétonnée du mitterrandisme florissant et arrogant. Enfin, sur les parvis et les esplanades, là où règnent les courants d'air, il y a les gens. Hommes et femmes pressés, courant comme dans les couloirs du métro – il y en a même qui lisent des romans en marchant à longues enjambées. Pas de temps à perdre, pas de temps pour flâner (ou si peu : parfois, le midi, lorsqu'il fait beau). Par terre traînent des emballages de McDo, ainsi que des journaux gratuits pris à la sauvette à la sortie du métro, survolés et aussitôt jetés.

Chez ces gens qui courent, on remarquera l'uniformité. Si les femmes se distinguent, pour les hommes, la tenue de travail est identique : tous portent le costard cravate des décideurs et des commerciaux, avec (en prime) dans une main, la serviette ou l'attaché-case et, dans l'autre, le téléphone portable. Parfois, fendant la foule, un de ces types en uniforme passe, juché sur une trottinette infantile. Le midi, ils mangent tous rapidement des sandwichs paninis aux prix prohibitifs ou se rendent dans ces multiples restaurants-cantines, aux plats lourds et peu raffinés. Les prix y sont abusifs également, mais d'autant plus facilement acceptés que la plupart de ceux qui y mangent fonctionnent à la note de frais. Le midi aussi, pour «déstresser» les cadres et les

secrétaires, il est possible de pratiquer quelque sport. Lorsqu'il fait beau, certains, cravates au vent, jouent à la pétanque ; d'autres s'initient à un stage de rollers ; d'autres enfin peuvent parcourir des simulateurs de golf. Sur les murs, des messages publicitaires à la gloire du quartier, comme autant de slogans s'adressant à tous ces gens stressés : « Exigez le meilleur », « Sortir du rang », comme un continuel rappel à l'ordre.

Depuis qu'il est interdit de fumer sur les lieux de travail, on observe fréquemment des troupeaux entiers de salariés, au bas des immeubles, en train de cloper, parlant, prenant du temps au patron. Seul moment de pause dans ce monde de brutes. Ça donne presque envie de commencer à fumer. Le soir, lorsque la journée de travail est finie, avant le métro et les embouteillages, la foule se retire, passant devant les succursales commerciales qui font rêver sur des paysages exotiques ou sur de nouvelles grosses voitures. Seules issues possibles proposées pour se remettre de tant de journées harassantes, perdues. La consommation comme lot de consolation. Plus tard encore, lorsque les esplanades se désertifient, restent ceux qui habitent là. Oui, parmi ces tours ultramodernes et ultrachics, se trouvent quelques immeubles d'habitation qui n'ont rien à envier aux HLM. Il n'y a jamais rien qui pend à ces fenêtres, peut-être est-ce stipulé sur le contrat d'habitation ? Rien, il ne doit rien y avoir qui dépasse. La nuit, enfin, il ne reste plus que quelques chats semi-sauvages, des flics et des jeunes en recherche de sensations fortes. Un autre monde encore.

Décembre 2007.

UN CON

Janvier à l'usine. Les ateliers ronronnent et marchent quasiment mieux parce qu'il fait froid (oui, c'est ainsi, ce n'est pas pour rien qu'une usine d'ammoniac vient de s'installer en Sibérie : outre le gaz présent dans les sous-sols sibériens, le froid dope la production de ce produit). À la manutention, on tend à battre des records d'expédition d'engrais. Pour la première année, même les coopératives agricoles qui pratiquaient une trêve du 15 décembre au 15 janvier n'ont pas fermé leurs portes et continuent à faire des stocks. La raison ? Depuis la mode des biocarburants (ce n'est pas à moi de vous dire tout le mal qu'il faut penser de ce nouveau gadget), le prix des céréales dans son ensemble s'est envolé et avec lui le revenu des gros agriculteurs. Ces derniers investissent dans l'engrais, pour produire davantage, mais surtout parce qu'il vaut mieux l'acheter tout de suite : son prix va continuer de monter, suivant celui du pétrole (il faut énormément de gaz pour fabriquer les engrais azotés). Les céréaliers répercuteront donc la prochaine hausse des engrais sur leurs productions alors qu'ils auront acheté l'engrais avant l'augmentation. Le boursicotage habituel. La direction vient de confirmer les investissements qui seront faits cette année sur les ateliers. Un nouvel atelier, ultra-automatisé, va être construit dans les mois à venir, pour en remplacer deux franchement vétustes. Bref, présenté comme ça, on pourrait penser que l'usine va continuer

à fonctionner et produire encore pendant un paquet d'années. Si ce n'est qu'on sait que tous ces investissements sont très vite rentabilisés, même s'ils représentent de grosses sommes d'argent. Et ce n'est pas ça qui va créer des emplois, loin s'en faut. Au contraire même, et dans les services et les ateliers, ça discute d'un éventuel prochain plan social, d'autant que l'actuel se termine en juin. En fait, je vous parle de l'ambiance de l'usine alors que je ne voulais pas vous entretenir là-dessus. Je voulais vous expliquer pourquoi on vient de pousser un ouf de soulagement.

Robert est parti. Enfin. On était plusieurs à lui demander : « Bon, dis, quand est-ce que tu pars en retraite ? » Ce n'est pas trop qu'on s'inquiétait pour sa santé, au contraire, c'était plutôt qu'on guettait son départ. En plus, cet abruti de Robert avait demandé une dérogation pour partir au dernier moment. Et comme il n'y en a que pour les cons, la direction a accepté qu'il parte un an plus tard que la date prévue. C'est qu'il avait peur de s'emmerder chez lui, sans l'usine. C'est dire. Enfin ça y est, le 31 décembre, il a pris ses cliques et ses claques et adieu. Sachant sans doute qu'il n'avait pas bonne presse auprès des collègues, il n'a pas organisé de pot de départ. Si je ne m'abuse, c'est la première fois que je vous parle d'un prolo en ces termes. Plusieurs lecteurs m'ont dit que je faisais de l'angélisme en ne parlant que des « héros de la classe ouvrière » et des méchants directeurs. Eh bien cette fois, en parlant de Robert, je vous brosse le portrait d'un prolo de base.

Après son service militaire chez les pompiers de Paris, Robert a été embauché à l'usine comme pompier.

Un boulot pas trop fatigant, mais où il faut être prêt à intervenir jour et nuit sur le moindre incident, accident du travail, début d'incendie ou fuite de gaz. Alors que certains pompiers profitaient de leur temps de veille pour faire du sport et se maintenir en forme, Robert faisait partie de ceux qui traînaient dans les ateliers de fabrication, pas pour s'habituer à la géographie des lieux, mais plutôt pour d'autres découvertes. Il se pointait souvent vers 18 heures en salle de contrôle, heure stratégique pour se faire offrir l'apéro, ou la nuit, lorsqu'il se doutait qu'une bouffe était organisée. À ce régime-là, ce n'est pas le foie qui a lâché comme chez certains autres, mais il s'est mis à grossir considérablement. Au point qu'il lui était impossible de monter à une échelle ou de courir sur un incident.

Du coup, de pompier il a été muté comme gardien et là, ça s'est aggravé. Toujours assis, son embonpoint n'a pas diminué, mais sa hargne s'est encore développée. Il est devenu un gros pacha, arborant moustache fine et semblant de banane rock'n'roll en guise de coiffure. Une allure de beauf à la Cabu. Donnez un petit pouvoir à quelqu'un et vous transformez un chien docile en loup ou en hyène. Trônant dans sa guérite, Robert se l'est joué gardien chiant, bas de plafond, raciste, facho tendance paramilitaire. Emmerdant le moindre péquin essayant d'entrer dans l'usine auquel il manque un papier ; empêchant tel collègue de rentrer avec sa voiture ; refusant d'ouvrir la grille à un autre parce qu'il est arrivé avec un quart d'heure de retard ; parlant aux Africains ou aux Maghrébins comme à des chiens. J'en passe et des

meilleures. Lui seul appliquait le règlement intérieur à la lettre. Non j'exagère, je reprends : lui seul faisait appliquer le règlement intérieur à la lettre. Pour les autres, parce que pour lui, il avait toujours une bonne excuse. Ses chefs le craignaient et le laissaient faire parce que c'était plus simple pour eux. Il faisait son boulot et servait de repoussoir à beaucoup. Nombre de collègues ont failli en venir aux mains avec lui (même moi), tellement il la jouait con, buté et facho.

Enfin, bref. Maintenant il est parti et tout le monde en est content. Les choses ne se sont pas améliorées pour autant. Il n'y a plus que deux gardiens dans l'usine, en attente de leurs prochains départs en préretraite. Les autres ont été remplacés par des caméras et de très hautes grilles automatiques. Il faut plusieurs badges pour entrer par les différentes portes de l'usine. Là où les entrées sont surveillées étroitement, ce sont des vigiles de boîtes extérieures et spécialisées qui ouvrent le coffre de nos voitures (des fois qu'on apporte une bombe : nous ne sommes pas fouillés à la sortie). Payés à coups de lance-pierre, ils travaillent douze heures d'affilée dans le froid et sous la pluie, parce qu'on leur a retiré la guérite.

Janvier 2008

UN FLIC

Ce matin, signe de gel, les panaches de fumée des cheminées de l'usine montent droit dans ce ciel d'aurore. C'est bête à dire mais c'est plutôt beau et majestueux à voir. Le problème c'est que ces fumées sont lourdes de CO_2 et de particules pas folichonnes. On se satisfera du fait que plus de la moitié des ateliers de l'usine ayant été fermés puis détruits, l'usine pollue quand même vachement moins.

Bref. Tout ça pour dire que dans l'usine, en ce moment, c'est plutôt le calme plat. Quelques coups de gueule dans certains secteurs – contre un contremaître, pour obtenir une prime – mais rien de véritablement combatif et les menaces d'action n'aboutissent pas. Pendant ce temps-là, pourtant, au niveau de la direction générale du groupe, les atteintes aux droits du travail ne sont pas que des slogans syndicaux. Par exemple, en ce moment, les syndicats doivent «négocier» un prochain plan de « gestion prévisionnelle des emplois et des compétences ». Déjà dans l'intitulé, tu sens l'arnaque. Cette gestion doit être négociée dans toutes les boîtes de France. Le ministère du Travail voulait que tout soit réglé avant le 18 janvier, mais tous les patrons étant en retard, ça ne fait que commencer. Pression était mise sur les entreprises, sous peine de ne plus pouvoir entamer de plan de suppression d'emplois, ni même de licenciements. C'est dire si le gouvernement y tient.

Ce plan de gestion est particulièrement dangereux parce qu'il remet en cause une grande partie du financement de la formation professionnelle et accroît la mainmise du Medef sur cette formation (même si, la plupart du temps, elle ne correspond plus aux demandes et aux attentes des salariés). Étant donné les modalités d'application, cette gestion peut également entraîner des remises en cause des prérogatives syndicales dans le cas de plan de suppression d'emplois, et même favoriser les licenciements. Certaines centrales (pas la peine de vous les nommer) ont déjà sorti le stylo pour signer un accord là-dessus. Comme quoi, il y a vraiment du souci à se faire dans le monde salarié : les attaques viennent de partout sans que personne ne réagisse vraiment.

Vous voyez l'état d'esprit dans lequel je suis en ce moment. Du coup, je n'ai pas trop envie de vous la faire « les histoires de l'Oncle Jean-Pierre », pourtant, v'là la dernière qui s'est passée à l'usine. C'est pas du politique en tant que tel, ça tient plutôt du polar.

L'usine, à la suite de diverses restructurations et absorptions, s'étendait naguère sur trois sites. Au fur et à mesure des plans de licenciement et des fermetures d'ateliers, deux sites ont été abandonnés. Pourtant la direction en garde la propriété, parce qu'ils ne sont pas encore dépollués ou pour faire monter les enchères face au port autonome ou aux villes qui veulent se porter acquéreurs. Le site où se situe l'action est le plus ancien, il se trouve en lisière de Rouen, tout près de grands immeubles d'habitation. Le dernier atelier dans lequel on fabriquait de

l'engrais a fermé il y a dix ans. Il s'agissait d'un petit atelier très ancien, encore en charpente de bois. Joli à voir de l'extérieur (« une vraie cathédrale ») mais particulièrement vétuste et polluant. Bref. C'est sur une partie de ce site que va se faire l'arrivée d'un sixième pont rouennais et des travaux sont en cours actuellement. Une fois les chantiers installés, des ouvriers du BTP s'activent de jour comme de nuit.

À cet endroit et à ce moment de la nuit, Franky est seul avec sa pelleteuse à creuser un trou. Il retourne le sol pollué pour que la terre soit retirée puis traitée (souhaitons-le). Boulot un peu pénible mais pas si fatigant. Encore une heure et après il se casse. C'est donc vers 2 heures du matin que Franky aperçoit les phares d'une voiture qui passe la grille restée ouverte. La voiture, une Opel Corsa, fonce et se dirige vers l'extrémité nord de l'usine. Coup de frein. Franky éteint les loupiotes de sa machine et observe. Il sait ce que viennent chercher ces types. Trois personnes sortent de la voiture et vont vers le transformateur. L'un d'eux manie une barre à mine. Ce que ces mecs ne savent pas, c'est que d'autres sont déjà passés par là quelques mois plus tôt. La stratégie est simple : ouvrir le transformateur, jeter la barre à mine sur les coffrets électriques afin de provoquer un court-circuit, et embarquer le cuivre pour le revendre à prix d'or. Lors du dernier larcin, les voleurs avaient provoqué une panne d'électricité sur tous les immeubles alentour. Parce qu'il a sans doute vu trop de films, Franky se croit obligé de jouer les héros : il redémarre sa pelleteuse et se place en faction devant la grille d'entrée, à les attendre.

Lorsque les visiteurs, bredouilles et énervés, veulent ressortir, ils tombent nez à nez avec Franky aux commandes de son terrible engin. Et là, c'est pas *Il était une fois dans l'Ouest* mais pas loin, l'un sort un fusil et l'autre un pistolet et ils tirent ! Les balles sifflent au-dessus de la tête de Franky qui comprend vite qu'il a intérêt à déménager avec son Caterpillar. Ce qui est une bonne idée, vu que les types remontent dans la voiture et filent dès que la sortie est libérée.

Franky est tout tremblant, on le serait à moins. Plus tard, ses collègues, attirés par les bruits, le retrouvent prostré sur son siège. Il explique ce qui vient de lui arriver : la voiture, les types, les balles. Il y a des impacts sur la carrosserie et une vitre a volé en éclats. C'est là qu'Antoine le traite de con. Franky se fait engueuler et n'a pas l'air de vraiment comprendre (il rêvait peut-être d'être flic dans une autre vie ?). Antoine l'attrape par le col de sa veste, énervé : « On n'est pas là pour se faire canarder, surtout pour un patron. Alors, la prochaine fois, tu te casses, un point c'est tout. » Puis il le relâche. Franky est sonné mais ne recommencera sans doute pas.

Février 2008.

ÉCRASÉE DANS L'ŒUF

Il y a un an, je vous expliquais les stratégies de la direction pour casser un mouvement de grève dans l'usine. Eh bien en un an, ça a vachement évolué. Dans un atelier de fabrication d'engrais, ça fait des mois que ça ne va pas bien : le personnel subit des contraintes, un contremaître très autoritaire, et les suppressions de repos et le stress sont monnaie courante. Quand vous croisez les mecs du secteur, vous vous demandez s'ils vont bientôt se pendre ou prendre une kalachnikov et tirer dans le tas. Un peu spéciale comme ambiance. Très sombre, très électrique. Il y a eu plusieurs cas de dépression. En plus, la pression est mise sur tous et chacun parce que le produit fabriqué rapporte énormément à la société.

La colère monte depuis plusieurs mois et une prime a fait déborder le vase : elle a été distribuée dans plusieurs secteurs de l'usine mais pas chez eux. Aussitôt certains des salariés de cet atelier ont fait venir les syndicats pour élaborer des revendications (plus facile que d'exprimer un ras-le-bol) qui ont été déposées à la direction, ainsi qu'une pétition, en prévenant que s'il n'y avait pas de résultat, ce serait la grève.

Dit comme ça ce pourrait être simple si ce n'est que la pression est tellement forte dans cet atelier, à propos de la sécurité et des pertes de production qu'entraîne un arrêt, qu'il est plus facile de menacer de la grève que de la faire. Il faut aussi dire les choses,

les salariés de ce type d'atelier ont peur de l'arrêter et d'en prendre la responsabilité. Il y a toujours des risques de casser une machine (à cause de l'âge du matériel), de laisser s'échapper du produit dans l'atmosphère ou autre.

Depuis que les modes de conduite de ces ateliers se sont informatisés, que tout le monde s'est éloigné de la production proprement dite, les gars semblent avoir perdu la maîtrise de leur installation. Et ça, la direction le sait. Du coup, le directeur et le DRH n'ont pas de soucis quand ils répondent un non catégorique aux revendications (prime, salaire et formation) allant presque jusqu'à les provoquer.

Face à la réponse négative de la direction, la réponse obligée est donc la grève, mais toujours avec cette peur d'arrêter les machines. Profitant d'un arrêt technique pour réparer un réacteur, les gars décident de refuser de redémarrer. Aussi, l'équipe de nuit, en arrivant à 21 heures, se met en grève et reste les bras croisés ou rentre à la maison.

Dans le temps, le mouvement aurait été repris par les autres équipes, seulement l'équipe du matin, plus docile, ne sait plus trop quoi faire (d'autant qu'ils doivent se coltiner la hiérarchie qui n'a pas daigné se déplacer la nuit pour parlementer avec les grévistes). Une mini-assemblée générale est convoquée, où la CFDT fait peur aux mecs qui cessent le mouvement aussitôt et font redémarrer l'atelier. Premier épisode raté.

À la suite de ça, une délégation de ceux qui sont en colère va à la direction pour obtenir quand même quelque chose. Un nouvel ultimatum est déposé et,

les mecs semblant plutôt déterminés, la direction a l'air de croire en la possibilité d'une grève. C'est vrai que lorsqu'on parle avec les gars, ceux-ci sont très énervés et semblent vouloir en découdre.

Le lendemain, la direction invite ses cadres pour une réunion où elle les informe du possible mouvement de grève. Disant que ce n'est pas le moment, que si cet atelier arrête, la société se retrouve au bord du gouffre. Bref, le discours habituel, mais ça marche et les cadres font leur boulot de courroie de transmission en affolant les salariés de l'usine. Le syndicat CGT a beau contrebalancer l'info, rien n'y fait et, une nouvelle fois, ceux qui veulent se battre passent pour des pestiférés qui vont faire couler la boîte. C'est devenu quelque chose d'irrationnel dans l'usine. Les salariés ont connu tant de plans de suppression d'emplois qu'ils ne se bougent plus, attendant juste le prochain plan pour, peut-être, bénéficier d'un départ en préretraite.

En plus de la réunion des cadres, le directeur va jusqu'à envoyer une lettre à chacun des ouvriers de l'atelier d'engrais, pour leur dire, en gros, qu'il comprend leur demande, que ce n'est pas le moment, vu la conjoncture, mais que dès que l'usine ira mieux, ils auront satisfaction. Tout cela fait qu'à la date prévue, lors d'une réunion des salariés pour préparer la grève, il n'y a qu'une douzaine de personnes sur une cinquantaine et que la moitié est plutôt timorée. Résultat des courses : rien. Personne n'ose arrêter. Il y en a bien qui disent : « Tu verras, après les travaux de mai-juin, là, on va vraiment faire grève. » Mais personne n'y croit. Voilà où on en est ce mois-ci, pas de quoi

jubiler. Et là, il s'agit d'un mouvement qui venait des ouvriers eux-mêmes. Ça ne marche pas. Alors quand il s'agit d'une journée d'action parachutée par les pontes de Montreuil, c'est même pas la peine.

Mars 2008.

TRAVAILLER MOINS POUR RIGOLER PLUS

En ce moment, je suis un peu moins dans l'usine parce que je me déplace pas mal aux quatre coins de la France pour présenter mes bouquins, le film ou la bédé. Je suis pas mal sollicité et ça me plaît bien, il y a toujours des rencontres agréables à la clé de ces kilomètres parcourus.

Dernièrement, j'étais invité par la librairie anarchiste L'Autodidacte, à Besançon. Au cours de cette soirée, bien sympathique et qui s'est bien passée malgré le froid et la neige, j'ai rencontré un personnage qui, à lui seul, valait le déplacement.

Dès que j'aperçois Hubert Truxler, je sais que ça va le faire. Le personnage est d'emblée sympathique, le regard souriant, les cheveux clairsemés et la barbe blanche. Il travaillait chez Peugeot-Sochaux jusqu'à récemment : il est en retraite maintenant. Hubert est plus connu sous le nom de Marcel Durand *[sic]* auteur du livre *Grain de sable sous le capot*, paru aux éditions La Brèche en 1990 et réédité récemment chez Agone dans une version augmentée.

Dans son livre, il raconte la vie au jour le jour d'un OS de base : les engueulades avec les chefs, les rigolades entre collègues, les grèves. En fait, Hubert a consigné tous ces faits d'usine dans un petit recueil ronéoté, *Le Clan des planches de bord*, qu'il distribuait à ses collègues. « Les anecdotes, les combines, les magouilles, et les gags d'un petit groupe d'ouvriers de l'empire

Peugeot pendant la période faste. À travers ce clan, Hubert veut vous faire découvrir l'ambiance ouvrière au ras de la chaîne. Ce qu'est un OS. Ce qu'il fait. Ce qu'il pense. Car un OS, ça pense. Oui monsieur ! » C'est le sociologue Michel Pialoux qui, en découvrant ces écrits, a poussé Hubert Truxler à les faire paraître.

Mais ce que fait Hubert ne s'arrête pas là. Il fait partie de ces ouvriers récalcitrants comme on en trouve dans toutes les usines, mais lui l'exprime et le revendique. Ouvrier dans une usine de fabrication automobile, par exemple, il se déplace en stop ou à vélo, et c'est déjà un signe. Un de ses buts au boulot a été de faire rire ses collègues et il a toujours cherché à faire tourner en bourrique les chefs ou autres pour que tout le monde puisse se marrer (faisant circuler une voiture téléguidée à travers les chaînes d'assemblage, bloquant les téléphones, enflammant les balais). « Tout au long de ma carrière d'OS, j'ai tenté une approche de ma carrière qui était : ne pas m'investir dans le travail et ainsi garder l'esprit libre de penser à autre chose tout en travaillant », dit-il. Il a toujours milité pour le « travailler moins pour acheter moins », adepte de la décroissance avant l'heure.

Les activités d'Hubert Truxler ne s'arrêtent pas à l'enceinte de l'usine, militant pour les sans-papiers ou contre le nucléaire, c'est aussi un artiste qu'on pourrait classer dans l'art brut ou dans l'art modeste. Il fait des sculptures d'allumettes (« pas des tours Eiffel pour Dîners de cons », dit-il) ou un catalogue de mode, où il se prend en photo vêtu (ou dévêtu) de fringues qu'il a confectionnées lui-même à partir de

récupérations. En ce moment trône encore dans son salon un igloo tout de feuilles mortes assemblées.

Bref, le personnage vaut le déplacement et si vous avez la chance de le croiser, n'hésitez pas !

Avril 2008.

FREDO, L'PROLO D'SAINT-NAZ'

Ce mois-ci encore, je ne suis pas trop à l'usine car j'utilise mes derniers congés payés de l'année dans divers coins de France, invité à présenter mes livres et autres. Je reviens juste d'une véritable tournée en Bretagne qui m'a conduit à Rennes, Nantes et Saint-Nazaire...

À Saint-Nazaire, Fredo, Yann et Michel m'ont donné rendez-vous devant la base sous-marine, une verrue de béton noirci datant de la guerre qui fait office de lieu touristique aujourd'hui. C'est de Fredo qu'il sera surtout question dans ces lignes. Il a les cheveux blancs et l'air assez costaud d'un mec qui a bossé sur les docks. À 58 ans, il est en préretraite depuis bientôt sept ans. Lui et ses acolytes tiennent à me faire découvrir le patrimoine ouvrier local, avant mon intervention de ce soir. Chaque lieu est prétexte à une évocation d'un moment de lutte ouvrière. « Là, les dockers ont attaché le patron dans une brouette pour l'emmener à la mairie. Ici, on peut encore voir des traces de pneus brûlés, reste de la dernière grève sur la casse du statut des dockers. Lorsque la CGT appelle à une manif à 8 heures, on sait qu'il ne se passera rien, quand c'est à 14 heures, après l'apéro et le reste, là on sait qu'il y aura de la bagarre. » On passe devant les chantiers navals, les docks, l'usine Airbus, la raffinerie Total, le pont de Saint-Nazaire... Mais on voit bien que, si l'activité est encore très

importante, il y a bien moins de monde pour faire tourner les machines. Ensuite, Fredo m'invite chez lui, une maison dans une cité ouvrière propriété du port. Il sait qu'il pourra y rester tout le reste de sa vie, même maintenant qu'il est à la retraite. Dans le jardin, outre un peu de bazar, comme chez tous les prolos qui bricolent, trône un tas de sel amené là par un cousin paludier près de Guérande.

Fredo et moi parlons musique. Il aimait les Cramps et j'évoque The Kills alors qu'il met un disque des Ramones sur la platine. Il n'est pas chien pour m'offrir un verre de vin, même s'il ne boit plus que de l'eau : « Quand je bossais j'ai tellement bu que j'ai pris de l'avance pour tout le temps qu'il me reste à vivre. » Fredo a la gouaille et le parler des prolos, il est conscient et analyse bien la situation : « Quand t'étais enfant de prolos à Saint-Naz, il n'y avait pas 36 solutions : soit tu bossais aux chantiers, soit t'étais docker, soit tu entrais à Sud-Aviation. Moi, je suis rentré comme ajusteur aux chantiers navals. » En 1968, il a tout juste 18 ans lorsque éclatent les événements du mois de mai. Fredo quitte son port pour aller à Paris, accompagné de Michel. Ils participent à l'occupation de la Sorbonne. C'est peut-être de là que vient leur engagement qui entraînera plus tard la création du Front libertaire sur Saint-Nazaire, groupe affinitaire anar sans lien avec les anarchistes organisés. En 1985, il y a des chamboulements dans la vie de Fredo, et celui-ci décide de quitter les chantiers pour atterrir sur les docks. Ce n'est pas que ça lui plaise trop, mais on n'y gagne pas trop mal sa vie,

même quand on essaie de ne pas faire trop d'heures. Bien qu'il travaille dans un milieu trusté par le PC et la CGT, il ne supporte pas les communistes : « Ils ont été achetés sous de Gaulle. Il a donné des bons statuts aux dockers et aux ouvriers du livre, pour avoir la paix sociale. » À 51 ans, Fredo bénéficie des mesures « amiante » et se retrouve en préretraite. « Ça tombait bien, je ne supportais plus mon boulot. »

Ensuite, il me raconte les trucs que les collègues et lui faisaient pour tenir au turbin : les vols évidemment. Il y avait celui qui se donnait pour mission de voler quelque chose tous les jours ou cet autre qui remplissait son garage de bouteilles de Porto piquées sur les bateaux ; ce n'était pas pour rien que tous les dockers avaient du matériel de bricolage de marque Facom (tant qu'à faire), et que presque tous les ouvriers du port se déplaçaient en fourgonnette... « Voler, c'est normal chez un ouvrier, c'est comme récupérer son dû. » Mais maintenant, la direction du port a installé de hautes grilles et il est de plus en plus difficile de piquer. Il me parle aussi de ceux qui se coupaient un doigt pour ne plus travailler et vivre d'une pension d'invalidité.

Fredo est intarissable. Maintenant qu'il est à la retraite, il vit sa vie à son rythme. Il voyage, aide sa famille agricultrice, lorsqu'il y a besoin de bras, ou milite. Pour ce 1er Mai, avec ses camarades, il distribuait à qui le voulait bien *Le Droit à la paresse* de Paul Lafargue dans les rues de sa ville.

Mai 2008

D'UN CYCLE, L'AUTRE

Il y a un an, l'avenir de la boîte était plus que compromis, et tout le monde parlait de la fermeture de l'usine et même du groupe (qui est devenu minuscule avec moins de 1 000 salariés alors qu'il en avait connu quinze fois plus). La direction générale restait dans le flou mais c'était une situation qu'on connaissait bien, puisque depuis vingt-cinq ans les plans de restructuration se sont suivis.

Et voilà qu'en septembre 2007, la tendance s'est inversée et des tonnes d'engrais sont sorties des trois usines restantes. Des records de production ont été atteints, avec moins d'ateliers de fabrication et beaucoup moins de salariés, pour un produit qui se vend encore plus cher qu'avant, bien plus cher.

Que s'est-il passé? Les agriculteurs céréaliers ont vu leurs profits augmenter considérablement avec le coup des «bio»-carburants et l'arrivée de pays très demandeurs comme la Chine et l'Inde. D'autre part, des jachères ont été réutilisées pour ce fameux carburant. Plus de fric chez les céréaliers signifie investissements dans les engrais pour augmenter davantage les rendements et bénéfices mirobolants pour la filiale engrais de Total, GPN (ex-Grande Paroisse), au cours des huit derniers mois (les plus gros bénéfs de l'industrie chimique française pour l'année).

L'activité des engrais est très cyclique et, une fois que les agriculteurs et les coopératives auront

rempli leurs cases d'engrais, il n'est pas évident que l'embellie continue. L'été, les usines d'engrais arrivant dans la période creuse de production, c'est là que les travaux sont faits. Travaux pour changer des machines et matériaux usés ou pour améliorer la productivité. Et surtout travaux pour répondre aux besoins de l'administration qui impose un certain nombre de vérifications et de changements de matériel, tous les trois, cinq ou dix ans.

La grande majorité des ateliers sont donc arrêtés, démontés, désossés. Toute l'usine est un véritable chantier. Alors qu'on n'était plus habitué à voir ça, il y a du monde partout, des prolos partout. Ils sont 500 à être venus pour les différents travaux, et il y a même une pointe de 700 prévue. Sur une usine qui ne compte plus que 300 salariés, ça se voit. Il s'agit surtout de soudeurs, ajusteurs et mécaniciens, et l'usine prend des allures de chantier du BTP. Des ouvriers de différentes boîtes «spécialisées» se croisent. Ils ont des statuts différents, des salaires différents aussi. Ils sont intérimaires la plupart du temps. Il est très difficile de contrôler s'ils font trop d'heures supplémentaires ou de voir s'ils travaillent bien dans des conditions sécurisées. La direction, qui a créé des cellules de surveillance, affirme qu'il n'y aura pas de dépassement d'heures supplémentaires mais, en même temps, elle pousse à la roue pour que les travaux soient faits dans un minimum de temps. En plus de ces chantiers, un nouvel atelier est en cours de construction. Du jamais vu depuis plus de quinze ans. Il servira à fabriquer de l'acide nitrique,

entraînera la fermeture de deux autres unités et surtout emploiera moins de monde pour le conduire (et de ça, personne ne parle). C'est une entreprise tchèque qui gère l'affaire et le chantier est carrément entouré de grilles et de balustrades, non pour en interdire l'accès, mais pour que les ouvriers polonais et tchèques venus ici n'observent pas nos installations de trop près et, donc, fassent de l'espionnage. Vu l'âge de nos installations, je ne vois pas ce qui pourrait les intéresser.

Et je ne vous dis rien sur la dizaine d'ingénieurs chinois venus se former pour gérer une installation d'engrais chez eux. Ils sont confinés dans une salle à l'extérieur de l'usine et ne peuvent voir que ce que la direction veut bien laisser transparaître. S'ils n'ont plus de commissaire du peuple pour les accompagner, ils ne peuvent rencontrer que quelques personnes techniquement assermentées. Impossible pour nous de les côtoyer. Voilà ce qui se passe ce mois-ci.

Juin 2008.

LULU

Le mois dernier, je vous racontais comment l'usine, depuis plus de six mois, connaissait une embellie. Eh bien voilà qu'on en arrive déjà au bout, semble-t-il. Mais de tout ça je vous parlerai sans doute à la rentrée. Les choses seront peut-être plus claires. En fait, je voulais vous parler de Lulu. Élément incontournable de l'usine, il est parti en préretraite il y a quelques mois. Lulu travaillait au service expédition de l'usine, là où le boulot est assez dur, assez physique. Il représentait le prolo de base comme la direction de l'usine nous déclare qu'il n'en existe plus. Lulu était plutôt tendance obèse. Son embonpoint faisait que plus d'un le surnommait même Obélix. Il était aussi militant de la CGT et du Parti communiste, appliquant à la lettre les injonctions du Parti ou de la Confédération en mélangeant souvent les deux.

Délaissant la rédaction des tracts, il était plutôt celui sur lequel on pouvait compter pour tous les problèmes techniques. S'il était décidé d'un rassemblement devant les portes de l'usine, « je m'occuperai du barbecue et des merguez »; si on devait prendre le camion-sono, « à l'intérieur, je vendrai des casse-croûte et des bières ». Lorsqu'on montait à Paris pour manifester devant le siège de Total, il était toujours en première ligne, parce que, rien qu'en s'approchant, le vigile qui lui faisait face préférait reculer

de peur de mourir étouffé. Et comme ça, et souvent grâce à Lulu, on pouvait débouler dans les locaux de nos décideurs. Une fois dans les lieux, Lulu ne s'arrêtait pas là, il se dirigeait instinctivement vers la cafétéria d'entreprise : « Aujourd'hui, c'est gratuit pour nous. On est les plus forts », disait-il en entraînant les manifestants derrière lui. Seulement, avant de passer aux caisses sans payer, à le voir entasser deux plats du jour, trois desserts et des dizaines de tranches de pain, il coupait l'appétit à certains. « C'est gratuit, alors j'en profite », donnait-il comme seule explication. Si Lulu mangeait énormément, il ne buvait que du Perrier ; la bière et le vin, il avait déjà donné jadis. Pareil pour les vacances, il n'utilisait ses congés payés qu'au mois d'octobre, lorsque la fête foraine s'installait sur les quais de Rouen, pour aider son cousin à tenir le stand de croustillons, gaufres et crêpes.

Ça aurait pu durer comme ça jusqu'à la retraite, mais il a fallu qu'un jour il pète un câble. C'était à 5 heures du mat', à la prise de poste, dans le vestiaire. Peut-être que la femme de ménage était la seule femme à lui parler, peut-être qu'elle lui a fait un grand sourire alors que ça lui arrivait rarement. Toujours est-il qu'il a cru que c'était arrivé et il s'est jeté sur elle pour tenter de l'embrasser. En plus, vu que c'était pas Brad Pitt, il y avait de quoi être épouvanté. Les cris de la jeune femme ont stoppé net Lulu, mais le mal était fait. Après son boulot, elle s'est plainte à la direction. Le DRH n'attendait que ça. S'en prendre à un militant syndical, c'était presque jouissif pour ce type. Pour autant, Lulu ne

fut pas viré. Ce n'était pas un viol et Lulu s'était arrêté lorsqu'il s'était aperçu que ça ne marchait pas entre eux, mais... La direction l'a rétrogradé et a demandé au syndicat de lui retirer ses mandats syndicaux, « ce sera une véritable punition pour lui », a dit le DRH. Ce que la CGT fit, d'autant que les copines militantes appuyaient cette décision. Ensuite Lulu est resté dans son coin, les trois dernières années de son boulot. Sans se montrer, sans faire parler de lui et boudant même ses anciens camarades syndicaux qui l'avaient évincé, ce qu'il ne comprenait pas.

Maintenant qu'il est en retraite, il a repris ses activités au syndicat, à l'Union départementale. Là, il est homme à tout faire, conduit le camion-sono, assure l'intendance et on le voit dans les manifs, arborant sur son gros bide des dizaines d'autocollants, badges et autres. Que faire ? s'interrogeait Lénine ; on reprend de la purée, lui répond Lulu.

Juillet 2008.

— IV —

PICOLO PROLO

Parfois, j'ai l'impression d'être considéré comme un ethnologue qui enquête sur le monde ouvrier. À l'usine ou lors de mes déplacements, les gens viennent me raconter les anecdotes marrantes, les collègues bizarres. C'est quand même plus parlant que de raconter les histoires des héros ou des saints de la classe ouvrière! Celui dont il va être question travaillait à l'usine et c'est un copain, Alain, qui l'a évoqué. Je l'avais complètement oublié, pourtant il fait partie des derniers à avoir été licenciés pour cause d'ébriété.

Jean-Louis était du genre costaud : 1,90 mètre, 120 kg. Pourtant, comme me le répétait Alain, il était doux comme un agneau, enfin... avant de boire. Après la Légion dans sa jeunesse, il s'était recyclé dans un petit élevage de poulets qui n'était pas suffisant pour faire vivre sa famille. Donc, en complément, il travaillait aux expéditions de l'usine. Un travail de force pour charger les sacs d'engrais. Lors de la pause casse-croûte, sa gamelle ne changeait jamais : un poulet rôti accompagné d'un litron de rouge. Comme il venait en mobylette de sa campagne, il a commencé à se faire livrer ses bouteilles de vin dans un ancien transformateur électrique dont il était seul à détenir les clés, situé à l'autre bout de l'usine. Donc, avant la pause, il se rendait à sa «cave» pour rapporter des munitions. De temps à autre, il devait s'engueuler avec les gardiens pour justifier ses déplacements dans l'usine.

Après son repas, Jean-Louis n'était plus le même, devenait irascible et, question boulot, n'était plus au top. Il faisait tomber des palettes de sacs d'engrais, répandait du produit, éventrait du matériel, etc. Il fut même l'un des seuls à faire un tonneau avec son chariot élévateur. La plupart du temps, les copains le couvraient, mais, certaines fois, c'était plus compliqué.

Il n'y avait pas qu'à l'usine qu'il picolait. Il eut même droit à un sermon de la part du curé du village, lors de la messe. La femme de Jean-Louis, très pieuse, revint en pleurs de l'église. Jean-Louis se vengea le dimanche suivant, en déversant un tombereau de fumier devant l'église, avant la messe.

Jean-Louis eut même les honneurs de la presse régionale : une année, avec les primes et les heures sup' qu'il faisait, il s'acheta une caravane pour se payer des vacances comme tout le monde. Le problème c'est qu'il n'avait pas le permis de conduire. Ni une, ni deux, il tira la caravane avec son tracteur. Il fut arrêté sur l'autoroute au bout d'une cinquantaine de kilomètres.

L'action qui entraîna son licenciement ne fut pas une action d'éclat, évidemment. Vingt et une heures, Jean-Louis sort de l'atelier complètement bourré. Et même un peu plus que d'habitude. Il ne trouve pas sa mobylette qu'il est certain d'avoir garée à la même place que d'habitude. Il cherche partout, mais ne trouve rien. Il alerte le gardien qui, connaissant l'individu, ne veut rien faire. Sans surprise, Jean-Louis entre dans une colère énorme et menace le gardien. Celui-ci ne se démonte pas et, sachant que

le directeur est exceptionnellement encore présent sur l'usine, propose à Jean-Louis de l'appeler.

Le dirlo se pointe quelques minutes plus tard avec son adjoint. Les voyant arriver, Jean-Louis fait dans la démesure. Il la joue ogre aviné et attrape aussitôt le directeur par le colback. « C'est toi qui m'a volé ma mob. Tu t'en fous toi, que je rentre à pied. Rends-moi ma mob. »

Aussitôt le gardien, auquel s'est joint un pompier alerté par les cris, se jette sur Jean-Louis et le ceinture. Il est vite maîtrisé. Le patron s'époussette et ne dit rien. C'est le surlendemain que Jean-Louis reçoit une lettre lui annonçant son licenciement. Depuis, il n'a plus jamais travaillé en usine. Il s'occupe seulement de sa petite ferme. Sa femme, pour faire l'appoint, a travaillé comme femme de ménage chez un riche propriétaire du coin, puis elle est partie. Aujourd'hui Jean-Louis s'occupe juste de ses poulets et de ses litres de rouge.

Septembre 2008.

UN JAUNE, PATRON!

Certains lecteurs me disent : « Tu écris souvent sur des mecs de la CGT, jamais sur des militants d'autres syndicats. Il n'y a que la CGT dans ta boîte ? » Effectivement, il existe d'autres syndicats dans mon usine, mais la CGT y est tellement majoritaire que les autres font figure de marginaux. La CFTC n'est constituée que d'un seul militant, représentant dans tout un tas d'instances et donc quasiment jamais au boulot (quoique, avec la loi sur la représentativité syndicale, il va devoir remettre ses bleus de temps à autre). Il y a la CGC, dont les réunions sont encore convoquées directement par la direction. Reste, pour ma boîte, la CFDT, et là, j'ai vraiment du mal avec.

La CFDT de l'usine est une ancienne section de FO qui a préféré se tourner vers Edmond Maire dans les années 1970. Pendant une période, ce syndicat a fait illusion auprès d'ouvriers de la chimie qui se prenaient plus pour des techniciens que pour des prolos. Surtout, elle pouvait proposer une alternative face à une CGT téléguidée, à l'époque, par le PC et à ses pratiques d'éviction des éléments les plus ouverts. Dans les années 1980, la CFDT a été majoritaire un moment et a contrôlé le comité d'établissement pendant deux mandats. Ça s'est traduit par un certain clientélisme, l'aide à quelques structures proches du PS, ainsi que par l'emprise de pseudo-militants qui se servaient du comité d'entreprise (CE) pour

en tirer des avantages personnels. Cela s'ajoutait à un changement de personnel dans la CFDT, où il ne restait plus que des contremaîtres et quelques mecs qui imaginaient se servir du passeport CFDT pour le devenir. Bref, l'embellie ne dura guère, d'autant que ce syndicat signait (et signe toujours) tous les accords de merde et que ça ne plaisait pas. D'ailleurs, il fallait voir comment ils justifiaient leurs signatures : que c'était pour la survie de la boîte, que de toute façon, ça ne changerait rien et, surtout, que la CFDT resterait «vigilante».

L'autre aspect rédhibitoire, c'est la gestion des conflits. La CFDT a toujours tout fait pour arrêter le mouvement dès la première heure de grève. À croire qu'ils voulaient la grève mais qu'ils avaient peur, peur de fermer la boîte (leitmotiv), ou qu'ils pensaient que les choses pourraient s'arranger dès qu'ils seraient reçus par le patron. Les interventions de la CFDT dans les assemblées générales ont toujours été de faire peur et de casser le mouvement. Au point de se demander si, petit à petit, le ver que ce syndicat a mis dans le fruit ne prend pas toute la place quand on voit le manque de combativité actuel. Une autre spécialité des militants de la CFDT, c'est la rumeur. Se targuant d'être toujours dans les bureaux de la direction, ils sortent les plans de restructuration avant qu'ils aient lieu.

Et les mesures catastrophiques annoncées désamorcent les réactions possibles, car, apprendre qu'il n'y a «que» 100 suppressions d'emplois plutôt que les 200 diffusées par la rumeur, ça peut paraître une

victoire. Voilà où en est la CFDT, syndicat déclinant doucement, mais qui, par les fonctions d'encadrement de ses quelques adhérents, garde une grande capacité de nuisance. Je suis dans leur collimateur depuis la sortie de *Putain d'usine*, pour laquelle ils ont engagé une vraie cabale contre moi, comme quoi je disais du mal des ouvriers. Ce qui a été dur à vivre dans un premier temps, c'est-à-dire avant que les collègues n'achètent et ne lisent mon bouquin. Parce que la CFDT n'aime pas qu'on dise à l'extérieur ce qui ne devrait pas sortir de l'enceinte de l'usine. Tout comme ils n'avaient pas supporté que la CGT de la boîte, après la catastrophe d'AZF, dénonce, par voie de presse, les mauvaises conditions de sécurité dans l'usine.

Voilà. Je pourrais encore écrire des pages sur les méfaits de ce syndicat, mais il y a d'autres choses à faire. Quand le secrétaire de la CGT dit qu'il faut travailler de concert avec la CFDT, je ne vous dis pas comment on reçoit ce message dans la boîte.

Octobre 2008.

CASSÉS PAR LE BOULOT

Dans ma boîte aux lettres, je reçois un courrier dans lequel Roselyne m'écrit qu'elle voudrait bien que je passe chez elle pour dédicacer mon livre. Elle me dit que son mari a fait une forte dépression et qu'il ne peut plus travailler. « Venez le matin, a-t-elle prévenu, parce que mon mari dort l'après-midi, à cause des médicaments... » Ils habitent juste à côté de l'usine ; alors je m'y rends.

Quartier d'ouvriers en accession à la propriété, au milieu des fumées d'usine mais qui se trouverait hors de danger en cas d'explosion (c'est ce qu'on leur dit). Petite maison entretenue. C'est Michel, le mari, qui m'accueille. Il a le geste lent et parle doucement, il a aussi le visage boursouflé par la prise quotidienne de pilules. « On est contents que vous ayez accepté de venir », me dit sa femme. Nous nous installons autour de la table de la cuisine. Malgré la grande fatigue qui émane de Michel, celui-ci est très loquace. Il dit s'être reconnu dans *Putain d'usine* : « Moi c'était chez Renault, mais c'est pareil. » Ouvrier P2, il a travaillé vingt-six ans à Renault-Cléon. « Et si, au début c'était physiquement dur, au moins on était nombreux et ça se passait mieux. » Michel raconte l'intensification du travail, la chaîne, les 400 boîtes de vitesse qu'il fallait monter dans la journée. Que ça devenait invivable. Il a prévenu sa hiérarchie qu'il n'en pouvait plus mais rien n'y a

fait. Aussi, un matin, devant sa chaîne, il a pété les plombs, s'arrachant ses bleus, se roulant par terre, criant, se griffant... Il a été emmené à l'hôpital, puis à l'HP pour cause de très forte dépression. Il s'est vu arrêté un an et demi. Au bout de ce temps, pour ne pas tomber à demi-salaire, il a repris le travail. Ça s'est de nouveau mal passé, on l'a mis au magasin, mais il ne faisait pas l'affaire : les médocs lui faisaient du tort. Il a été renvoyé sur une chaîne de boîtes de vitesse. Et tout a recommencé, même cause, même crise. À nouveau, passage à l'hôpital et comprimés pour assommer un bœuf.

Depuis, il en est là, à moitié abruti par les médicaments, il traîne sa vie. Dans un mois, Michel va être licencié pour raison médicale et ne touchera plus que la moitié de son salaire, dans le meilleur des cas. Il dit que, de toute façon, il ne peut plus s'approcher de l'usine tellement ça le rend malade, que voir le car assurant le ramassage des ouvriers pour Cléon suffit à lui donner la nausée.

Pourtant il me raconte quand même quelques bons moments, comme l'endroit, sur les chaînes, où ils pouvaient poser le gobelet de Ricard, quand venait l'heure de l'apéro ; la fois où ils avaient séquestré le patron et les cadres, dans leur «aquarium» lors d'une grève, et qu'ils bloquaient les portes avec des chariots élévateurs ; enfin l'occupation de l'usine avec les pneus qu'ils faisaient brûler et les bassines entières de café qui chauffaient. « Maintenant, c'est un syndicat de jaunes qui est majoritaire [une alliance CGC-FO]

mais ça n'empêche pas qu'ils vont subir les licenciements prévus par Carlos Ghosn. »

Puis il se tait, c'est au tour de Roselyne de parler. Elle non plus ne va pas bien : d'avoir un mari lymphatique et malade n'arrange pas les choses, en plus elle aussi a arrêté de travailler. « Je suis en invalidité, pour une maladie qu'on connaît à peine [elle me donne une brochure sur son syndrome : la fibromyalgie]. Le stress a fait naître des douleurs terribles en moi, même si j'étais génétiquement prédisposée. Mon travail aussi s'est intensifié, et chaque fois ça entraînait des douleurs. Je n'étais plus reconnue dans mon travail. J'étais déconsidérée. Il a fallu que j'arrête. Du coup, comme on va être tous les deux en invalidité, on ne va plus avoir beaucoup d'argent à la maison. Heureusement on a fini de la payer. » Je reste encore un peu avec eux. Je dédicace mon bouquin et les quitte quand même. Ma visite semble leur avoir fait plaisir. Je ne vois pas quoi faire de plus. En partant, Roselyne me dit : « Merci de tout cœur d'être venu et si vous pouviez parler un peu de nous. » Voilà, c'est fait.

Novembre 2008.

MARRE D'ENGRAISSER L'ACTIONNAIRE !

Aujourd'hui, une fois n'est pas coutume, je vous écris de l'usine en grève. Une grève qui tombe presque par hasard en même temps qu'une journée d'action sur tout le groupe Total et, surtout, en même temps que des réunions paritaires qui se tiennent à La Défense. Sur l'usine de Rouen, il s'agit d'un soutien à des grévistes d'un secteur de l'usine ainsi que de leurs revendications qui sont devenues communes à l'ensemble des salariés de la boîte.

À la suite des multiples restructurations que nous avons connues et dont je vous ai maintes fois parlé dans ces pages, le travail s'est accru ; il manque du personnel ; le stress est devenu une nouvelle façon de vivre le travail pour beaucoup ; il y a un véritable poids de la hiérarchie ; un manque de reconnaissance ; une direction hyperrigide ; j'en passe et des meilleures. En même temps, des investissements très lourds sont faits sur l'usine en ce moment, pour construire un nouvel atelier de fabrication d'acide nitrique et fiabiliser (théoriquement) les autres. L'usine est transformée en un immense chantier où interviennent près de 1 000 salariés d'entreprises extérieures. C'est dire l'impression de fourmilière dans une boîte qui ne compte plus que 330 personnes. Reste que ces travaux vont entraîner un surcroît de travail et de nouvelles suppressions d'emplois.

Tout cela se passe dans un contexte où la société engrange des bénefs comme elle n'en avait jamais

connus (110 millions d'euros pour l'année 2008). Dans une boîte qui, nous disait-on, était toujours dans le rouge, ça change les perspectives, et les collègues ont vite compris que ça ne pouvait plus durer et qu'il était normal de recevoir aussi du fric (pas que pour les actionnaires, quoi!). Du coup, la colère est montée dans tous les secteurs petit à petit. Il y a eu des pétitions, des cahiers de revendications, des mouvements de grogne. La direction n'a su que donner des primes à certains, a cherché à diviser en arrosant certains chefs d'équipe et agents de maîtrise. Et rien de plus. Elle a surtout fait des pressions et du chantage au *lockout* pour que ceux et celles qui voulaient se mettre en action calment leurs ardeurs.

La tension est donc montée très vite. Dans toute l'usine, les salariés sont énervés, écœurés. Il suffit de parler avec n'importe qui pour voir que ça ne passe plus. Aussi, quand les salariés de l'atelier fabriquant de l'acide nitrique (ça entre dans la composition d'engrais azotés) ont dû démarrer les machines le 21 novembre, ils ont mis bas les marteaux. Et depuis, ce sont les pressions, la venue d'un huissier chaque jour, le chantage au chômage technique. La haute hiérarchie fait de la contre-information pour mettre sur le dos des grévistes les possibles méventes futures ou ce chômage qui viendrait à pointer son nez. Parce qu'on n'est pas dupe, s'il y a d'énormes bénéfices cette année, on se doute bien que c'est juste une embellie. Les coopératives agricoles ne vont pas remplir leurs cases d'engrais cent sept ans, le marché est déjà saturé et les cours des fertilisants et de l'ammoniac s'effondrent, ce qui signifie que,

bientôt, il ne sera plus rentable de fabriquer de l'engrais en Europe.

Bref. Suite aux menaces sur les grévistes et sur l'emploi, le 25, une assemblée générale regroupant un tiers de l'usine (un chiffre historique!) a pris fait et cause pour les grévistes en reprenant les mêmes revendications (150 euros d'augmentation de salaire pour tous, maintien des emplois et embauches supplémentaires) et en appelant à faire grève le 28.

Reste que la direction (je vous en parlerai sûrement dans un autre article) demeure intransigeante, ne sait aucunement négocier et ne fait que provoquer des CE extraordinaires pour menacer à tire-larigot. Comme il y a encore des lois, la direction ne peut pas mettre au chômage technique car tel est son bon plaisir, mais ça vous donne un peu une idée de l'atmosphère qui règne dans l'usine après plus de huit jours de grève.

Décembre 2008.

TOUJOURS EN CONFLIT (LA SUITE)

Le mois dernier, je vous parlais d'un conflit dans ma boîte qui touchait une cinquantaine de salariés des ateliers de fabrication d'acide nitrique. Eh bien, ce moment n'a pas été simple à vivre, notamment à cause du patron. La quarantaine déplumée, droit dans ses bottes, il ne regarde que l'intérêt de la société et les pseudo-contraintes techniques. Un «patron», un vrai, particulièrement patriarcal et même pas «paternaliste» dans ses rapports avec ses subordonnés et avec les salariés en général. En résumé, c'est lui le chef, il a raison et ses décisions sont les seules valables. C'est un type qui en veut, dans la lignée des cadres dirigeants actuels, qui ont l'air de ne pas se poser de questions existentielles. Et logiquement, il ne négocie pas.

Les grévistes demandaient le maintien de cinq emplois et quelques autres aménagements de sécurité, ainsi qu'une augmentation de salaire. Ce n'étaient pas des revendications très révolutionnaires, plutôt *a minima* dans une société qui a affiché une centaine de millions d'euros de bénéfices cette année. Cette grève était surtout le résultat d'un ras-le-bol lié à des dégradations de conditions de travail et à une souffrance au travail des plus pressantes. Au lieu de négocier, le patron a fait du chantage au chômage technique, et les grévistes, plutôt qu'abdiquer, ont durci le mouvement. Ce n'est pas facile à expliquer pour des lecteurs

étrangers à la boîte, mais en ce moment, il y a des travaux gigantesques dans l'usine qui nécessitent beaucoup de monde et aussi certains arrêts techniques. Donc la direction a donné une date butoir pour arrêter la grève et les grévistes n'en ont pas tenu compte et sont allés jusqu'à l'arrêt total de l'usine.

La direction a voulu mettre les grévistes au chômage technique, mais sans en informer le comité d'établissement ni l'Inspection du travail. Forcément, ça a coincé.

J'ai participé à la réunion entre l'inspectrice du travail, le patron et une déléguée CGT. D'avoir en face de lui un anar qui écrit des bouquins sur l'usine et une trotskiste, le patron était fou. Pensez, des gauchistes, des gens d'un autre âge qui prônent ce concept préhistorique de lutte des classes (et encore je vous la fais courte) ! Pour lui cette grève était simplement un complot de la LCR qui voulait fermer la boîte. Un peu simpliste comme analyse mais tellement plus dans la façon de penser du Medef.

Bref. Comme l'Inspection du travail a refusé le chômage technique, le patron a remis les mecs à l'usine avant de trouver le concept de « chômage par force contraignante » pour envoyer de nouvelles lettres recommandées aux grévistes et à une dizaine de salariés d'autres secteurs.

Du coup, les grévistes-chômeurs ont bloqué les portes de l'usine et ont fait venir la presse locale, qui a pris fait et cause pour eux.

Au bout du compte, la direction a proposé un accord de fin de conflit, où elle acceptait de garder

trois emplois sur les cinq et proposait de payer le chômage à 75 %, si les grévistes (et les autres salariés de l'usine) promettaient de ne pas faire grève pendant les trois prochains mois.

Les grévistes-chômeurs ont refusé et il n'y a pas eu d'accord. D'une part, ça montre la rancœur des salariés de cet atelier (ils sont nombreux à vouloir quitter l'usine désormais ou à dire : « On est vraiment dans une boîte de merde »), d'autre part, les grévistes savent que devant le juge des référés, le patron va perdre et devra payer la totalité des jours chômés.

En dommages collatéraux on remarquera que le chef de service du secteur et l'ingénieur viennent d'être virés et mutés quasiment du jour au lendemain, pour ne pas avoir su tenir leurs gars dans un conflit qui a entraîné une perte de près de dix millions d'euros (ce qui représente bien plus que les deux emplois que la direction ne veut pas lâcher).

Nombreux sont ceux qui se demandent si mettre une partie de l'usine en chômage technique n'était pas intéressant pour la direction, vu que c'est dans l'air du temps et que les cours des engrais ont tellement chuté qu'il faut trouver des biais pour les faire remonter. Mais faut pas voir des complots partout.

Janvier 2009

PARCOURS DU COMBATTANT

Ce qu'il y a de fou dans le monde de l'entreprise, c'est qu'il y a toujours quelque chose qui s'y passe. Les patrons sont à l'affût et cherchent à nous payer au minimum pour notre travail, tout comme nous essayons de travailler le moins possible et de monnayer au maximum le temps que nous perdons pour eux. Dernière trouvaille en date des patrons, le licenciement pour «inaptitude». Ça permet aux patrons et DRH de se sentir les cuisses propres alors qu'ils lourdent sans états d'âme, non pas parce qu'ils veulent se débarrasser de quelqu'un, mais parce que ce salarié ne correspond plus à ce que demande la société, pire, qu'il n'y a plus de place pour lui.

Erik est un copain qui a été embauché dans la boîte il y a trente-deux ans. Peut-être pas le meilleur élément aux yeux de la hiérarchie mais il faisait son taf et était plutôt apprécié de ses collègues. Au bout de quinze ans dans l'usine de Rouen, il a fait une demande afin d'être muté à la raffinerie Total du Havre. Pour toute réponse Erik a été déplacé dans un autre atelier de l'usine rouennaise. Le problème, c'est que cet atelier était ancien et devait fermer un an plus tard. Du coup tout le personnel de ce secteur a dû partir, par mesure de préretraite ou par mutation un peu partout en France. La direction lui proposa Waziers dans le Nord, près de Douai, ç'aurait été trop simple qu'Erik soit envoyé au Havre.

Il se retrouva dans le Nord, ce qui entraîna son divorce ainsi qu'un certain accommodement avec la bouteille. N'empêche qu'il bossa (un boulot moins intéressant) et milita à la CGT. Au bout de dix ans, le site de Waziers ferma, lui aussi. Après des mois de lutte, Erik fit partie des mutés et retourna en Seine-Maritime, à Oissel, dans une vieille unité. Nouveau divorce. Et ce n'était pas fini : ça faisait cinq ans qu'Erik était à Oissel que le site ferma également. Il se retrouva affecté de nouveau à son point de départ : l'usine près de Rouen.

Sauf que, depuis, son état de santé s'est plutôt dégradé, qu'il fait de l'hypertension, a des problèmes de dos et, même s'il n'est pas véritablement alcoolique, il ne crache pas dessus. Il ne peut plus faire les quarts ni porter de charges lourdes.

En arrivant sur le site, tout le monde savait (la direction aussi) qu'il ne pouvait pas faire certains travaux. Il fut placé à la manutention en système 3 x 8. Le médecin du travail l'a déclaré inapte à ce poste. La direction aurait voulu le licencier qu'elle ne s'y serait pas prise autrement, d'autant qu'il y avait des possibilités de travail à la journée dans d'autres secteurs. Au bout de six mois, la direction ne lui proposa qu'un travail à Albertville, en Savoie. Lui qui avait été transbahuté sur diverses usines, fallait oser. En décembre dernier, Erik a été licencié sans préavis, avec un solde de tout compte *a minima*.

Après une période de dépression, qui aurait une fois de plus débouché sur une histoire qui finit mal, Erik a repris du poil de la bête et passe à l'attaque avec les prud'hommes pour licenciement « sans cause réelle

ni sérieuse ». Il devrait gagner facilement car la direction, par des tas d'irrégularités, lui offre un boulevard. Mais tout cela aboutira dans combien de temps ?

Reste qu'à l'usine, une nouvelle menace de licenciement pour inaptitude se profile pour un autre copain. Ça n'arrête jamais.

Février 2009.

LE CADRE SE REBIFFE

À propos de l'usine, j'aurais pu vous parler de mon atelier qui, après un chantier de cinq mois, n'arrive pas à redémarrer. Parce que mettre du matériel de dernière génération sur des machines qui ont trente ans, ça ne réussit pas souvent et, au fur et à mesure qu'on avance dans la procédure de démarrage, on découvre des fuites ou des problèmes. Tout le monde dans l'atelier est crevé à cause de la tension, des heures sup' obligatoires et par le fait de devoir courir partout. J'aurais pu vous parler aussi des trois procès aux prud'hommes intentés par des collègues et par la CGT de la boîte contre le patron, mais tout cela c'est du quotidien. Actuellement, l'usine est sous le coup d'une affaire beaucoup plus «people», tout le monde en parle dans les ateliers et les bureaux et, pendant ce temps-là, on ne pense pas à autre chose. Tout le monde est à l'affût des moindres ragots sur cette affaire.

Quand je suis entré à l'usine, un des premiers conseils qu'on m'a donné c'est : « Ne mélange pas le cul avec le travail. » Recommandation facile à tenir dans une boîte où ne travaillent que des hommes et où les rares femmes se trouvent dans les bureaux. Les quelques collègues homos ne draguent pas non plus au boulot. Du coup, les «histoires» ont toujours concerné des cadres, jadis avec leur secrétaire, aujourd'hui avec d'autres cadres, car ici

l'encadrement s'est nettement féminisé. Les cadres, avec leurs horaires, avec leur univers qui s'arrête aux bornes de la boîte et avec leurs relations de pouvoir, sont souvent sujets à ce genre de liaison.

Les histoires d'adultère de nos cadres émaillent donc notre quotidien, mais là, avec la mode des *reality show*, où tout le monde se confie à tout le monde, et avec l'outil Internet, cela a pris une tout autre ampleur.

P. a été DRH de l'usine jusqu'en juin 2008. Il a quitté ses fonctions assez rapidement et ça a étonné tout le monde, d'autant qu'il disait partout qu'il voulait rester jusqu'en 2010. En partant, il a expliqué qu'il avait trouvé mieux dans une autre filiale de Total. Seulement six mois après, nous apprenons qu'il a été débarqué du jour au lendemain de son nouveau poste, ce qui nous a fait nous poser quelques questions sur le parcours du bonhomme. P. était un DRH qui ne voulait pas de conflit et qui savait embobiner pour faire comprendre à tous ceux qui souhaitaient une augmentation comment ils pouvaient s'en passer. Il n'y avait pas eu de gros conflits pendant qu'il était là, mais on s'est rattrapé depuis.

Quand, par le biais de l'intranet, un message est parvenu dans les bureaux, les syndicats et quelques ateliers, tout le monde a été surpris. Le DRH cachait bien son jeu. Petit, bedonnant, maniaque, 50 piges, il était tout le temps à nous vanter les valeurs chrétiennes et familiales. Là, par mail, il nous a appris ses aventures sexuelles avec la chargée de la communication (une jeune cadre qui en veut, envoyée spécialement par Total pour redorer l'image de la

boîte, mais qui n'en fiche pas lourd). Il ne donne pas beaucoup de détails, mais tout est lourd de sous-entendus. Rien de tel qu'un catho traditionaliste qui se lâche. Pire que tout, il descend le cadre (devenu chef de service) qui l'a remplacé dans les bras de sa belle. Il accuse, il vide son sac. N'ayant plus rien à perdre il déverse sa bile et veut entraîner le nouveau couple dans sa chute.

A priori, il semblerait qu'il soit accusé de harcèlement par voie de mails, et surtout d'avoir colporté des bruits sur le nouvel amant auprès d'autres DRH.

Bref, vous voyez le topo. Du sordide chez les cadres. Et dans les ateliers, où le nouveau galant est devenu le responsable, les mails sont accrochés en évidence, histoire de montrer que tout le monde sait. Les salariés se sont emparés de l'histoire pour se moquer de leur chef et pour relativiser tous les discours qu'il pourrait tenir afin que les gars restent tranquilles à bien lui obéir.

Mars 2009.

« JE SUIS UNE TEIGNEUSE »

Aujourd'hui, je vous sors de l'usine car, même s'il s'y passe toujours des choses, l'actualité locale, ce mois-ci, se situait à l'extérieur. Les boîtes qui ferment, c'est plutôt «tendance» en ce moment et la région normande n'y échappe pas. Pas très loin de ma taule, l'imprimerie Offset Numérique (ION, groupe Morault), a tiré le rideau le 23 février, avec 56 licenciements à la clé. Curieusement, ils n'ont commencé à se battre que ce jour-là, après avoir reçu leur lettre de licenciement, en venant bloquer le déménagement d'une machine qui devait être transférée dans une autre imprimerie du groupe située à Compiègne. Garder la machine (une «Heidelberg», pour les connaisseurs), c'était un moyen de pression sur la direction pour arracher une prime de licenciement. L'occupation a duré pendant un mois, nuit et jour.

Parmi les occupants, qui se relaient sous le barnum, près des brasiers et des affiches CGT, il y a Florence. Toujours en jean et en blouson, arborant souvent une casquette. C'est le genre de fille battante qui ne se laisse pas marcher sur les pieds : « En 2006 Morault, le patron, vient dans la boîte en disant "je veux ouvrir tous les placards, pour voir s'il y a de l'alcool". Je refuse, dit Florence, parce que c'est ma vie privée et que s'il veut voir ce qu'il y a dedans il doit être accompagné d'un flic. En rentrant de vacances, j'apprends qu'il me fiche dehors, alors je le colle aux

prud'hommes, il perd et doit me réintégrer. Je ne suis pas du genre à me laisser faire, fille et petite fille de coco, il ne sait pas à qui il a affaire. Du coup, je vais à l'UL CGT et je deviens déléguée syndicale. Après je lui demande la constitution d'un comité d'établissement, vu qu'on est plus de 50. Et là, Morault dit : "si c'est un CE CGT, je ferme la boîte". Et c'est un CE CGT qui est élu. »

Morault possède 12 imprimeries en Normandie et Picardie et joue avec ses boîtes comme au Monopoly. C'est connu aussi qu'il a toujours fait en sorte de se débarrasser de tout salarié vindicatif et contestataire, usant de la loi à sa convenance, comme la plupart des patrons. Après les élections, il décide de fermer ION, en prétextant la fin des CD (l'imprimerie faisait les livrets des CD pour Universal et tous les gros labels) mais, en réalité, il fait transférer les autres travaux sur les sites picards.

Le bougre a aussi des manies de grand bourgeois : propriétaire d'une collection de voitures anciennes, il fait, en 2006, le rallye Transbaltica avec sa Bentley ; sur son beau voilier, il participe, en 2007, à la Semaine de Porquerolles ; dans son château de Saint-Saëns, en Normandie, se situe son élevage de vaches « blondes d'Aquitaine » qui remportent des prix dans les concours agricoles. Il organise aussi des chasses à courre dans la région normande.

Florence et ses collègues, à coups de rassemblements devant l'imprimerie et de meeting-barbecue, parviennent à rendre l'occupation très populaire. Même le juge du tribunal d'instance se met de la

partie en n'ordonnant pas aux occupants de libérer les lieux. Florence est partout dans la presse régionale et son volontarisme passe bien face à un patron qui ne veut rien savoir.

Quand on lui demande pourquoi ils ne se sont pas battus contre la fermeture, Florence se lâche : « On n'en veut plus de cette boîte, on en a trop bavé, il y a eu trop de tensions. Trop de mauvais souvenirs. Nous, on veut partir avec des sous, parce que Morault nous doit bien ça. »

Au bout de la lutte, et aussi sous la pression des pouvoirs publics, Morault accepte de négocier. Ce n'est pas du tout à la hauteur de ce que voulaient les salariés (primes de 4 000 à 7 000 euros en plus des indemnités légales de licenciement), mais les occupants ont le sentiment d'avoir gagné, d'avoir fait plier Morault pour la première fois. La première fois aussi qu'un patron lâche du fric alors que les gens sont déjà dehors.

Florence a un coup de blues normal en fin de conflit mais, quand je lui demande ce qu'elle va faire maintenant, elle me répond : « J'en ai pas fini avec Morault, pendant le conflit on a découvert que sur l'ensemble du groupe, on était passé de plus de 500 salariés à 330, sans plans sociaux, en lourdant individuellement. Il va falloir qu'il rende des comptes. Et puis, en allant voir les autres sites, on a rencontré des gens qui voulaient monter un syndicat. Morault n'a pas fini d'entendre parler de moi. » Et puis, elle me fait un sourire et un clin d'œil : « J'te l'ai dit : j'suis une teigneuse. »

Avril 2009

DÉMOCRATIE PATRONALE

J'sais pas comment vous dire. C'est au sujet des relations sociales dans ma boîte. Y a quelque chose qui a changé au cours des derniers mois. C'est pas pour dire que c'était mieux avant, loin s'en faut, mais désormais, c'est à couteaux tirés. Les rapports sont houleux, presque violents et ça n'étonne plus personne dans l'usine, toute cette série de séquestrations et autres. Après avoir eu des patrons paternalistes, ou gestionnaires, là on a droit à un directeur plutôt patriarcal. Il semble croire que lui seul détient la vérité et que nous ne sommes que des bœufs. Le « dialogue social », pour lui, c'est juste asséner ses vérités et que nous appliquions sans broncher. Une séance de «négociations» consiste à ce qu'il entende les revendications et dise ensuite : « Bon, maintenant, voilà ce que vous devrez dire aux salariés : c'est ma volonté. » Et il n'y a aucune réponse concrète, juste des infos pseudo-économiques ânonnées. On sait qu'au jeu des négociations, on est toujours un peu perdant, mais là, c'est le bouquet.

Un type « droit dans ses bottes » qui applique sans réfléchir les directives de la direction générale. Je ne sais pas si c'est comme ça que sont formés les nouveaux directeurs dans les stages de management, si c'est parce que la DG veut nous casser (le site de Rouen étant plus revendicatif que les autres), ou si c'est une façon d'être naturelle chez Total, dont notre groupe est une filière.

Le directeur, le doigt sur la couture du pantalon, applique sans se préoccuper du comment et du pourquoi, ni de comment nous, prolos, acceptons ou pas. « C'est comme ça » semble être sa philosophie. Il n'est plus qu'une boîte aux lettres qui n'a aucun pouvoir.

Évidemment, pour un cadre de ce niveau, ne plus être qu'un applicant crée des problèmes d'ordre psychologique qui le rendent encore plus rigide.

Cette façon d'être s'est imposée petit à petit, avec une direction générale parisienne particulièrement réac. Le PDG disant quasiment à chaque réunion : « La démocratie s'arrête aux bornes de l'entreprise », ce qui n'est pas une information, mais qui, à force d'être asséné, donne une idée des gens qui nous dirigent. Les autres patrons la jouent un peu plus hypocrites et pousseraient des cris d'orfraie si on leur disait qu'ils ne sont pas démocrates. Là, au moins, les choses sont claires et ça met dans l'ambiance.

Du coup, le climat dans la boîte est à la colère. Partout, dans tous les secteurs, ça grogne et il y a quasi quotidiennement des mouvements sporadiques de grève ou de refus de travail. Même les cadres et les contremaîtres s'en mêlent et s'énervent face au directeur, sentant bien que ça va devenir de plus en plus difficile de tenir les gars et de se faire respecter. Ça grogne d'autant plus que le dernier conflit de décembre a été maté durement et qu'aujourd'hui la direction se trouve avec trois procès devant les prud'hommes sur le dos, ainsi qu'une plainte de l'Inspection du travail.

Pour essayer de calmer le jeu, le directeur a instauré une politique de primes octroyées suivant de

tels critères qu'elles aggravent encore davantage les choses. Il a voulu pousser au bout la logique du libéralisme, mais, c'est bête pour lui, il s'est encore fourvoyé et ce n'est pas tendance actuellement.

Depuis, vous passez dans n'importe quel secteur, bureau et atelier de l'usine et vous tombez sur des gens qui veulent faire la peau du dirlo. Il y en a qui parlent de coup de boule, d'autres qui sont plus radicaux. On parle aussi de goudron et de plumes. « Comment se débarrasser de son patron ? » est devenu le questionnement récurrent. Reste à franchir le pas. C'était l'ambiance dans l'usine ce mois-ci.

Mai 2009.

TOTALEMENT RESPONSABLE

Après la catastrophe d'AZF, j'ai eu un rapport problématique avec les collègues toulousains qui avaient bossé sur ce site. Mêmes conditions de boulot mais conclusions opposées. Sur mon usine, on dénonçait les manquements à la sécurité, pendant qu'à Toulouse, ils présentaient leur usine comme étant très sûre. Et de demander sa réouverture en se rangeant aux côtés du patron : Total. Il faut dire que la direction de la multinationale les avait pris dans le sens du poil en disant que les salariés d'AZF n'étaient pas responsables. Malgré cela, et même si j'ai écrit un petit bouquin, en particulier sur l'autre catastrophe que constituait le ralliement des salariés à leur patron, je refusais les invitations des associations de Toulouse : je n'avais pas envie de parler contre mes anciens collègues, n'ayant pas vécu ce qu'ils avaient vécu. Un premier procès a condamné les méthodes de Total qui a lancé de nombreuses contre-enquêtes pour brouiller les pistes.

Depuis le 23 février s'est ouvert un nouveau procès, qui doit durer quatre mois. Médiatisé au début, on n'en parle plus aujourd'hui que dans la région toulousaine. À l'usine où je travaille, ce procès a entraîné une certaine paranoïa. Des barbelés ont été installés et le gardiennage multiplié. Total a envoyé ses communicants pour nous expliquer qu'on ne saurait jamais ce qui s'était vraiment passé, mais que

Total assumerait ses responsabilités. Pour finir nous avons tous reçu une plaquette pour comprendre le procès (version Total, *of course*).

J'ai quand même voulu assister au procès, voir la salle, les écrans, la foule, les flics... Voir aussi le directeur général de ma boîte se faire cuisiner sur grand écran, ce qui est plutôt jubilatoire. Ma confiance dans la justice est peu élevée mais, que la partie civile ait obtenu que Desmarest, PDG à l'époque de la catastrophe, soit considéré comme prévenu est, déjà, une victoire. Par contre voir les tronches de l'avocat de Total et de son staff psychorigide, ça donne des envies de coups de boule. Ce qui m'intéressait, surtout, c'était de revoir quelques anciens collègues. En fait, ils étaient peu nombreux dans la salle d'audience. Seul, du côté de la défense, se trouve Jacques. Militant CGT, ancien responsable sécurité de l'usine, il a créé l'association Mémoire & Solidarité, et il est quasiment le seul à avoir voix au chapitre dans les médias. Jacques a pris fait et cause pour les thèses de Total. Je n'ai pas envie de lui parler, lui non plus. En revanche, il va souvent discuter avec l'ancien directeur d'AZF ainsi qu'avec les avocats de Total.

Côté partie civile, je retrouve quelques vieux collègues, pour la plupart des anciens de la CGT, aussi. Ils viennent tous les jours. Je retrouve Serge qui me salue comme si on s'était vu la veille. Après l'accident, il avait la tête dans le cratère et semblait perdu. Là, avec ce procès, il a repris du poil de la bête et, avec Armand, ils se souviennent des graves problèmes de sécurité que le Comité d'hygiène, de

sécurité et des conditions de travail (CHSCT) avait dénoncés quelques mois avant l'explosion.

La version des juges s'orienterait de nouveau vers la gestion catastrophique des déchets sur le site, les problèmes de sous-traitants non qualifiés et le hangar 221, dont on ne s'occupait pas. Ce qui avait été dénoncé, il y a des années déjà, mais présenté par la direction comme « risques calculés » (la preuve !).

Le soir de mon passage à Toulouse, lors d'une réunion, je croise Georges. C'est le seul salarié d'AZF à s'être porté partie civile. Il déplore la séparation détestable qu'il y a eue entre les salariés et la population : « Dès le 21 septembre, Total a mis en place une procédure de management pour une reprise en main des salariés, dit-il, et nous avons été victimes de Total à l'intérieur comme à l'extérieur. Je l'ai découvert au moment du procès. Le bâtiment 221, au niveau des autorités administratives, personne ne connaissait son existence. C'était la poubelle de l'usine. Il n'y avait que les investissements sécurité faits par obligation mais il y avait aussi les suppressions de postes en même temps. Total voulait garder "le cœur de métier" et passer le reste à la sous-traitance non formée. Le seul objectif : les gains de productivité, tout en trichant sur la sécurité. »

On le laisserait parler, Georges ne s'arrêterait plus, il en a très gros sur le cœur. La parole se libère, des salariés acceptent de discuter, enfin, avec les associations de sinistrés... Au moins ce procès aura servi à ça. C'était mon ressenti lors d'un passage trop rapide à Toulouse.

Juin 2009.

AMBIANCE, AMBIANCE

Dernier jour de juin, il flotte sur l'usine un drôle de climat. Outre la chaleur étouffante, c'est une ambiance particulière qui règne. Le nouvel atelier de fabrication d'acide nitrique (totalement construit par des Tchèques) va démarrer dans les heures à venir, avec plusieurs mois de retard. Tous les salariés de l'usine, et même du groupe GPN dans son ensemble, savent que cet atelier va entraîner des bouleversements : l'arrêt de deux ateliers sur l'usine de Rouen, l'arrêt d'un atelier dans le Nord ainsi que diverses restructurations.

Donc, en cette veille de vacances, on est dans l'attente. Il est évident qu'il va y avoir un plan de suppression d'emplois, avec concentration de services, de surveillances d'atelier et, peut-être, fermeture du site du Nord (Mazingarbe). Le travail va peser encore plus sur ceux et celles qui restent avec une polyvalence qui va complexifier et augmenter encore plus les tâches. Sur l'usine, l'activité ne va pas baisser, au contraire, mais petit à petit, tout va se trouver transféré à des entreprises sous-traitantes : le chargement et déchargement de bateaux et de trains d'ammoniac ; la maintenance mécanique et électronique, et tout un tas de boulots importants et parfois risqués, ainsi que la multiplication d'emplois d'intérimaires. Alors que le procès d'AZF a montré les dangers de sous-traiter, parce que le personnel n'est pas assez

formé ou change souvent, la direction s'enfonce encore plus dans cette nouvelle organisation du travail. D'ailleurs la direction de GPN rêve de produire des engrais en n'ayant plus de salariés à statut.

Évidemment, ça joue sur l'état d'esprit des copains. Entre résignation, attente d'un départ précoce (comme les départs en préretraite des plans précédents), calculs du nombre de départs, etc., ça discute ferme. « Est-ce que seulement ceux nés en 1953 partiront ? Ou 1954 ? » Les paris seraient presque ouverts. Les rumeurs de plan sont monnaie courante dans l'usine et reviennent cycliquement, mais cette fois ça semble réel. Reste à savoir quand la machine se mettra en branle.

En plus, sous prétexte d'harmonisation des sites, la direction générale veut simplifier les paies en incluant toutes les primes (ce qui serait bien au premier abord), mais cela entraînera des pertes importantes de salaires.

Donc le climat est plutôt morose. On ne sent pas de combativité dans les divers secteurs de l'usine, et les dernières journées d'action intersyndicales foireuses n'ont pas arrangé les choses. On pourrait croire que vu la période estivale, tout le monde pense à la plage plutôt qu'au boulot, mais même pas. D'autant qu'on voit que pas mal de copains ne partiront pas en vacances cet été. Bon bref, vous imaginez l'ambiance qui règne dans l'usine.

En fait c'est pas du tout de ça que je voulais vous entretenir, mais maintenant il est trop tard. Je voulais vous raconter que le dernier plan avait été tellement

efficace qu'il y avait eu plus de départs en préretraite que prévus. Il avait fallu embaucher et, pire, il a été fait appel à certains préretraités pour qu'ils reviennent bosser. La plupart ont refusé de revenir, se faisant même un plaisir de dire merde au patron, mais il y en a quand même trois qui ont accepté.

Le premier est un ancien contremaître qui était très mal vu dans son service et qui a été pris pour une mission d'un an (très bien payée) pour essayer de trouver un roulement unique pour les travailleurs postés du site.

Le deuxième est un des plus serviles des prolos. S'emmerdant chez lui, semble-t-il, il a accepté tout de suite. Et depuis bientôt six mois qu'il est là, il affiche heure supplémentaire sur heure supplémentaire. Dès qu'un chef lui demande de venir alors qu'il devrait être en repos, il accourt. Il est devenu pire qu'avant. Pourtant, lorsqu'il est dans l'atelier, il ne se mêle pas aux autres, ne parle pas. Il reste face à ses écrans. À part pour le fric, on se demande pourquoi il est revenu.

Le troisième est plus problématique. Il est revenu depuis un an et gère les entreprises sous-traitantes qui interviennent dans l'usine. Le plus préjudiciable, c'est qu'avant de partir en préretraite, il était militant syndicaliste (CFDT), plutôt honnête, et qu'il s'était bien impliqué dans le CHSCT. Alors, évidemment, ça fait jaser. Sans être un boute-en-train, il discutait facilement et ne disait jamais non à un apéro ou à un verre de rosé (voire deux ou trois). Depuis qu'il est revenu, il fait juste son boulot. Il ne parle plus à

personne et reste dans son coin. Il ne retourne même pas voir ses ex-camarades cédétistes. Avoir vendu son âme, être passé du côté obscur a dû entraîner une culpabilité qu'un salaire plus important ne semble pas suffire à faire passer. Quelle idée de revenir au boulot quand une pension suffisante permet de faire d'autres choses plus enthousiasmantes. Faut-il qu'il y en ait qui aient peur de s'emmerder chez eux.

Voilà, c'est tout pour ce mois-ci, bonnes vacances et rendez-vous dans ces pages et dans les rues à la rentrée (soyons fous) !

Juillet 2009.

— v —

BERNARD, UN ROUGE EN BLEU

Je ne vais pas vous raconter ma vie, mais j'ai connu un été quelque peu meurtrier dans mon entourage (cancers, suicide). Parmi eux, il y a eu Bernard. Un ancien collègue qui a bossé à l'usine pendant toute sa carrière et qui a sacrément morflé. Il s'est éteint à 66 ans, parce qu'il ne pouvait plus respirer. Soixante-six ans, quand nos gouvernants et nos patrons parlent de nous obliger à turbiner jusqu'à 67, voire 70 ans, c'est dire si ça ne va pas le faire. D'autant que des copains morts à peine arrivés en retraite, il y en a des paquets.

Bernard était « ouvrier de fabrication », c'est-à-dire qu'il bossait dans un atelier où on fabriquait de l'acide phosphorique. Un acide bien décapant qu'on utilisait jusque récemment dans la fabrication d'engrais (mais aussi de certains produits alimentaires). Quand il est arrivé là, l'atelier semblait moderne par rapport à ces vieux ateliers d'engrais qui ressemblaient à Cayenne et où on ne faisait pas de vieux os. Seulement, travailler dans les poussières de gypse et de phosphate et dans les vapeurs d'acide, ça lui a dézingué les poumons à Bernard.

À la suite de ses premiers problèmes respiratoires, Bernard fut réorienté « à la journée » vers un poste de nettoyage. Il balayait la cour et notamment les poussières de soufre ; il lavait les matelas de calorifugeage, pleins de poussières, de laine de verre

et peut-être d'amiante. Tout cela ne devait pas arranger l'état de ses bronches. Sans doute que s'il avait été moins revendicatif, il aurait atterri dans un bureau, mais pas question. De toute façon, pour Bernard, travailler dans un bureau, pas loin des chefs, ce n'était vraiment pas possible. En plus, Bernard n'était pas quelqu'un qui cherchait à grimper dans la hiérarchie. Il était prolo, un point c'est tout. Il revendiquait son appartenance à la classe ouvrière. Pas question de chercher à grimper, à devenir petit chef. Il n'aurait pas supporté. Toute sa vie, il est venu au boulot en mobylette, sauf les dernières années, où il a quand même acheté une 4L.

Bernard était donc un prolo de base, avec la culture qui va avec et surtout un engagement. Parce que, en plus, il était communiste et militant, adhérent à la cellule Jean-Valentin de l'usine. Pas un beau parleur, mais plutôt un actif, de ceux et celles qui ne se posaient pas de question sur la ligne du Parti. Et même si ce dernier périclitait, il restait fidèle. Jusqu'à il y a encore quelques années, il venait vendre *L'Huma* à la porte de l'usine, ou lors de réunions du syndicat. Pour autant, il n'était pas stalinien pratiquant et ne s'en prenait jamais aux trotskistes ou aux anars, considérant qu'ils étaient quand même du bon côté.

Et puis son état s'est aggravé. Les séjours à l'hôpital se sont multipliés et il a été mis en arrêt longue durée. Les traitements, à base de cortisone, l'ont fait grossir. Tellement qu'il ne pouvait plus se déplacer qu'avec difficulté. Fini les manifs, les réunions. Il passait à l'usine, au comité d'établissement ou au

syndicat quand son état le permettait. Lorsqu'il pouvait, quelques heures, quitter son matériel d'assistance respiratoire.

Et puis il est mort, de façon pas très douce, en s'asphyxiant.

J'avais un peu parlé de lui dans *Putain d'usine,* en disant qu'il ne ferait pas de vieux os et j'avais eu les boules lorsque j'ai su qu'il lisait le livre et que, donc, il s'y reconnaîtrait. Mais il est venu me remercier et me dire que c'était bien de parler de ça. Mais bon…

Encore un copain sur la liste, longue, des collègues morts à cause du travail.

Pour le groupe Total, l'été fut également catastrophique : deux jeunes ouvriers morts en allumant un four à la raffinerie de Carling ; une fuite d'ammoniac et sept personnes intoxiquées sur le site GPN de Grandpuits ; une cuve d'acide sulfurique qui explose à la raffinerie de Gonfreville, près du Havre : trois blessés graves. Cela s'ajoute à quatre autres accidents (dont deux déjà mortels) qui se sont produits depuis le début de l'année. Total se présente comme le fleuron de l'industrie française, mais, pour la sécurité comme pour le reste, il ne s'agit que de discours.

Septembre 2009.

PUTAIN D'USINE, SALOPERIE DE PATRON !

Il y aurait pas mal de choses à dire sur ma boîte, notamment en ce moment avec la psychose de la grippe A où se serrer la main et se faire la bise passeraient presque pour un acte de résistance. La direction (comme dans un tas d'autres boîtes) en profite même pour s'attaquer au code du travail en remettant en cause les droits aux congés, les heures supplémentaires, la durée du temps de travail et j'en passe. Tout cela pour que l'usine continue à tourner en cas de pandémie. Les collègues proposent qu'on arrête l'usine comme pour les écoles, mais ce n'est pas ce qu'entend faire la direction. Ce seraient des mesures temporaires, dit-elle, mais il y a du temporaire qui dure longtemps : Vigipirate est toujours actif.

L'histoire que je vais raconter se déroule dans une usine située dans l'Eure, à quelques dizaines de kilomètres de celle où je travaille. Mon patron va être content que je ne parle pas de la boîte ce mois-ci, et il n'aura pas à convoquer les délégués syndicaux pour me faire comprendre que je devrais cesser de dénigrer la société à travers mes écrits et mes interventions (eh oui!).

L'histoire se passe à Bernouville, usine Altuglass, ex-Arkema, ex-Total. Bruno y était employé à la fabrication de matières plastiques, mais une maladie grave l'a plongé dans le coma pendant deux mois. Une sale maladie qui a entraîné une transplantation cardiaque et

rénale, mais aussi l'amputation de ses jambes au-dessous des genoux et de plusieurs doigts de ses mains. Pour lui qui avait été entraîneur sportif, ce fut particulièrement dur. Après dix-huit mois d'arrêt, Bruno demande à retrouver un emploi dans la boîte. Il est repris comme gardien. Problème : le poste de gardiennage n'est pas accessible pour un fauteuil roulant. Bruno rouspète, demande des formations pour faire autre chose. Rien n'y fait. La direction ne veut rien entendre.

En février dernier, il décide de rester chez lui, après avoir fait le constat avec le responsable sécurité que le poste ne lui convient pas. Il se retrouve ensuite quelques mois en arrêt maladie avant d'être reconnu invalide de classe 2 à partir du 1er août. Par la même occasion, il reçoit une lettre de la direction lui signifiant qu'il est licencié pour faute grave à partir du 5 août, pour abandon de poste. « Faute grave », ça veut dire qu'il ne touchera aucune indemnité et ne rentrera dans aucune procédure de plan social.

À l'occasion de sa venue le 3 septembre dernier dans la boîte pour une réunion syndicale, Bruno en profite pour se rendre au bureau du personnel afin de faire remplir une attestation pour la prévoyance et la mutuelle (trois cases à remplir, une signature et un coup de tampon). Mais le DRH ne veut pas remplir le papier : « Ce n'est pas de mon domaine, débrouillez-vous. » Le cadre appelle le directeur qui arrive aussitôt. Le ton monte, d'autant que le directeur ne veut pas non plus remplir le formulaire.

Quelques minutes plus tard, un fourgon bleu arrive dans la cour de l'usine. Cinq gendarmes en

sortent avec gilet pare-balles et pistolet électrique puis montent directement dans les bureaux pour neutraliser Bruno. C'est la direction qui les a appelés. Croyant certainement se retrouver face à face avec un dangereux forcené, ils tiennent Bruno en joue pendant quelques instants, avant de se détendre, les yeux écarquillés. Au jus de la tournure des événements, les salariés se regroupent pour montrer leur indignation face à cette direction qui se sent menacée par un handicapé qui a eu le malheur de se mettre en rogne.

Dans la boîte, maintenant, on se pose des questions. Un plan de suppression d'emplois (76 sur 102) vient d'être lancé, comme dans la plupart des usines du groupe Arkema, et les gars se demandent comment ça va se passer. Lors du précédent plan, les 220 salariés de l'époque avaient bloqué l'usine pendant trois semaines, sans voir l'ombre d'un flic. « Si elle n'arrive pas à gérer un seul licenciement, comment va-t-elle faire pour les 76 autres ? », se demande l'un d'entre eux. La CGT de la boîte pense fortement à mener une action en justice.

Octobre 2009.

NON CHEF !

Depuis six mois, la direction générale de la boîte essaie de nous passer en fourbe une réorganisation du travail ainsi qu'une baisse de nos salaires. Jusqu'à présent, dans les réunions paritaires, les représentants des organisations syndicales ne se sont pas laissés endormir, mais la DG avance doucement, jusqu'à obtenir, pour le moins, un minimum qui ferait qu'ils auraient quand même gagné.

Depuis ces dernières années, on a une DG de combat, formée dans le moule Total et sans état d'âme. Droits dans leurs bottes, ils appliquent les directives du groupe pétrolier avec une docilité vis-à-vis de la maison mère qui n'a d'égal que la poigne qu'ils utilisent pour nous imposer leurs projets. C'est sans doute le prix à payer pour qu'ils arrivent un jour dans le saint des saints du comité directeur de Total.

La DG orchestre donc une restructuration rampante sur les trois sites restants du groupe. Elle se fait sans suppression d'emplois (pour l'instant) mais tout le monde se sent sur un siège éjectable. Tous les travaux de maintenance sont confiés à des entreprises sous-traitantes, avec les problèmes que l'on sait de méconnaissance des installations, d'heures supplémentaires à tire-larigot, etc. Tout cela a été soulevé pendant le procès AZF, sans émouvoir les patrons. La multiplication d'intervenants extérieurs fait que les collègues se sentent dépossédés de leur vrai

métier et s'aperçoivent qu'ils pourraient facilement être remplacés par d'autres sous-traitants.

Du côté du personnel fabricant, ça se passe autrement. La DG veut changer la donne. Sous prétexte d'harmonisation sur les trois sites, elle veut qu'on soit tous traités de la même façon : même salaire, même rythme de travail, etc. La première proposition a été d'intégrer les primes aux salaires. Bonne idée s'il en est, mais louche pour une direction qui utilise les primes individuelles comme carottes. En fait, après calculs, on a vite vu que chaque salarié perdait 100 euros minimum par mois. L'autre pierre d'achoppement est le paiement des jours fériés plutôt que la récupération (lorsqu'on est posté en 3 x 8, on travaille aussi les jours fériés et, donc, on a le droit à une journée de repos à une autre date). Ce qui fait travailler plus pour des clopinettes. Donc, les salariés n'ont pas voulu entendre parler de ces revendications patronales et ont refusé, par le biais des organisations syndicales et par des pétitions, que les tractations continuent.

La DG est entrée dans une colère noire. Le responsable DRH, genre vieux beau suffisant pour qui ces discussions constituent son «objectif» de l'année, a fait dans le chantage. Son sous-fifre, genre petit roquet avec les dents qui rayent le parquet tellement ça se voit qu'il veut devenir vizir à la place du vizir, a fait dans la surenchère, en criant un jour en réunion que les «boss» c'étaient eux, qu'ils décidaient comme ils voulaient du traitement des salariés et

que, de toute façon, « la liberté s'arrêtait à la porte de l'entreprise ».

Ce furent les mots de trop. Ce n'est pas une information que liberté et usine soient des antonymes, mais le fait que ce soit dit et revendiqué par la direction change les choses. La colère a donc monté dans les ateliers pour arriver à une grève (de vingt-quatre heures) qui a totalement arrêté deux sites sur trois, le 9 octobre dernier. Du jamais vu depuis des années.

Il fallait voir les têtes des copains, fiers d'avoir totalement arrêté l'usine et sachant qu'une autre était dans le même état. Ce n'était pas la fête mais tout le monde était content. Se mettre en grève ouvertement contre la direction générale, dire « NON chef! », c'est jouissif. Une sorte d'exutoire particulièrement recommandé pour lutter contre la souffrance au travail.

Face à ces salariés en colère, la direction générale a vite réagi en annonçant, dans la langue de bois propre aux chefs d'entreprise, que les discussions étaient suspendues. Ce qui veut dire qu'ils remettent leurs projets dans leur poche avec un mouchoir par-dessus. On ne se fait pas d'illusion, elle les représentera plus tard, d'une autre façon, peut-être même à la demande d'un syndicat. Reste qu'à ce jour, c'est une petite victoire qui ne se représentera peut-être pas avant longtemps. Le lendemain, lors du redémarrage des ateliers, les chefs de service osaient à peine venir voir les ex-grévistes qui, eux, avaient osé dire *niet*.

Novembre 2009.

PROCÈS AZF : DÉGOUTÉS !

Le 19 novembre, je descends à Toulouse pour le verdict du procès d'AZF avec un copain, Pascal, qui a suivi le procès tout du long. Nous avons rencard le midi, au Bijou, restau aux allures de QG pour les militants des associations de sinistrés. Les rencontres se passent bien, nous nous connaissons déjà et nous partageons des points de vue communs. L'envie est forte pour tous de voir Total et Grande Paroisse inculpés. Même si l'on n'est jamais sûr avec la «justice», il règne un climat de confiance : les débats, lors du procès, ont bien montré que l'explosion d'AZF était due à des mélanges malencontreux de produits qui n'auraient jamais dû se croiser dans le même hangar.

En début d'après-midi nous nous retrouvons salle Jean-Mermoz. Il y a un peu moins de monde que lors du procès (700) mais pas mal de flics, des huissiers pour nous contrôler, beaucoup de journalistes, aussi. J'y aperçois quelques anciens collègues d'AZF victimes de l'explosion et qui se situent du côté «partie civile». Il y a également Jacques Mignard de Mémoire & Solidarité, qui a pris fait et cause pour Total. Il est entouré de quelques vieux salariés de l'usine qui semblent avoir pris leur retraite bien avant la catastrophe.

Dans la salle, beaucoup de victimes encore marquées, quelques personnes handicapées et d'autres qui ont l'air d'avoir tout perdu et rien retrouvé.

Je croise le directeur général de Grande Paroisse. Échange de regards peu aimables des deux côtés. À 15 heures pétantes, l'audience commence. Le président du tribunal, Thomas Le Monnyer, fait un résumé des attendus, soit un dossier de 270 pages. Son intervention dure une heure quarante. Dans un premier temps, il annonce l'irrecevabilité de Total comme accusé. On s'en doutait, l'ex-PDG a tellement chargé sa filiale qu'il ne pouvait en être autrement. Ensuite, le juge égrène toutes les fautes de Grande Paroisse et de la direction du site : le manque d'étude de danger, les produits qui n'auraient jamais dû être stockés au même endroit, les négligences, l'organisation du travail avec les sous-traitants, etc.

Dans la salle, côté partie civile, à l'écoute de cet énoncé, on a le sourire aux lèvres. Tant de choses qu'on a dénoncées après l'explosion et lors de réunions du CHSCT. On s'échange des clins d'œil avec des collègues de la chimie venus de Bordeaux, Marseille, Lens et avec les membres des associations. On va gagner, c'est sûr. Le juge dénonce encore l'enquête interne diligentée par Total comme ayant servi à brouiller les pistes, voire à dissimuler certains résultats compromettants. Le juge accuse les «enquêteurs» de ne pas avoir communiqué la totalité de leurs travaux et de ne pas avoir répondu aux obligations de renseigner les pouvoirs publics. Il parle de «tromperie». Le tribunal rejette enfin la piste de l'attentat, car il n'a été trouvé aucune trace d'explosif, ni de caractère sérieux de préparation d'attentat. Tout va dans notre sens, et on s'attend à fêter la victoire dans les heures

qui viennent. Mais le juge change de ton, plutôt mal à l'aise. Il dit que, malgré tout ça, il n'arrive pas à démontrer la causalité entre tous les manquements à la sécurité et les dommages causés. Seul le contenu de la benne où aurait eu lieu le mélange explosif aurait permis de le prouver. Le président du tribunal dit que son intime conviction est celle du mélange de produits mais que sur le plan pénal il faut des faits. Du coup Le Monnyer prononce la relaxe de Grande Paroisse et du directeur d'AZF. Une clameur monte. On est tous dégoûtés. Quatre vieux salariés d'AZF applaudissent. Une femme sort en criant « C'est une honte », elle est aussitôt entourée de journalistes et de photographes. Les flics se pointent aux portes de la salle, au cas où l'on manifesterait notre colère. Nous sortons de la salle, vite, avec une impression d'étouffer. C'est comme si on avait reçu un coup de poing. Comme si c'était la deuxième catastrophe d'AZF. Des gens pleurent, crient. Je vois un membre de Plus jamais ça, ni ici ni ailleurs avec les larmes aux yeux. *Putaing!* Trente et un morts, des milliers de blessés, une ville en état de choc, mais les riches et les patrons s'en sortent avec le bénéfice du doute! On aimerait bien que le « bénéfice du doute » s'applique plus souvent et pour les pauvres. Combien de mois de prison pour une poubelle brûlée?

Voilà, Total et les autres industriels vont pouvoir continuer leurs activités, raconter qu'ils font tout pour la sécurité mais laisser les choses se dégrader. Cette année, rien que sur les sites de Total en France, il y a eu quatre morts, des dizaines de blessés et des

alertes à la pollution. Une nouvelle catastrophe peut avoir lieu à tout moment. Le lendemain, le Parquet fait appel, parce qu'une telle catastrophe ne peut pas déboucher sur une relaxe, mais comment croire dans la justice, dès lors qu'elle s'échine à ressembler à sa propre parodie?

Décembre 2009.

« J'en ai marre du boulot et il y a même pas de plan de départ en préretraite de prévu. » Jean-Luc tient ces propos à deux de ses collègues, assis dans le réfectoire devant une tasse de café. Il a 53 ans et on lui change encore une fois son travail, après trente-trois ans de bons et loyaux services. Après avoir été pompier dans l'usine, une paralysie des tendons de la main droite l'a conduit à changer plusieurs fois d'affectations. Maintenant il est chef d'équipe aux expéditions d'engrais, c'est-à-dire qu'il bosse avec des intérimaires pour les chargements de sacs d'engrais. Depuis quelques semaines, une récente restructuration du service a entraîné pour Jean-Luc et trois de ses collègues un emploi plus polyvalent, avec apprentissage de nouvelles zones de travail et surtout taf de nuit une semaine sur trois, ce qu'il ne faisait plus depuis des années. C'est sans doute ce dernier point qui lui coûte le plus.

Un collègue vient annoncer à Jean-Luc qu'un des chariots élévateurs, actuellement en circulation pour remplir deux camions, est tombé en panne. Toujours la même panne. Toujours la même manette de changement de vitesse qui casse. Jean-Luc laisse son café et sort du réfectoire pour s'occuper du problème. Il descend les escaliers et traverse la cour où des camions attendent leurs chargements. Là, des chariots font leur ballet d'expéditions, allant des stockages aux camions.

Pour rentabiliser les allers et venues, la direction a fait installer à l'avant des chariots de longs éperons qui permettent d'enfiler trois sacs de 600 kg à chaque fois. Le souci c'est que, du coup, le conducteur n'a plus de visibilité et il vaut mieux ne pas passer devant lui lorsqu'il manœuvre. La réglementation voudrait que la conduite se fasse en marche arrière, mais le trajet est trop long, la direction a obtenu une dérogation.

Jean-Luc débouche de derrière un des camions pour s'approcher du chariot en panne quand un autre Fenwick arrive. Un camionneur crie «Attention!» mais il y a trop de bruits, à cause des ateliers proches et du trafic. Personne ne l'entend. Jean-Luc est écrasé par le poids du chariot, lesté ras la gueule.

Voilà les faits. Le pire, c'est que ce drame, on le sentait venir. C'est toujours pareil, c'est statistique : lorsqu'il y a des accidents qui se répètent, lorsque parfois on se dit qu'on a eu de la chance de passer à côté, que ça aurait pu être plus grave, le pire finit par se produire juste à ce moment-là. Dans ce secteur de l'usine, on le sentait encore plus, parce que ça faisait des mois que les salariés et les membres du comité de sécurité dénonçaient le manque de visibilité, le rythme d'intervention, la zone de chargement mal agencée, les sous-traitants qui ne connaissent pas bien les lieux, etc. La direction avait répondu par des marquages au sol et le port obligatoire de baudriers jaune fluo. Un peu court.

À l'annonce de l'accident, dans l'usine, les ouvriers sont sonnés. C'est toujours ainsi lorsqu'il y a un

accident mortel. Parce que c'est un collègue (tout le monde le connaissait), mais aussi comme il sera écrit le lendemain sur le tract de la CGT : « Il n'y a rien de pire que de mourir au boulot. On vient à l'usine pour essayer de gagner sa vie pas pour la perdre. »

À la direction, un abruti pas du tout dans la compassion dit : « Il ne nous manquait plus que ça. » Il fallait prendre de réelles mesures avant, quand les salariés le réclamaient. Cela fait des mois que toutes les interventions demandées ne sont pas prises en compte. La réponse de la direction est désormais trop classique : « Vu la situation de crise, on ne peut pas faire de travaux, il faut produire dès qu'on peut. Pour le reste, on verra après. » Dans les bureaux directoriaux, certains craignent pour leur place, mais cette tragique péripétie sera oubliée rapidement. Le directeur lui-même va voir la famille de Jean-Luc. Elle sera totalement prise en charge pour éviter qu'elle porte plainte contre la direction.

Dans l'usine, c'est un mélange de tristesse et de colère. C'est le cinquième accident mortel pour cette année sur l'ensemble des sites français du groupe Total. Pour communiquer sur la sécurité les directions savent faire, mais pour appliquer, c'est une autre paire de manches. Total a bien diligenté sur ses sites une enquête interne pour trouver les failles, mais curieusement sans résultat. Tant qu'on se contentera de remplir des formulaires pour dédouaner les directions plutôt que d'effectuer les travaux de fiabilisation, rien ne changera.

Lors de l'enterrement de Jean-Luc, on est plus d'une centaine de prolos à assister à la cérémonie.

De l'autre côté du trottoir, la direction est venue, elle aussi au grand complet, mais il n'y a pas intérêt qu'elle se rapproche trop près.

Et puis il reste le copain qui conduisait le chariot élévateur. Il est mal, très mal. Il n'a rien pu voir quand il a écrasé son collègue. Il est aujourd'hui cassé. Lui aussi victime de cet accident du travail.

Janvier 2010.

L'HEURE DES COMPTES

À l'usine, c'est comme si le temps s'accélérait et je ne sais même pas par quel bout raconter ce qui s'y passe. L'année à peine commencée, on a eu un conflit dans un atelier. Un conflit sans grève, sans heures perdues, mais où les copains refusaient d'effectuer un travail (livrer de la vapeur), ce qui entraînait l'impossibilité de mettre en route deux autres ateliers. Après les menaces de la direction pour refus de travail (huissier, lettres, CE extraordinaires), les gars ont arrêté leur mouvement au bout d'une dizaine de jours, gagnant une petite prime très en deçà de ce qu'ils demandaient, mais comme ils ne voulaient pas non plus se lancer dans une vraie grève, c'est toujours ça de gagné.

Dans la plupart des usines, il y a peu de rapports entre la fabrication et les bureaux. Ce sont deux mondes différents, deux façons de bosser différentes. Dans ma boîte, on n'échappe pas à la règle. Vu de l'extérieur, j'y perçois un peu plus de crainte de la hiérarchie, d'autant que les cadres dirigeants sont en contact quotidien et direct avec le personnel des bureaux.

Isabelle et Gaëlle travaillaient au service paie. Pas dociles, elles ne se laissaient pas marcher sur les pieds par la direction des ressources humaines et aidaient les salariés au plus bas de l'échelle. On savait de quel côté elles se situaient et ça allait bien à beaucoup. Ça allait beaucoup moins bien du côté de la direction.

D'autant plus qu'elles avaient accès à des infos et qu'elles les partageaient : lorsque la direction générale a voulu s'attaquer aux structures de rémunération (et donc grignoter les salaires), les deux filles ont donné toutes les infos, toutes les formes de calcul aux syndicalistes (particulièrement de la CGT) pour qu'ils ne se fassent pas avoir lors des paritaires. En plus, elles parlaient de se syndiquer pour emmerder davantage la direction. Un vent de fronde s'était levé dans les bureaux et ça ne pouvait pas durer.

Le lundi 4 janvier, Isabelle et Gaëlle, de retour d'une semaine de vacances, à peine arrivées au boulot, voient le directeur leur remettre une lettre, leur ordonner de le suivre dans le bureau de la DRH, puis les accompagner jusqu'aux barrières de l'usine en leur demandant de rendre leur badge d'accès. Elles se trouvent licenciées pour faute grave, sans préavis ni indemnités. La direction les accuse de s'être payé des heures supplémentaires qu'elles n'auraient pas faites. Pas de quoi fouetter un chat, d'autant que c'est une pratique très courante dans l'usine et que, pour elles, c'était lié à un accord verbal avec l'ancien DRH (celui-ci est même intervenu pour le confirmer). La hiérarchie de l'usine est incitée à jouer avec le code du travail, la durée légale de travail, le pointage ou les primes. Cela permet de garder une certaine paix sociale dans les services et évite d'embaucher ou d'augmenter les salaires. Mais ça se transforme facilement en arme pour la direction lorsqu'elle veut se débarrasser de salarié(e)s récalcitrant(e)s. Là, il est question de règles, de fautes, de vol. Et quand la

direction veut se débarrasser de ces deux contestatrices, elle les accuse de tous les maux.

Le jour de l'entretien préalable des deux copines, la CGT appelle à un arrêt de travail et à un rassemblement devant la direction pour dire non aux licenciements. Une vingtaine de salariés entrent dans le bureau où se tiennent les entretiens, non pour les empêcher (Isabelle et Gaëlle tiennent à ce qu'ils aient lieu), mais pour dire ce qui se passe dans les services, au niveau des heures sup' et du travail, des rapports hiérarchiques et autres. C'est assez fort, et le directeur et la DRH en prennent plein les oreilles.

Ensuite, les «entretiens» proprement dits. Les filles demandent que j'y assiste. Je n'entrerai pas dans les détails, mais de toutes les façons, elles ne veulent plus travailler dans ces conditions et avec une telle hiérarchie. Elles vident leur sac. Gaëlle, en guise de point final, annonce même qu'à la suite du harcèlement qu'elle a subi, elle a fait une fausse couche. Le directeur et la DRH sont cassés sur le coup, mais ça ne durera pas : Isabelle et Gaëlle sont licenciées. Pourtant ce n'est pas fini car, outre les prud'hommes, l'inspecteur du travail et l'Urssaf sont en train de se pencher sur le traitement des heures supplémentaires dans ma boîte. Un grand nombre de contremaîtres qui géraient leur personnel (et eux-mêmes) avec cette carotte se font du souci et la direction va devoir payer et rendre des comptes. On ne peut pas gagner partout.

Février 2010.

COUP DE POMPE

Mardi 23 février, je suis à La Défense, avec quelques camarades (c'est comme ça qu'on dit). J'y suis en tant qu'« élu des travailleurs » chez Total, pour un comité central d'entreprise (CCE) extraordinaire concernant la cession du site de Mazingarbe (près de Lens). Cela se fera avec 75 suppressions d'emplois. *A priori* des préretraites, mais sans doute pas uniquement. On est au début des réunions et c'est parti pour six mois au minimum. Il s'agit de réunions pour la forme, où on obtiendra quelques menus aménagements. Il y aura peut-être des réactions des copains, grèves et autres, mais pour l'instant c'est plutôt calme. D'autant que, vu l'état des ateliers et le manque d'investissements, c'est déjà dans la tête des salariés que le site est en danger. Total se désengage de ses canards boiteux et de ses filiales (Hutchinson, GPN, dépôts de carburants) pour se concentrer sur l'exploitation directe du pétrole et surtout sur ses immenses unités de production, construites dernièrement, au Qatar, en Arabie saoudite et en Indonésie. Une restructuration de plus, donc : à titre personnel, depuis le temps que je suis dans la boîte, ça fait un paquet de copains qui ont disparu ainsi de mon univers.

En sortant, au pied de la tour Total, on croise la délégation CGT-SUD des raffineries. Ils sont aussi en pourparlers avec la direction suite à l'annonce de la fermeture de la raffinerie des Flandres, à Dunkerque.

La pression sur Total est forte : les salariés des six raffineries sont en grève et ont arrêté la production, la presse a rapidement parlé de pénurie d'essence, les automobilistes ont fait la queue. Près de 200 stations-service fermées, la panique vient vite.

Dans la délégation, il y a Charly, une grande gueule de la CGT, un mec de SUD et trois autres de la CGT que j'ai souvent vus dans des manifs ou réunions. Ils ont l'air crevé, comme on peut l'être après plusieurs jours de bagarre et de négociations.

« On a obtenu de belles avancées. Maintenant c'est fini, dit Charly. Pour nous, et si les assemblées générales de grévistes le décident, on peut arrêter le mouvement.

— Et c'est quoi, ces avancées ?

— Eh bien, justement, l'avancement du CCE au 8 mars ; deux tables rondes, l'une sur l'emploi dans la région de Dunkerque, l'autre avec le ministère de l'Industrie sur l'avenir du raffinage et ses enjeux en France ; ainsi que la promesse de Total de ne pas fermer d'autres raffineries dans les cinq ans à venir. »

Nous sommes plutôt déconcertés devant ces pseudo-avancées : des « tables rondes » qui ne servent à rien, si ce n'est à endormir tout le monde, et des promesses qui n'engagent que ceux qui veulent bien y croire. Et rien pour la raffinerie des Flandres (majoritairement SUD, elle n'est sans doute pas une priorité pour la CGT).

Lorsqu'on quitte ces syndicalistes, on est dégoûtés : raffineries Total en grève depuis une semaine, raffinerie des Flandres occupée, préavis de grève dans celles d'Exxon et de Petroplus pour

le lendemain, pénurie de carburant, etc., il y avait une carte à jouer. On a comme un goût d'inachevé. Les raffineries sont un des derniers secteurs stratégiques et, quand il est en grève, ça peut encore peser. Et rien. Comme si les copains calaient devant l'obstacle. La CFDT-Total avait appelé à reprendre le travail la veille et peut-être y avait-il un flottement chez les grévistes, mais on s'attendait à mieux de la part d'une CGT qui se veut combative et opposée à la politique de Bernard Thibault.

Le lendemain, les grévistes ont repris le travail, sauf à Dunkerque où l'occupation continue. Je sais que ça discute encore ferme au sein de la CGT-Total et que tout le monde n'est pas d'accord avec ces prises de position, n'empêche que le mal est fait.

Une nouvelle grosse manifestation est organisée à La Défense, le 8 mars. Délais d'impression obligent, je ne sais pas ce que ça va donner. Au mois de janvier, ils étaient un millier à défiler et à investir la tour de Total, mais là…

Mars 2010.

C'EST QUAND QU'ON FERME ?

En jetant un œil sur les chroniques que je tiens dans *CQFD* depuis près de cinq ans, je m'aperçois qu'il est souvent question de la mauvaise ambiance qui règne dans l'usine. C'est cyclique. Eh bien, là, je pense que l'on n'est pas loin de toucher le fond. Un vent de sinistrose concernant l'avenir proche de la boîte agite le personnel. Faut dire qu'il y a peu de sujets de réjouissance. La filiale engrais de Total ne représente plus qu'à peine 1 000 salariés et le site de Mazingarbe (près de Lens) va être cédé à des repreneurs belges et espagnols. Des copains, militants ou collègues, vont donc nous quitter, changer de statut et, sans doute, y perdre au passage. Quoi qu'il en soit, la volonté de Total est de se désengager petit à petit de ses vieux sites européens au profit des nouvelles installations au Qatar ou en Indonésie. Sachant, en prime, que la filiale engrais, plutôt déficitaire, permet surtout à la firme de payer moins d'impôts, on peut se douter qu'actionnaires et PDG ne vont pas s'encombrer longtemps de canards boiteux. Total a gardé Grande Paroisse à cause du procès AZF mais, celui-ci passé, et même s'il y a appel, la multinationale va solder les comptes.

Depuis plus de trois mois, l'usine ne produit presque plus rien. Les ateliers sont en arrêt quasi permanent, malgré des carnets de commandes bien remplis et l'arrivée de la saison des engrais chez les agriculteurs. La raison : des pannes à répétition.

L'atelier où je travaille, et qui fabrique de l'ammoniac, est vieux et, en dépit de nombreuses modernisations, ça ne le fait pas. Les pannes et la casse de machines se succèdent semaine après semaine, ce qui engendre pas mal de stress lors des phases d'arrêt et d'essais de redémarrage. Et comme cet atelier fournit la matière première ainsi que la vapeur pour tout le site, rien ne marche.

Mais la vétusté des machines n'est pas seule en cause, il y a aussi cette politique de sous-traitance *a minima*, avec des sociétés de maintenance qui emploient surtout des intérimaires et peu de personnel vraiment qualifié. Il faudrait également parler de la perte de connaissance des installations après les divers plans sociaux éjectant le personnel vieillissant sans lui laisser le temps de former des remplaçants.

Vous me direz que, pendant ce temps-là, l'usine pollue moins. Pas vraiment, car les rejets en phase de démarrage ou d'essais restent conséquents et, de toute façon, la très grande majorité des agriculteurs dépend des engrais, donc ça pollue ailleurs.

S'ajoute à ça une campagne médiatique autour d'une tour dans l'usine qui date de 1966. En deux mots : l'engrais liquide est rejeté en haut et à l'intérieur d'une tour de près de 50 mètres, à travers un bol troué tournant et, du fait de la vitesse, la force centrifuge et la gravité, le liquide se solidifie et arrive en bas, sous forme de granulés d'ammonitrate. Sauf que c'est un produit corrosif qui bouffe progressivement le béton. Ça fait des lustres que les salariés et le CHSCT se plaignent, et les quelques rafistolages

effectués n'ont pas été à la hauteur des risques. Il a fallu une première page dans la presse régionale, une campagne de *Que Choisir?* et d'une asso écolo pour que la direction annonce des travaux dans les mois prochains. Mais ces travaux sont tellement colossaux et onéreux qu'on n'y croit pas.

Enfin, cerise sur le gâteau, on a un nouveau PDG, qui se dit lui-même « droit dans ses bottes » et qui semble missionné pour fermer les boîtes. Il a une vision militariste de sa fonction et il veut mater les gauchistes de Rouen qui se mettent trop souvent en grève (!). C'est quasiment ce qu'il a dit en venant sur le site pour inaugurer, fin mars, le nouvel atelier de fabrication d'acide nitrique. Un atelier au fonctionnement plus qu'intermittent depuis son démarrage, toujours suite à des problèmes techniques.

Alors, on en est là. À part pour certains cadres qui croient encore dans des projets de redéploiement de l'usine, tout le monde est en train de se demander comment on va finir par être mangés. L'usine vendue à des Espagnols ou des Allemands? L'usine totalement ou en partie fermée? Il y en a qui rêvent de partir en préretraite, d'autres qui se voient mutés ailleurs. Chacun donne une date de fermeture en fonction de l'âge auquel il aimerait partir en retraite. Il y en a même un qui m'a dit : « 2012, je crois qu'on ferme en 2012, l'année prévue par les Aztèques. » Voilà, c'est reparti pour un tour, mais à force ça va bien finir par arriver.

Avril 2010.

LES BLEUS CONTRE LES JAUNES

Sans dire que c'était mieux avant, il y a une chose que je remarquais il y a peu : jadis nous portions tous des bleus identiques dans l'usine. Il n'y avait que les gens du labo qui portaient des blouses blanches et le personnel administratif et les cadres qui n'avaient pas d'uniforme. Qu'on soit à la production, à la maintenance ou aux expéditions, on était tous traités à la même enseigne. On recevait nos deux paires de bleus par an. Ça avait son petit côté militaire, mais, en même temps, ça nous plaçait dans une même classe.

Et puis, ça a commencé par quelques salariés que l'on a nommés «techniciens», qui ont voulu des blouses bleues dans les salles de contrôle. On s'est pas mal foutu d'eux, de ces types qui se prenaient pour des cadors, mais ça s'est fait doucement, avec la bénédiction de la direction, trop contente de constater que le ver était dans le fruit. À la suite des différents plans de suppression d'emplois, la sous-traitance est venue pallier les manques dans certains secteurs (maintenance, réparation de machines, électronique, informatique...). Des gens d'autres boîtes se sont mis à nous côtoyer. On n'avait pas les mêmes sigles en haut des feuilles de paie, mais on avait approximativement des statuts similaires, des salaires quasi identiques et des bleus de la même couleur.

Petit à petit, la proportion de salariés d'entreprises extérieures a augmenté, et le patron s'en est

servi pour rabaisser l'ensemble des salariés à de simples coûts d'exploitation. Ils sont plus facilement effaçables en cas de reprise budgétaire ou de plan de restructuration. Ça fait moins sale d'annoncer seulement 50 suppressions d'emplois à statuts, alors que c'est près du double qui sont touchés.

Désormais, il y a presque autant de salariés d'entreprises sous-traitantes que de salariés à poste organique dans l'usine. Mais, parce que ça devient difficile pour les pousse-culs de retrouver leurs ouailles, il a fallu nous différencier. Du coup, suivant la boîte qui te paie, tu as une couleur différente. Il n'y a quasiment plus de bleus de couleur bleue, même le nôtre a été affublé d'un liseré et d'un col rouge – ridicules – et d'un sigle énorme dans le dos. Nous travaillons désormais dans une usine multicolore, mais ça n'a rien d'antiraciste, c'est juste que les bleus sont orange, gris, noirs, rouges, verts, j'en passe et des meilleures. Différenciés, pour nous diviser.

En même temps que nos accoutrements se sont colorés, les statuts de ces collègues se sont détériorés plus rapidement que les nôtres. La direction tire de plus en plus les contrats *a minima*, ce qui veut dire que les sous-traitants sont souvent mal payés et doivent faire des heures supplémentaires à tire-larigot pour avoir une paie correcte. Vu qu'ils doivent effectuer le travail rapidement, sans parfois connaître parfaitement le site, ce sont eux qui subissent le plus d'accidents du travail. En plus de ça, auparavant, on prenait le café et on partageait les vestiaires avec eux. Maintenant, ces salariés sont relégués dans des zones

éloignées. Ils n'ont parfois ni douches, ni vestiaires, ni réfectoires et on en voit se mettre en bleu, au cul de la voiture, sur le parking. Pas terrible, tout ça.

Si, dans le temps, on pouvait parler avec eux, aujourd'hui, tout a été fait pour que ça ne se produise plus. De temps en temps, on peut en croiser dans l'atelier, on peut donner un coup de main sur un boulot, mais ça reste rare. Pour entrer en contact avec eux, c'est compliqué. Les syndicats pourraient avoir un rôle utile pour créer des liens, mais, souvent, ces boîtes constituées de salariés plus ou moins précaires n'en ont pas.

Il y a quelques semaines, devant les portes de l'usine, on a eu la surprise de voir une cinquantaine de grévistes d'Isotherma (groupe Krief) qui distribuaient des tracts et bloquaient l'entrée. Cette boîte est spécialisée dans la pose d'échafaudages. Ils s'étaient mis en grève parce que leur direction ne les avait pas payés depuis quarante jours et ils apprenaient, en plus, qu'ils n'avaient plus de mutuelle.

La lutte, ça crée des liens, comme diraient certains. On est quelques-uns de l'usine à leur avoir prêté main-forte, en tirant leur tract, en appelant la presse et en trimballant des timbales de café. On a discuté avec Mohammed, Jean et les autres et c'était plutôt agréable de voir que nous avions des préoccupations communes.

À la suite de cette action, leur direction a payé ce qu'elle devait et les grévistes ont repris le boulot, mais c'est du court terme. Depuis ce jour, on se croise un peu plus chaleureusement dans l'usine, et on peut espérer qu'on aura des combats communs. Mais quand?

Mai 2010.

LE BAISER DE L'AMIANTE

Il m'arrive fréquemment de faire un tour dans le premier atelier où j'ai travaillé. Là où on fabrique de l'acide nitrique et des ammonitrates (gasp!). Je l'ai quitté au bout de sept ans, préférant changer plusieurs fois de boulot dans l'usine de peur de m'encroûter ou parce que les chefs m'y donnaient des boutons. Bien sûr, en trente ans (re-gasp!), l'atelier et la salle de contrôle ont complètement changé. Tout s'est modernisé, informatisé même, et le nombre d'intervenants a fondu. En même temps, il reste peu de collègues avec lesquels j'ai bossé. Ils sont partis en retraite ou ont fait comme moi, à savoir changé d'affectation.

Dans la salle de contrôle, je retrouve Aïssa, avec qui j'ai passé quelques années de travail. À l'époque, on faisait partie des rebelles et il ne fallait pas nous marcher sur les pieds. Aujourd'hui, il est chef d'équipe, pas moi. N'empêche qu'on continue à s'apprécier.

Aïssa me dit : « J'ai eu des nouvelles de Jean-Yves. »

En me disant ça, il fait une drôle de tête, il a l'air sombre. Jean-Yves avait été muté sur un site près de Compiègne, il y a près de vingt ans, victime d'un plan de restructuration.

« Il part en retraite dans un mois.

— Qu'est-ce que tu racontes ? je lui dis. Il est plus jeune que nous. »

Aïssa m'explique qu'on lui a trouvé de l'amiante dans les poumons, alors il a le droit de partir plus tôt. C'est la loi. Il paraît qu'il ne va pas bien.

L'amiante met un paquet d'années avant de se manifester. Et si Jean-Yves avait chopé ça quand il bossait avec nous? Alors on réfléchit. Les collègues touchés par l'amiante, on commence à en compter pas mal dans l'usine. Pourtant la boîte n'est pas déclarée à risque au niveau de l'amiante. Il se trouve que la plupart des contaminés du site ont travaillé auparavant dans le bâtiment ou au chantier naval. On a quand même retrouvé de l'amiante dans l'usine, dans les chaudières et les fours, et il y a, depuis des années, des chantiers de désamiantage qui se montent dans certains ateliers (pas autant qu'on voudrait car la direction minimise toujours les risques et les quantités). Quelques collègues sont aussi suivis médicalement, au cas où...

On se souvient que Jean-Yves, parce qu'il était maigre et de petite taille, était envoyé dans la chaudière, dans les moments de réparation. Parce que ces machineries sont constituées de boyaux et de tuyaux imbriqués les uns dans les autres, il est difficile de s'y mouvoir. Jean-Yves y pénétrait sans protection ni masque. C'était du matériel à l'aspect relativement propre, comment se méfier? Reste que les fibres d'amiante sont minuscules (200 fois plus fines qu'un cheveu) et qu'il suffit d'une qui se loge où il ne faut pas pour faire des dégâts.

L'emploi et la production d'amiante ne sont interdits que depuis 1997, alors qu'on en connaissait la

dangerosité depuis des dizaines d'années. Ce matériau a été utilisé en grande quantité et l'usine n'échappe pas à la règle. On connaît encore des endroits (dans des fours immenses notamment), où il en reste.

La direction s'est toujours défendue disant que nous n'étions pas en contact direct avec l'amiante dans cette partie de l'usine. Particulièrement quand on était comme nous à la fabrication.

Aïssa et moi croisons Miguel, un autre collègue qui a travaillé avec Jean-Yves. On lui explique et il nous dit : « L'amiante… Rappelez-vous, lorsque les copains de la maintenance faisaient une tresse d'amiante autour du filtre. Les mains nues et sans masque. Et quand on passait l'aspirateur pour récupérer les poussières de platine, ça devait faire voltiger des fibres. »

Évidemment, on ne voyait pas ça sous cet angle ou, du moins, on s'était voilé la face. Préférant, pour une fois, croire la direction que de nous morfondre sur des saloperies qui seraient venues se coller dans nos poumons.

Il ne manquait plus que ça. Il ne nous reste plus qu'à aller voir le médecin du travail pour obtenir qu'on passe une radio des éponges (malgré le fait que nous travaillons dans des produits chimiques pas franchement cools, la direction a supprimé les contrôles de nos poumons par radio depuis près de vingt ans, prétextant que les rayons X étaient plus dangereux que les vapeurs et gaz inhalés…).

Miguel termine : « Et je te dis pas ! Si par hasard on me trouve des taches bizarres, c'est sûr que je fais tout pour partir en préretraite "amiante". J'en ai trop marre. »

Juin 2010.

PUTAIN, DEUX ANS !

Actuellement, cinq plaintes, émanant de mon syndicat ou soutenues par lui, ont été déposées auprès des prud'hommes contre la direction de ma boîte. Il s'agit de plaintes concernant des licenciements pour inaptitude ou pour faute, un *lock-out* après mouvement de grève, une prime non versée depuis cinq ans, des préretraites annulées. On le voit, rien que du classique, rien que du syndicalisme au jour le jour, en attendant la grève générale. Reste que finir systématiquement devant un tribunal, c'est aussi le signe que le rapport de force est émoussé (doux euphémisme). Par le passé, le recours au tribunal était plutôt l'exception car on arrivait presque toujours à obtenir satisfaction. Pour des licenciements abusifs, par exemple, on obtenait les réintégrations. Maintenant, c'est terminé. Un conflit éclate dans un atelier, la direction menace, refuse de négocier et va jusqu'à la mise en chômage technique. On se trouve face à des directions arrogantes, politiques et décomplexées, à l'image du gouvernement. Ils n'ont plus peur d'aller au clash même s'ils savent qu'ils perdront face à la loi. Les procédures sont tellement longues que ça leur permet de gagner du temps. La faute au manque de combativité, mais surtout au fait que nous étions 2 000 jadis et que nous ne sommes plus que 330.

Du coup, heureusement qu'ils existent, ces « conseillers du salarié », dont le loisir favori semble

être de s'attaquer aux patrons. Bien sûr, il faut monter des dossiers, souvent fastidieux, et rechercher des documents, ce que les collègues ont souvent du mal à faire. Enfin, il faut parfois s'adjoindre un avocat et, même si ce sont des gens de gauche, leurs honoraires sont élevés (entre 5 000 et 7 500 euros) et pas toujours remboursables, même quand on gagne. La trésorerie du syndicat n'étant pas des plus hautes, ça nous freine dans nos envies de justice.

En ce moment, l'affaire concerne six salariés. Ils travaillaient sur un autre site du groupe qui a fermé il y a quatre ans et se sont retrouvés mutés ici. Ils arrivaient à l'usine pour quelques mois seulement car le protocole du plan de « sauvegarde de l'emploi » stipulait que ces personnes bénéficieraient d'une préretraite (financée par le groupe) lorsqu'elles atteindraient 52 ans, comme les autres salariés de leur usine. Partir en retraite à 52 ans, par les temps qui courent, on ne crache pas dessus.

Sauf qu'en 2008, la direction n'a pas voulu les laisser partir. Il a donc fallu porter plainte devant les prud'hommes. Le premier procès s'est déroulé en janvier 2009 et le jugement rendu a été favorable aux six salariés concernés. Évidemment, la direction a fait appel. Même si on sait que le temps en justice n'est pas le même que lorsqu'on travaille, on ne se doute pas que ça puisse durer si longtemps : demandes de report, manque d'un document dans le dossier, venue d'un huissier... le procès en appel ne s'est tenu qu'en mai dernier. Soit deux ans après la date à laquelle les copains auraient dû partir.

Là encore le jugement a été confirmé : les salariés doivent bénéficier de la préretraite.

On sort de la salle du tribunal, contents d'avoir gagné, l'avocat en fait des tonnes sur sa victoire... et on rentre à l'usine prêts à sabler le champagne, pensant aux pots de départ à venir.

Grave erreur. Les patrons se sentent au-dessus des lois, à l'image de Total qui s'en est si bien sorti lors des procès d'AZF et de l'Erika. La direction de l'usine ne peut pas aller en cassation, les salariés devraient partir quand même, mais elle joue la montre. Elle a ainsi fait une requête « en interprétation du jugement ». Comme quoi, ils sont tellement nuls au service juridique de la boîte qu'ils veulent des explications de texte. Et cette requête retarde encore les départs des copains de près de six mois.

Deux ans de rab donc pour ces collègues qui, en plus, auront dû batailler ferme. Un avant-goût de ce que le gouvernement a préparé pour tout le monde. Reste à se bouger le cul, et vite, et autrement que par des journées d'action à répétition, même si, comme pour la dernière, c'était enthousiasmant de se retrouver si nombreux dans la rue.

Juillet 2010.

— VI —

ON L'A ENCORE ÉCHAPPÉ BELLE !

C'est un peu compliqué, en septembre, de vous parler de ce qui est arrivé à l'usine durant l'été, parce qu'il y a toujours quelque chose qui s'y passe. D'autant qu'on m'a demandé de réduire un peu mon texte, par manque de place.

Si je vous dis que l'ambiance n'est pas au beau fixe dans les ateliers, vous me répondrez que ça ne change pas. J'ajouterai que ça empire : état des ateliers, heures sup', changements de rythmes de travail, hiérarchie de plus en plus autoritaire, bruits de couloir sur la future construction d'un hangar permettant de stocker des engrais achetés sur le marché et non plus fabriqués sur le site, nouveau plan de prévention des risques avec, peut-être, démolition d'habitations trop proches de l'usine, offensive de la direction, appuyée par la CFDT, contre la CGT, etc. Ça n'arrête pas.

Reste que deux faits peuvent vous intéresser. Il y a encore eu un mort sur un chantier de mon atelier. Un mort «naturel» comme on nous dit. Un intérimaire de 52 ans, venu là pour une mission de trois mois. Il était en train de retirer des calorifugeages en inox, par un après-midi orageux. Il a eu un malaise et s'est écroulé. Mort. Infarctus foudroyant. *A priori*, il n'avait pas fait d'heures supplémentaires, ni forcé sur le boulot. Mort. Mais son décès a choqué tout le monde, ceux qui étaient à ses côtés et ceux qui se sont évertués à essayer de le ranimer. Cet accident a

rappelé le souvenir d'un autre qui s'est déroulé dix ans, jour pour jour, auparavant et qui touchait un salarié de la même entreprise. J'en avais parlé dans *Putain d'usine* : un mec avait traversé une verrière et s'était écrasé 15 mètres plus bas. Ce n'est pas qu'on soit superstitieux, mais ça fait un drôle d'effet. Dix ans après, tu parles d'un anniversaire ! Apprenant la mort du collègue, tous les ouvriers ont arrêté de travailler et ont laissé le chantier en plan. Les chefs d'équipe et les contremaîtres n'ont même pas cherché à les retenir. C'est un dégoût face à la mort au travail que j'avais déjà remarqué lors d'autres accidents.

Ce fameux chantier sur mon atelier fait suite à un nouvel incident qui s'est produit le 28 juin. Et là on a, une fois de plus, frôlé la catastrophe. Vingt-trois heures, les copains de l'équipe de nuit font leur première tournée à l'intérieur des bâtiments, notent l'état des machines, les températures et pressions. Soudain une déflagration terrible. Puis les mises à l'air et le déclenchement de l'atelier. Enfin la course pour arrêter les machines et limiter les risques. Au début, on ne sait pas trop ce qui se passe, et puis on voit. Une tuyauterie de vapeur à 120 bars a explosé, propulsant un «caps» (une tête métallique) de 45 kg à 150 mètres de l'atelier. Raconter ainsi, ça ne paraît pas trop grave, sauf que ce boulet de canon a frôlé un compresseur chargé d'hydrogène et un réacteur contenant le même gaz à très haute pression, avant de ricocher sur l'atelier de fabrication d'acide nitrique et de passer au-dessus du stockage d'ammonitrates, pour finir sa trajectoire à quelques mètres d'un wagon d'ammoniac. Bref,

autant de possibilités d'explosions et de catastrophes dignes de celle d'AZF. Mais on a eu, encore une fois, un vrai coup de pot (sauf pour les pigeons dont les copains ont ramassé 200 cadavres).

Cette explosion est due à une mauvaise conception d'origine (l'atelier a trente-deux ans!) qui ne s'est révélée que là. C'est comme un cancer, il faut du temps pour qu'il se développe. Des épreuves hydrauliques avaient pourtant été effectuées sur cette tuyauterie lors du dernier arrêt, c'est à croire qu'elles ne sont pas efficaces!

Vu l'état de l'atelier, après cet «incident», on pensait qu'il serait définitivement arrêté, avec plan de suppression d'emplois à la clé. Mais non, la direction a décidé de lancer un chantier de réparations de plusieurs millions d'euros, toujours en cours à l'heure où paraissent ces lignes. Sans doute que ça coûte moins cher qu'un démontage d'atelier entraînant la dépollution du site.

Voilà où on en est et ça influe vraiment sur le moral des collègues qui attendent ce fameux plan de restructuration qui ne vient toujours pas...

Septembre 2010.

« Le droit de grève reste un droit fondamental. Pour autant, son exercice doit pouvoir se faire en tenant compte de la situation de sa propre entreprise. Avec ces actions et leurs conséquences, il semble qu'une partie du personnel n'ait pas pris en compte toute la mesure de la situation dans laquelle se trouve la société aujourd'hui et les conséquences qu'elles sont susceptibles d'entraîner. »

Voilà le genre de courrier qu'on reçoit de la part de la direction après la première journée d'action contre la réforme des retraites.

Je vous dis pas l'ambiance dans l'usine, chez les cadres et leurs sbires, lors des jours précédant la manif du 7 septembre. C'est bien simple, on allait fermer si les salariés se mettaient en grève. Mais ça se sentait partout que la participation à la journée du 7 serait importante. Devoir bosser, pour le moins, deux ans de plus, ça ne fait pas franchement rêver. Donc, dans les ateliers et les bureaux, la colère était facilement mesurable et tout le monde se disait partant pour faire grève et manifester.

Alors la direction a sorti ses armes habituelles. En premier lieu, il y a eu des réunions d'encadrement pour mobiliser les troupes. Il n'a pas été question de l'état déplorable des ateliers à cause des travaux reportés et des millions qu'il a fallu débourser pour des réparations en catastrophe. Par contre, il a été dit

et répété que la société était au bord du gouffre et que cette grève allait l'achever. Les cadres y ont cru. Ils croient toujours le discours de la direction générale : ils sont formés pour ça. Nous qui sommes dans l'usine depuis bien plus longtemps qu'eux, on est beaucoup moins crédules. D'autant que depuis le mouvement des retraites de 2003 et celui contre le CPE, on a droit au même discours. Les ingénieurs se sont montrés fébriles et en colère contre les futurs grévistes. Comme la CGT appelait à trente-deux heures de grève pour permettre à tout le monde de participer, ce syndicat a été traité de gauchiste voulant faire fermer la turne. Mais ça n'a pas arrêté la détermination.

L'armada de chefs de service et d'ingénieurs a, ensuite, fait la tournée des gars, par équipe et par atelier, pour réexpliquer que ce n'était vraiment pas le moment d'arrêter la boîte. Les prix du gaz, de l'ammoniac, l'état des ateliers, les actionnaires... Il y a toujours quelque chose qui fait que ce n'est pas le bon moment. On n'a jamais vu un patron dire à ses ouvriers « Ça y est ! Vous pouvez vous mettre en grève ». Les discussions étaient animées. Hélas, voyant que ce discours ne fonctionnait pas, les cadres, pas assez proches des prolos, ont envoyé les contremaîtres pour essayer de les calmer, mais rien n'y a fait. Même la CFDT s'est mise de la partie en appelant à manifester sans arrêter les machines. Pour eux, c'était de l'aventurisme que de tout stopper, et le tract qu'ils ont distribué était un morceau d'anthologie du discours pleurnichard et propatron.

N'empêche que le 7, l'usine s'est trouvée bien silencieuse et entièrement à l'arrêt. Le taux de grévistes

a atteint des chiffres historiques et nombreux sont ceux qui sont allés manifester, même des gens qu'on ne voyait jamais revendiquer. Par contre, pour participer à une AG après, c'est même pas la peine, les copains préférant buller plutôt que retourner à l'usine, histoire de se causer. Pour le 23, je m'attendais à une participation moindre, surtout qu'une grande partie des ateliers est à l'arrêt en raison des travaux de réparation que la direction n'a pas pu décaler, mais ça l'a fait aussi. Pour reconduire la grève, c'était une autre histoire. À l'usine, ça ne s'est pas passé comme dans les raffineries Total où le mouvement a continué et où les installations sont restées en grève entre vingt-quatre et quarante-huit heures supplémentaires. Les gars, ici, n'ont pas parlé de continuer le mouvement, même si ça en démange quelques-uns, et la grève générale n'est pas dans les esprits. Reste que pour les prochaines journées d'action, les collègues descendront encore dans les rues, parce que bosser plus, c'est pas leur truc…

Octobre 2010.

EN GRÈVE JUSQU'À LA RETRAITE

Évidemment, l'actualité est telle que je ne vous écris pas de l'intérieur de l'usine. Avec les collègues on a participé à toutes les journées d'action contre la réforme des retraites, même s'il n'a jamais été question de grève reconductible, comme l'ont fait les copains de Total. Reste qu'on était une bonne quinzaine à participer quasi quotidiennement aux blocages des ponts, des entrées de la ville, des transports urbains et surtout du dépôt de carburant, situé à côté de la boîte.

Le 27 octobre, il a fallu se lever très tôt (bien plus tôt que pour aller au taf) car l'assemblée générale intersyndicale des grévistes et autres de l'agglomération rouennaise avait décidé la veille d'une action forte. Peut-être un baroud d'honneur. On s'est rencardé par texto et Internet et on s'est retrouvé 300 à 4h45 devant les portes de la raffinerie Petroplus de Grand-Couronne, près de Rouen. Comme à chaque fois, on s'est retrouvé autour de palettes en flammes à échanger des sourires, des signes amicaux et quelques mots. La lutte ça sert aussi à créer des liens. Les raffineurs en sont à leur quinzième jour de grève et ont besoin de soutien. On sait que leur grève va s'arrêter, d'autant que la CGT, pourtant vindicative ici, a organisé un référendum dont l'objectif à peine dissimulé est d'arrêter le mouvement. Au cours de ce rassemblement, les salariés de Petroplus

de quart du matin votent massivement en faveur de la poursuite de la grève sous les applaudissements (mais pouvaient-ils faire autrement devant notre manif?). Quelques-uns doivent rentrer quand même dans l'usine, requis pour la sécurité.

Ensuite, les manifestants quittent les lieux en cortège de voitures et à la vitesse de l'escargot, pour rejoindre les quais de la Seine. Arrivés là, on part en manif pour rejoindre le dépôt de carburant «Rubis». C'est un peu le symbole de la lutte sur Rouen : on l'a occupé pendant près d'une semaine, en jouant au chat et à la souris avec les flics. Dégagés quotidiennement, les lieux étaient réoccupés dès leur départ. Sauf qu'au bout de cinq jours, ils ont compris la manœuvre et posté en permanence huit camions remplis de robocops. Il est prévu qu'on « aille au contact » face à un mur d'une centaine de CRS. Un type du NPA, se prenant sans doute pour un caporal de l'Armée rouge, n'arrête pas de nous donner des ordres. Il aboie sans cesse « je veux voir des rangs serrés et des manifestants en chaîne ». On l'écoute à peine. Selon une méthode éprouvée, on force le barrage en masse. Échanges de quelques coups mais les lacrymos, balancées en rafales, ont vite fait de nous repousser vers le carrefour tout proche. On stationne là, à bloquer la circulation. De toute façon on n'a rien prévu de véritablement offensif pour répliquer. Même les étudiants les plus agités n'ont que des œufs remplis de peinture et des feux d'artifice. Autour d'un nouveau feu de palettes, les plus jeunes questionnent pour savoir comment c'était quand

les ouvriers se battaient vraiment contre la flicaille. Et nous de répondre que les derniers vrais affrontements remontaient à 1978, lors de la fermeture des chantiers navals et d'une usine métallurgique. Une jeune fille dit qu'aujourd'hui, c'était un premier essai et que de voir les étudiants aux côtés des salariés, c'était déjà pas mal.

Au bout d'une heure, alors que les condés s'approchent pour nous encercler, nous quittons les lieux pour bloquer quelques heures l'entrée du boulevard industriel, ou pour distribuer des tracts dans différents secteurs de l'agglo. L'après-midi, les salariés de Petroplus reprennent le travail mais la raffinerie ne peut pas démarrer, faute de brut.

Le lendemain, pour la septième journée nationale d'action, les rues de Rouen sont encore occupées par 40 000 manifestants. Même si ça s'émousse, on est encore nombreux et énervés. En fin de manif, environ 500 personnes tentent d'atteindre le local du Medef. Elles sont vite chassées par les charges policières. Six personnes sont arrêtées, trois d'entre elles passeront en procès le 10 janvier, *a priori* pour avoir été en possession d'œufs *[sic]*.

À l'heure où je dois terminer l'article, le premier round s'achève sans que la contestation soit éteinte (le local du Medef du Havre vient d'être muré par des manifestants). Quoi qu'il en soit, ce mouvement laissera des traces. Nous n'avons pas pu aller vers la grève générale, sans doute parce que l'atomisation du travail rend les choses compliquées, mais nous avons osé des formes de lutte qui laissent présager

qu'on ne va pas s'arrêter là. Le blocage de la circulation, des dépôts (même si ça ne durait que quelques heures), est une avancée politique vers un blocage total de l'économie. On a assisté à une radicalisation de la part de salariés qui n'ont pas eu peur d'en découdre avec les flics. Côté syndical, les bases, au niveau local, ont participé aux actions sans tenir compte des secrétaires et dirigeants confédéraux et nationaux. Il s'est tenu des AG quotidiennes dans les locaux de la CGT (une première), etc. Il y a aussi eu des choses ratées, comme ces militants NPA qui, prenant des postes syndicaux à la place d'anciens du PC, reproduisent les mêmes travers staliniens, mais ce sera sans doute l'objet d'une autre chronique.

Novembre 2010.

C'EST PAS ÇA

Évidemment, je ne vais pas vous dire que l'ambiance à l'usine est au beau fixe. Il y a l'après-mouvement des retraites, mais c'est pas ça ; il y a les résultats et le fonctionnement catastrophiques de la boîte, mais c'est pas ça ; il y a le chantage de la direction générale qui veut que tous les syndicats la suivent dans ses démarches pour faire baisser les quotas de CO_2 (pour l'instant seule la CGT refuse), mais c'est pas ça non plus.

Depuis quelques mois, un climat répressif s'est installé dans mon usine (mais ça se durcit partout). Outre les attaques contre les syndicats qui se bougent, il y a aussi les coups de bâton qui tombent sur les collègues. Derniers faits dans la boîte : deux copains se sont coltiné trois jours de mise à pied pour avoir pris leur douche sur le temps de travail, en fin de poste et avant que leurs relèves ne soient arrivées. Ce que tout le monde, ou presque, pratique (surtout le samedi soir lorsque l'on quitte à 21 heures). Mais ils se sont fait prendre. Le problème, c'est que personne n'a bougé pour les soutenir. Les gens préférant se planquer et compter les coups qui tombent à côté. Ils ont beau s'être mis en grève en nombre contre la réforme des retraites, de retour au quotidien de l'usine, la combativité s'est essoufflée.

D'autres copains, parce qu'ils sont restés à discuter dans le réfectoire plutôt que d'aller faire une

manœuvre, ont reçu une lettre d'avertissement. Auparavant, une engueulade du contremaître aurait suffi. Et tout est bon pour nous épingler. Ne pas mettre la ceinture de sécurité lorsqu'on circule en voiture de service dans l'enceinte de l'usine? Trois jours. Ne pas porter les équipements de protection individuelle? Jusqu'à la mise à la porte. Bientôt, si la voiture n'est pas garée dans le bon sens et prête à partir, ce sera pareil.

Bref, à l'image de la société, le tout sécuritaire se met en branle dans les usines. Plus la boîte annonce de mauvais résultats, plus le matériel est vieillissant et trop souvent en panne, plus les coups pleuvent sur les prolos.

Et l'une des armes de la direction, ce fut le recrutement d'une jeune DRH. La direction générale en a sans doute eu marre des précédents en fin de carrière qui pensaient avoir leur mot à dire ou qui louvoyaient pour garantir un semblant de paix sociale. Désormais les patrons veulent faire appliquer leurs directives, et vite. Et, dans ces cas-là, nommer une jeune femme dans un univers masculin à un premier poste de commandement est sûrement le plus efficace : elle voudra prouver qu'elle peut faire mieux qu'un mec.

Donc, une jeune DRH est arrivée il y a trois ans. Au début, on n'osait pas trop la chambouler, d'autant que cette trentenaire est petite et plutôt mignonne. Mais on s'est habitué. Elle s'en sortait en rougissant, voire en esquissant une larme, s'excusant de ses erreurs dues à son manque d'expérience. Mais on a vu qui elle était vraiment quand elle a compté sur sa force de persuasion (mais peut-être aussi sur

ses beaux yeux, va savoir?) pour faire passer une directive particulièrement mauvaise, en rencontrant personnellement chaque salarié concerné.

C'est une jeune femme qui en veut, le doigt sur la couture de la jupe, appliquant ce qu'elle a appris à l'école, mais qui n'a pas vraiment le niveau (dixit son prédécesseur). Pendant les conflits dans l'usine, exécutant à la lettre les consignes de la direction générale, elle ne s'est pas gardée de portes de sortie, ce qui a augmenté les tensions et, ensuite, le ressentiment.

Depuis qu'elle est là, c'est la première fois qu'à l'usine, deux copains se sont retrouvés licenciés pour inaptitude et c'est la première fois que deux autres ont été virés pour faute grave sans autres formes de procès. C'est bien simple, depuis son arrivée, il y a cinq affaires en cours devant les prud'hommes.

En ce moment, elle est envoyée au charbon par le PDG pour dégommer la CGT. On lui en souhaite. Au moins on peut penser qu'on contribue à sa formation professionnelle et qu'elle sera meilleure dans la prochaine boîte où elle sévira. C'est la période de Noël, on peut peut-être y croire…

Décembre 2010.

« PUTAIN D'USINE QUI FERME »

C'est assez particulier de venir travailler dans une usine en fin de vie. Vous allez me dire : « Ça fait cinq ans que Levaray écrit sa chronique dans *CQFD*, ça fait cinq ans qu'il nous dit que ça va fermer. » En fait, il y a même dix ans que nous, les prolos de l'usine, pensons qu'elle va fermer. Depuis la catastrophe de Toulouse. Reste que, de plan de restructuration en plan de « sauvegarde de l'emploi », l'usine est encore là. Avec moins de salariés (nous ne sommes plus que 330), moins d'ateliers et, par conséquent, moins de pollution.

En 2010, l'usine n'a tourné que l'équivalent de deux mois. Et ce n'est pas à cause de la crise ni d'un marché en baisse : les agriculteurs céréaliers demandent toujours plus d'engrais pour des terres devenues stériles suite aux abus... d'engrais! Les cours des céréales ont encore grimpé, à cause de la crise de ce secteur dans l'ex-Union soviétique, et la demande en azote a donc été très élevée. Mais.

D'un côté l'usine possède du matériel vieillissant : demandez à une voiture âgée de plus de trente-cinq ans de rouler à 150 kilomètres par heure sur l'autoroute (oui, je sais, on n'a pas le droit) et elle ne fait pas de vieux os. C'est pareil pour des turbines, chaudières, compresseurs... De l'autre côté, les installations neuves ne fonctionnent pas bien non plus. Problème d'ingénierie ? De savoir-faire ? D'économie de bout de chandelle ? Toujours est-il

qu'il y a un manque de fiabilité sur les nouveaux ateliers, et la direction passe presque plus de temps à porter plainte contre les constructeurs (indiens ou tchèques) qu'à autre chose. Sur l'autre site du groupe, les collègues essaient depuis trois ans, et sans résultat, de démarrer un atelier neuf!

Pour nous, la déconfiture de l'usine ne change rien ou presque : on bosse autant, sinon plus. Il faut toujours courir. Pour essayer de démarrer les machines, et surtout pour les arrêter en catastrophe, avant que ça ne prenne des proportions dangereuses (incendies, voire explosion de l'usine). Vous imaginez le stress, la fatigue et même la peur qui règnent chez les ouvriers. Les fabricants qui sont aux premières loges, mais aussi les collègues de la maintenance qui doivent réparer dans l'urgence, les sous-traitants qui doivent faire des tas d'heures sup'.

Tout le monde en a marre. Surtout quand il faut travailler dans la crainte qu'un autre secteur de l'atelier ne se mette en banane. Ajoutez à cela que moins l'usine fonctionne, plus la hiérarchie est pesante, tentant de faire régner une discipline plus dure à vivre encore (remises en cause des primes, du temps de travail, des roulements). En la matière, la direction générale n'y va pas de main morte avec un staff qu'on dirait sorti de la Légion, méprisant le prolo et le syndicaliste. Les discours tenus sont : « C'était plus simple de travailler à l'étranger, même avec des Arabes », « De toute façon, il y a trop de salariés dans le groupe ». Le PDG, en visite à l'usine, est allé jusqu'à me dire en aparté : « J'ai le titre pour

votre prochain bouquin : *Putain d'usine qui ferme* » (Eh non, ça ne sera pas ça). Voyez le genre.

Officiellement les unités doivent fonctionner toute l'année 2011 sans arrêt, sinon on ferme. Il y aurait même un sursis jusqu'à la mi-2012, car « l'actionnaire principal » ne voudrait pas passer à côté d'un marché aussi juteux.

En même temps, la direction locale a plein de projets de modernisation d'ateliers ou de restructuration pour motiver les cadres qui ont plutôt tendance à se sauver (les rats quittent le navire). Le dernier projet en date serait de transformer le site en immense entrepôt d'engrais. Ce qui aurait l'avantage pour nos patrons de réduire les risques liés aux fabrications, d'être toujours sur le marché en vendant des engrais venus d'ailleurs, d'avoir beaucoup moins de salariés à gérer, de moins devoir dépolluer le site et, donc, de réaliser de substantielles économies.

Le couperet se rapproche de nos têtes. Mais, vu la moyenne d'âge de l'usine, sa fermeture représenterait une libération attendue par beaucoup depuis des années. Reste ceux qui n'ont pas l'âge ou les jeunes qui se trouveraient dans la galère. Voilà comment commence l'année à l'usine.

Janvier 2011.

LES INVISIBLES

Pas toujours facile de parler de la sous-traitance dans une usine. Les salariés de ce secteur sont pourtant légion dans la chimie comme dans le nucléaire pour effectuer les tâches les plus complexes et les plus dangereuses dans des conditions de sécurité minimales. Les salariés sous-traitants sont majoritairement précaires, mal payés et ils disparaissent de l'usine sans qu'on sache très bien ce qu'ils deviennent. De plus, il est souvent difficile de rentrer en contact avec eux parce qu'il y a plusieurs niveaux de sous-traitance dans une même boîte.

Philippe Billard travaille dans le nucléaire depuis 1985, année au cours de laquelle il rejoint la centrale de Paluel (Seine-Maritime). Sa spécialité? «Décontaminateur». Un nom qui sonne comme une superproduction hollywoodienne mais la vérité est tout autre : Philippe intervenait dans des locaux où flottaient des poussières radioactives, au cœur de la centrale. Scaphandre et compteur Geiger obligatoires! Mais, malgré toutes les protections, la radioactivité finit toujours par s'insinuer. « Je fais partie des travailleurs exposés, dit-il. Et, en tant que tel, je risque de développer un cancer d'ici quelques années. Il y en a pour qui c'est déjà fait. »

EDF affecte, chaque année, de 25 000 à 30 000 de ces travailleurs précaires aux tâches sous rayonnements. C'est un véritable scandale sanitaire : ils reçoivent 80 %

de la dose collective annuelle d'irradiation et ils ne sont pas comptabilisés dans les études épidémiologiques.

Philippe, avec sa longue chevelure d'Indien, n'est pas du genre à se laisser faire. « Les sous-traitants sont devenus les garants de la sécurité des centrales. Si nous souffrons, les agents EDF mais aussi les consommateurs souffriront. » Il milite donc à la CGT et se fait élire délégué du personnel, puis au CHSCT. Là, il lance des alertes sur des fuites d'uranium et exerce son droit de retrait. Il envoie des courriers à l'Inspection du travail ou à la Caisse primaire d'assurance maladie (CPAM), lorsqu'il a connaissance de faits graves, pour que tout soit archivé, connu et utilisable en cas de préjudice. Il a même fait arrêter un chantier sur une tranche de la centrale pour cause de contamination grave à la légionellose.

Évidemment, ça ne plaît pas à EDF, qui se plaint auprès de la société employant Philippe, Endel-GDF-Suez. Du jour au lendemain, son badge pour pénétrer dans les centrales est désactivé. Endel tente de le licencier mais l'Inspection du travail refuse. Pourtant son employeur ne le réintègre pas à son poste, le force à rester chez lui puis le mute près du Havre pour l'isoler. Ses primes sautent (elles représentent un tiers de son salaire). Bref, depuis cinq ans, tout est mis en œuvre pour le casser, mais sa détermination demeure inébranlable. « Je suis un grain de sable. Mais ce n'est pas parce qu'on est un petit qu'il ne faut pas s'attaquer au gros. »

Il a créé une association, « Santé, sous-traitance, nucléaire, chimie », s'exprime partout où il le peut.

« Les conditions de travail se sont terriblement dégradées depuis une bonne dizaine d'années. Les contrats de sous-traitance sont renégociés tous les trois, quatre ans et la sécurité des travailleurs et leur santé sont souvent trop considérées comme une perte de temps, donc d'argent. Nous voulons obtenir des dispositifs de soins, de surveillance et d'indemnisation des victimes salariées de la sous-traitance, un suivi médical à vie, ainsi que pour nos enfants qui sont les enfants de l'atome. Dès que tu sors de l'entreprise, ajoute-t-il, on t'oublie, t'as plus de suivi. »

Révolté atypique, il l'est aussi de par son histoire personnelle : adhérent au PCF, il milite pour la décroissance. De même, soutenu par le réseau Sortir du nucléaire, pour lequel il intervient régulièrement, il dit que son rôle « n'est pas d'arrêter le nucléaire mais de faire en sorte que cette industrie soit plus sûre ».

Au moment où vous lirez ces lignes, le tribunal des prud'hommes se sera prononcé sur son éventuel licenciement. Reste que Philippe vient de savourer une victoire. Il y a quelques mois, un de ses collègues se faisait contaminer par des poussières ionisantes à la centrale de Paluel. Alors que le patron refusait d'y voir un accident du travail et même punissait cet employé, Philippe l'a fait savoir. L'Inspection du travail a dressé un procès-verbal pour non-déclaration et le patron d'Endel vient de se faire convoquer par le tribunal de grande instance. Un premier cap dans la reconnaissance de la dangerosité de ce travail vient peut-être d'être franchi.

Février 2011.

ZAZA EST FATIGUÉ

« Convocation pour entretien préalable à licenciement. » C'est ce qu'il y a d'inscrit sur la lettre que vient de recevoir Zaza, et qu'il me tend. C'est le cinquième licenciement quasiment de ce type auquel je dois assister en trois ans, ce qui laisse rêveur sur l'état social de la boîte.

Zaza vient d'avoir 55 ans. Âge qu'il ne fait pas car ses bonnes joues lui donnent un aspect poupin. D'origine polonaise, il a travaillé pour les Houillères dans le nord de la France. Il y a vingt ans, il a atterri sur le site de Rouen, à la suite de la fermeture de son usine. Il a eu du mal à s'acclimater, d'autant que son éloignement est concomitant à la mort de ses parents.

Pendant longtemps, Zaza a été un « bon élément », connaissant son boulot sur le bout des doigts, ne rechignant pas à faire des heures supplémentaires pour gonfler son salaire. Permettant ainsi à ses quatre enfants d'obtenir leurs BTS. Pour autant, le taciturne Zaza était bien vu par ses collègues.

Et puis, on ne sait pas tout de la vie des autres. Il s'est mis à noyer son mal de vivre dans la vodka. Il arrivait complètement bourré à l'atelier. Et dans ces moments-là, quand il ne s'écroulait pas, il était suicidaire. Combien de fois ses collègues l'ont empêché de sauter du haut de l'atelier !

Et comme si ça ne suffisait pas, et de façon héréditaire, il a développé un diabète grave ainsi que de

l'hypertension. Forcément, l'insuline et la vodka, ça ne fait pas un cocktail terrible. D'autant qu'en plus, les Témoins de Jéhovah lui ont mis le grappin dessus et que, dans leurs dogmes, la prise de médicaments est contraire aux volontés de leur dieu.

Il y a deux ans, un matin de février, voulant de nouveau en finir, il tente d'enjamber un pont au-dessus de la Seine. Il est envoyé pour trois mois à l'hôpital psychiatrique. À son retour, évidemment, il ne peut plus travailler en fabrication. Trop de risques pour lui et ses collègues. La DRH parle de licenciement pour inaptitude. Le syndicat intervient pour que la direction lui accorde un poste aménagé. Et Zaza de se retrouver au fin fond de l'usine, dans une cabane en tôle avec, comme seule compagnie, un transistor. Pas terrible pour une personne plus que neurasthénique.

Évidemment, ça ne le fait pas. Zaza multiplie les arrêts maladie et les absences justifiées ou non. La direction menace à nouveau de le licencier, et il faut parlementer pour le garder dans les effectifs. Venir travailler est au-dessus de ses forces, mais le problème c'est que le laisser chez lui, et sans ressource, risque d'aggraver son cas. En harcelant la médecine du travail et la CPAM, le syndicat obtient que Zaza puisse être reconnu comme invalide classe 2, ce qui lui permettra de toucher une pension qui représente environ 75 % de son salaire. Du coup, la DRH peut entamer les procédures de licenciement sans culpabiliser.

Je ne vous raconterai pas l'entretien, mais lorsque la DRH demande à Zaza ce qu'il va faire de sa prime

de licenciement et qu'il lui répond qu'il va ouvrir une échoppe de cordonnier, il n'y a qu'elle pour y croire.

Bref. Pourquoi je vous raconte cette histoire, somme toute banale et qui ne pouvait pas finir autrement, sauf mort du protagoniste? C'est qu'elle illustre assez bien ce qui se passe dans les boîtes depuis un bon moment. Le licenciement par rupture conventionnelle ou «négocié» (comme on dit) est devenu un mode de gestion des DRH. La date de départ en retraite vient d'être retardée mais le Medef pousse les patrons à gérer les départs des salariés âgés (ou pas) avec des licenciements par consentement mutuel. Du coup, ce ne sont plus eux qui paient mais la CPAM ou le Pôle emploi. Depuis que cette possibilité est offerte aux patrons, on arrive à près de 400 000 licenciements de ce type.

Dans le cas de Zaza, cette solution pourra peut-être venir à bout de ses problèmes existentiels, mais on sait que dans le bureau de la DRH, cette proposition est faite régulièrement à des salariés. Certains s'offusquent qu'on leur propose un licenciement en fin de carrière, d'autres y réfléchissent, mais c'est le patron qui gagne à chaque fois.

Mars 2011.

ORAISON FUNÈBRE : « C'ÉTAIT UN CON ! »

C'est le soir, 21 h 15. L'équipe est installée pour affronter le poste de nuit. Tout le monde est en bleu. Tout le monde, pour le moment, se tient autour de la table du réfectoire à prendre le café. La scène se passe dans l'atelier le plus dégueulasse de l'usine. Même la direction le reconnaît, et certains cadres en parlent comme d'un «Germinal» ou d'un «Cayenne». Le boulot y est déconsidéré car moins technique et plus physique. Il faut savoir manier le marteau-piqueur lorsque l'engrais a pris en masse dans le séchoir, ou la pelle quand un tapis s'est mis en banane et que les granulés d'engrais se sont répandus par tonnes entières sur le sol.

C'est l'atelier le plus vieux de l'usine. Les produits y ont bouffé les infrastructures métalliques et tout menace ruine. Une passerelle est même tombée sur un engin la semaine dernière. Il n'y a pas eu de blessés mais c'était juste. Dans l'usine, tout le monde pense que cet atelier ne va pas faire de vieux os, d'autant que le granulateur devait être échangé avec un plus récent, venu du démantèlement d'une usine du Nord. Problème, ce dernier ne fait pas le taf. Du coup la direction fait surveiller les fissures qui s'agrandissent petit à petit sur la machine mais semble attendre qu'elle casse en deux pour en finir avec cet atelier.

Mais ce n'est pas de ça dont il est question, ce soir, autour de la table en formica. Christian dit :

« Vous avez lu le journal d'aujourd'hui ? Rubrique nécro ? »

La plupart de répondre négativement.

« Eh bien, N. est mort. Il sera enterré jeudi.

— Il est mort jeune, dit Patrice.

— Oui, 63 ans.

— Au moins, il aura eu la chance de partir lors d'un plan de restructuration, à 55 ans. Il en aura un peu profité.

— Il fumait vachement.

— Au moins deux paquets de Gitanes par jour, et je ne sais combien de litres de café, ajoute Luc. En plus, il respirait les poussières de l'atelier... »

Le silence se fait. Pas un silence de recueillement, plutôt comme s'il n'y avait plus rien à dire. Et puis, Patrice de lancer :

« C'était un con !

— Je dirais même plus, lance Miguel, c'était une vérole. Je pense que, comme contremaître, c'était une vraie saloperie.

— Oui, mais celui qui l'a remplacé n'était pas mieux. Il a fallu que l'atelier se mette en grève contre lui pour qu'on s'en débarrasse, tandis que, lui, il était juste con.

— N'empêche que l'autre, après la grève, il a pris ses cliques et ses claques, tandis que N., il s'est accroché.

— Et puis quand il faisait copain avec toi, fallait se méfier, le coup de couteau n'était pas loin. »

Et tous d'y aller de leurs exemples : « Il courait partout dans l'atelier », « Il pensait toujours avoir raison », « Il nous empêchait de prendre nos congés

quand on le voulait », « Il se prenait pour le roi de l'atelier », « Il n'arrêtait pas de nous prendre pour des moins-que-rien qui ne connaissaient pas le boulot, alors qu'on aurait pu lui en apprendre », « Il voulait toujours nous voir travailler, sans pause »…

Au fur et à mesure de la discussion, les esprits s'échauffent. Tout le monde s'y met pour maudire celui qui leur a pourri la vie au boulot. Ça fait huit ans qu'il est parti mais son fantôme hante encore l'équipe. C'est bien simple, quelqu'un aurait apporté une bouteille de whisky, pour fêter n'importe quoi, elle aurait été vidée vite fait. Faut alimenter la turbine dans des moments pareils et la poussée d'adrénaline donne soif.

Il faudra se contenter de cette oraison funèbre pour un contremaître que personne ne regrette. Pas un des gars qui a travaillé avec lui ne se déplacera pour son enterrement. Après une heure de discussion, quand tout est dit, tous les copains se lèvent pour laver leur tasse. « Bon, c'est pas le tout, on a du boulot. » Christian est le premier à sortir du réfectoire et de la salle de contrôle. Il met son casque mais n'a pas envie de mettre le masque antipoussière lorsqu'il s'enfonce dans le nuage bleuté qui stagne en permanence sur l'ensemble de l'atelier.

Avril 2011.

TOTAL : CHIMIE À VENDRE

Située à l'ombre des gigantesques tours Total de La Défense, l'immeuble City sert de siège social à trois de ces filiales : Bostick (colles), Cray Valley (polymers et polyesters) et GPN (engrais). Des groupes chimiques dont Total cherche à se débarrasser au fur et à mesure des opportunités.

En début d'année, Total a annoncé la vente de Cray Valley à Arkema pour 550 millions d'euros. Arkema était, à l'origine, la partie «chimie» du groupe pétrolier. En 2005, Total s'en est séparé. Désormais, Arkema fait le sale boulot en supprimant des usines et des emplois sans que Total soit nommément responsable. Évidemment, pour les salariés de Cray Valley, atterrir chez Arkema, ça fait plus que peur.

Je me trouve ce matin-là, dans le quartier de La Défense, avec Bruno et Pascal, pour une réunion pas plus intéressante que ça. En arrivant près de l'immeuble City, nous entendons les bruits caractéristiques d'une manif.

Sur le parvis et dans les courants d'air, entre 60 et 80 personnes font pas mal de chahut. Depuis l'annonce de la cession, les grèves se multiplient sur les sites de Cray Valley, mais ce n'est pas facile de faire nombre quand l'entreprise ne compte plus que 590 salariés en France. Ce sont principalement des gars de l'usine de Villers-Saint-Paul (Oise) qui ont fait le voyage, à l'appel de la CGT et de FO. Nous

nous joignons à eux. Dans des moments comme ça, on cause facilement, et nous avons un point commun avec les copains de Cray Valley : leur PDG actuel était le nôtre, auparavant. Ce dernier, en nous quittant, nous avait déclaré, la mort dans l'âme, qu'il aurait dû prendre sa retraite mais que Total lui avait confié une mission importante… À lui, qui avait été parmi les créateurs de Cray Valley. On connaît sa mission aujourd'hui : brader l'entreprise.

Le but du rassemblement de ce matin est de bloquer le comité central d'entreprise qui doit statuer sur le rachat en question. D'autant que deux syndicats, toujours les mêmes, sont déjà prêts à donner leur aval. Le temps passant, les manifestants commencent à s'échauffer. Tout le matériel de supporteur de foot est mis en action : vuvuzela, cornes de brume, pétards… Le boucan est terrible, et on voit les cadres de l'immeuble commencer à stresser. L'un d'eux, jeune et dynamique, militant CGC par ailleurs, essaie de calmer les manifestants, mais il obtient plutôt l'effet inverse.

Les manifestants pénètrent alors dans les lieux jusqu'à la salle de réunion. Ce qui se fait très rapidement, sans que les deux pauvres vigiles n'interviennent. Nous entrons alors dans la pièce où les délégués syndicaux et les patrons sont déjà en place. Tous les manifestants arrivent à s'entasser dans un tohu-bohu général.

Les manifestants interpellent le PDG sur les conditions de travail, sur le futur, sur la mutuelle qui sera moins bonne chez Arkema. J'en passe et des

meilleures, mais les propos vont loin. À ça, le PDG réplique qu'il va donner une prime totalement ridicule de 1 750 euros. Les manifestants demandent 10 000 euros depuis le début du conflit. Ce que Total a su donner lors de cessions précédentes.

Les discussions, très animées, durent une heure. À un moment, les représentants de la CFDT et de la CGC, qui voudraient bien signer, se font asperger par des serpentins sortis de bombes aérosol. Le directeur du siège se lève alors et déclare : « Devant le chahut instauré, la réunion est suspendue. » C'est une petite victoire qui retarde juste les échéances de quelques semaines.

Les manifestants sortent plutôt contents, ainsi que les délégués et les patrons. On reste avec les collègues et, ça tombe bien, c'est l'heure de l'apéro. Le pastis sort des sacs, ainsi que les gobelets et l'eau. Il faut bien humidifier nos gorges asséchées d'avoir tant crié.

Plus tard, les manifestants essaieront d'entrer dans le hall de la tour Total pour se faire entendre. Là où, l'an dernier, des CRS nous avaient bien gazés. Désormais de très gros rideaux de fer empêchent toute manifestation de pénétrer les lieux. Il faudra trouver d'autres passages.

Mai 2011.

HOLD-UP AU COMITÉ D'ÉTABLISSEMENT

L'histoire que je vais vous raconter aujourd'hui est un peu de la tambouille interne, mais je pense qu'elle mérite d'être connue.

Les élections professionnelles ont lieu dans chaque entreprise tous les deux, trois ou quatre ans, selon les accords. Il s'agit d'élire les délégués du personnel et les représentants au comité d'établissement. Le CE est prisé des syndicalistes car le job ne se limite pas à l'organisation des colonies de vacances : il donne des moyens et pas mal d'heures de délégation pour militer sur le temps de travail.

À l'usine, la CFDT a perdu le CE il y a dix-huit ans, à cause de militants indélicats qui l'utilisaient à leur avantage (vacances gratuites, magouilles financières). Depuis lors, c'est la CGT qui gère les affaires. Bon, sans faire de la retape pour mon syndicat, on y compte des militants bien investis et assez radicaux. Les directeurs précédents ont fait avec mais, cette fois, la nouvelle équipe est particulièrement anti-rouges, et elle ne veut plus de la CGT.

En septembre 2010, après avoir revu à la baisse le nombre d'heures de délégation, la direction des ressources humaines a proposé un nouvel accord électoral comportant une redéfinition des quotas et du nombre d'élus. Avec ce nouveau calcul, la CGT allait perdre des sièges et devenir minoritaire. Nous avons dénoncé cet accord et fait intervenir un inspecteur

du travail qui, au bout de six mois de procédures, nous a en partie donné raison.

Les élections se sont déroulées début avril dans une ambiance assez lourde. Résultat des courses : la CGT y laisse quelques plumes mais reste majoritaire, avec 52% des voix et trois élus, la CFDT compte deux élus et la CGC un seul.

Sauf que, malgré ces résultats, la CFDT a revendiqué la gestion du CE! Ce syndicat est composé de contremaîtres, de chefs d'équipe et autres «pousse-culs» qui en ont plus qu'assez de voir le CE aux mains de prolos. Depuis dix-huit ans, ils se targuent d'être de meilleurs gestionnaires. Reste à savoir les choix qui seront faits, et en faveur de qui...

Pour reprendre son fief perdu, la CFDT s'est alliée avec la CGC afin d'égaliser à trois élus partout. Il aurait fallu que le directeur de la boîte vote pour la CFDT afin que celle-ci l'emporte, mais c'était un peu trop voyant. Le syndicat de François Chérèque a donc trouvé la faille : en cas d'égalité, c'est le plus vieux qui est élu. Il a donc présenté un candidat de quelques mois plus âgé que tous les élus CGT. Fallait y penser...

Dans les ateliers, la plupart des salariés rouspètent d'être mis devant le fait accompli. Nombreux sont ceux qui se sentent trahis, comme si on avait volé leur vote. D'autant que celui qui a décroché le poste de secrétaire du CE a une réputation d'arriviste, de mec qui a grimpé les échelons sur le dos des autres. De plus, son vrai boulot est de restructurer la boîte pour la direction. Ça laisse rêveur pour la suite.

Et l'on sait que son «challenge», avant ces élections, était de récupérer les locaux du CE (assez grands, j'en conviens) pour le service formation de l'usine.

Parmi les prolos (où la CGT reste archimajoritaire), les militants CFDT passent en général pour être cul et chemise avec la direction de l'usine : ils mangent ensemble à la cantine, s'appellent par leurs prénoms même en réunion... Et le jour des élections, la DRH a passé son temps avec les militants cédétistes.

On sait également quelles sont les mesures prises lorsque la CFDT reprend un CE à la CGT. Les copains de Renault-Cléon l'ont subi : attribution de chèques vacances sans tenir compte des revenus, abandon des aides sociales, propositions de voyages et de vacances correspondant aux critères des cadres (Club Med plutôt que villages de vacances), etc.

Aux salariés de ne pas se laisser faire. Quant aux militants CGT qui donnaient beaucoup de leur temps pour les activités sociales, ils vont de nouveau faire du syndicalisme, et ce n'est sans doute pas plus mal.

Juin 2011.

ANNETTE

En cette période estivale, je peux peut-être vous parler d'un aspect de l'usine qui comptait pour les salariés et qui a disparu parce que leurs visions de vacances sont maintenant calquées sur celles des bourgeois et des agences de voyages.

Tout a commencé à une époque où l'usine comptait plus de 2 000 salariés. Dans le droit social, une partie de la masse salariale doit être redistribuée par les directions pour les affaires sociales et culturelles et, depuis 1949, ce sont les comités d'établissement qui gèrent cette somme. Les congés payés étant une « victoire des salariés », les CE ont essayé de proposer des vacances différentes et pas chères. Seuls ou avec des CE d'autres boîtes, ils ont acheté des terrains pour y faire du camping ou pour monter des bungalows.

Celui qui va servir de décor à cet article se situait à Asnelles, dans le Calvados. Construit en 1967, ce terrain comptait une vingtaine de bungalows en dur qui pouvaient accueillir quatre à six personnes. Ils avaient l'électricité, mais pas l'eau courante. Les douches, éviers et autres étaient extérieurs et collectifs, et servaient de terrains de jeux pour les enfants. Tout avait été fabriqué avec les moyens du bord, par des ouvriers et des syndicalistes. N'empêche que, pour l'époque, ça représentait un vrai plus pour des vacances pas chères.

Annette et Roger en étaient les gardiens. Employés de l'usine (elle en tant que femme de ménage, lui en tant que mécano), ils étaient détachés au gardiennage et à l'entretien des lieux du 1er avril au 31 octobre de chaque année. Ils vivaient dans un bungalow durant ces sept mois. Annette était la maîtresse des lieux. Robert n'était que l'homme à tout faire et surtout à tout boire.

Petite et revêche, les cheveux ultrafrisés, le rouge à lèvres agressif, Annette était généreuse mais se montrait assez autoritaire. Ça plaisait plutôt, car elle encadrait les gamins dont les parents se débarrassaient et, surtout, elle savait gérer ceux qui abusaient du Ricard. Ce village de vacances, c'était toute sa vie. Le matin, avant que tout le monde soit levé, elle allait faire un tour sur la longue plage de sable puis elle rentrait au camp où le devoir l'appelait. Outre le nettoyage des parties communes, elle organisait des tournois de pétanque ou de belote, des soirées moules, des apéros, ainsi que LA grosse fiesta du 14 Juillet. Elle gardait son air renfrogné, mais on voyait qu'elle prenait plaisir à gérer tous ces vacanciers. Même au mois d'octobre, alors qu'il n'y avait quasiment plus personne, elle s'y trouvait bien. Bien mieux que dans son appartement en pleine cité HLM, et bien mieux qu'au boulot, à se lever tôt pour nettoyer les bureaux avant l'arrivée des cadres.

Ça lui plaisait tellement que lorsque est arrivée la retraite, elle a demandé à continuer cette activité. Ce qui lui a été accordé d'autant plus facilement qu'il aurait été difficile de lui trouver une remplaçante qui accepte l'éloignement et la solitude des mois creux.

Le problème c'est qu'au fil des années, le matériel s'est détérioré et est devenu obsolète. Sur le marché des vacances sont arrivés les mobil-homes ou d'autres formes d'habitats. Les salariés ont commencé à bouder le village de vacances. Seuls y venaient encore les retraités qui avaient vieilli avec les bungalows.

À cela il a fallu ajouter les plans de restructuration successifs qui ont diminué le personnel de l'usine et donc la somme allouée au CE. Comme la plupart des CE, celui de l'usine a dû envisager de se défaire d'une partie de son patrimoine.

Le jour où le secrétaire du CE annonça qu'il cherchait à vendre le camp d'Asnelles, Annette se découvrit un sale cancer « dans le ventre », comme elle dit. Elle mourut deux ans plus tard, en mars 2000, le jour même où fut signé l'acte de vente à un homme d'affaires hollandais.

Aujourd'hui, à la place des bungalows se dressent de petits immeubles comme on en trouve beaucoup sur la côte normande. Sans âme, mais confortables. Personne ne s'y côtoie, il n'y a pas de fête ni d'apéro pris en commun. Il n'y a personne pour animer. Il n'y a pas d'Annette.

Juillet 2011.

— VII —

DIRECTION ZOO DE LA DÉFENSE

J'avais pourtant dit que je n'irai plus mais j'y suis allé quand même. J'avais dit à mes camarades et collègues que je ne voulais plus voir la tronche de nos dirigeants et que, donc, je n'assisterai plus aux réunions paritaires au siège de La Défense. Mais, manque de monde, période de vacances, je me retrouve dans la délégation face au DRH général et à ses sbires. Énième réunion en cette fin août pour un dossier qui s'étale et qui a entraîné des réunions (mais aussi des pétitions, des grèves et l'intervention d'un médiateur) depuis plus de deux ans. Faut dire que l'enjeu est conséquent : la direction, sous prétexte de simplification du logiciel de gestion des paies, veut rogner nos salaires. Y a des choses qui sont sacrées et, à part le syndicat CGC, tous les représentants syndicaux parlent d'une même voix. La direction générale voulait réunir les syndicalistes entre le 14 juillet et le 15 août, période habituelle des coups fourrés, mais personne ne s'est présenté à la table de négociation (sauf la CGC, *of course*).

Et, aujourd'hui, c'est encore une réunion pour rien. D'autres sont prévues dans quelques jours, la direction voulant plier définitivement le dossier fin septembre. On va sans doute, sauf si les copains réussissent à se mettre en grève, vers une application unilatérale des volontés de la direction sans accord syndical.

Le midi, avec Bruno et Pascal, on quitte les bureaux pour aller se sustenter. Pas facile, dans le

quartier de La Défense, de trouver un restau sympa. Aux pieds des tours de verre et d'acier, les tarifs pratiqués sont élevés. Les quelques boutiques populaires ont été chassées il y a bientôt un an. Le « petit arabe », le kebab, le restau pakistanais et quelques autres, qui ne défiguraient même pas le paysage puisqu'ils étaient sous terre, ont été chassés sous prétexte de construction d'un nouvel espace commercial de luxe, « correspondant à l'image que veut donner le quartier ». Merci l'EPAD*. Idem : plus de coiffeur afro et les jeunes qui venaient danser du hiphop face aux vitrines qui servaient de miroir ont été relégués bien plus loin.

Donc on se retrouve dans un restaurant sans charme, avec une déco pseudo-bistrot parisien et une carte qui sent le surgelé et le micro-ondes.

Derrière nous, une grande tablée rassemble une douzaine de personnes. Des hommes, la trentaine, tous en uniforme de cadre ou de commercial. Pas facile de faire la différence, même si le costard ne sort pas tout à fait de la même boutique. Comme il fait très lourd dans la salle, presque tous ont fait tomber la veste et ils arborent chemisette blanche (ou à fines rayures) et cravate légèrement desserrée. Plutôt que d'avoir commandé le plat du jour, tous semblent avoir préféré le « hamburger maison » accompagné de feuilles de laitue et de frites surgelées. Peut-être qu'ainsi ils se croient à Wall Street. Ils parlent fort et, pour nous trois, c'est difficile de discuter. Pascal veut même se lever pour les faire taire mais je lui fais signe

---

* Établissement public pour l'aménagement de la région de La Défense.

de laisser tomber. « Oui, je vois, tu observes ce groupe de primates », me dit-il. Et c'est exactement ça.

Il semble qu'il y ait un chef de meute, un meneur. Il parle beaucoup, tient des propos guerriers sur les objectifs de l'entreprise. Les autres boivent ses paroles, ou du moins, veulent le faire croire. Au fur et à mesure, la tablée est de plus en plus bruyante et le rosé doit y être pour quelque chose. Il y a beaucoup de frime aussi, et certains semblent ne savoir utiliser que de pseudo-anglicismes pour s'exprimer. Peut-être se croient-ils dans un film? Il y a aussi un mélange particulier de connivence et de rivalité entre ces personnages.

Tout le monde parle résultats et « règle d'or », concurrence et clients. Tout le monde? Non. Je remarque que l'un d'entre eux ne se mêle pas à la conversation. Il a l'air mal à l'aise et reste le seul à ne pas avoir quitté sa veste. Il est en retrait par rapport à tous ces collègues. Et puis, profitant d'un moment de silence, voilà qu'il lance à l'assemblée : « Je crois que ma femme me trompe. » Oups. Personne ne s'attendait à ça. Il continue : « Je ne suis pas assez souvent à la maison, je fais des heures en pagaille pour la boîte... Du coup Delphine a trouvé quelqu'un. » Il se tait de nouveau, balaie une longue mèche rebelle qui lui cache les yeux puis conclut : « Je le sais, j'ai lu ses SMS. »

Sur ces mots, il se lève et quitte la table et le restaurant.

L'assistance reste coite. Plus un mot. Peut-être a-t-il touché ses collègues là où ça fait mal : leur temps vendu pour l'entreprise les fait passer à côté d'autres choses. Impossible de savoir. Le meneur

reprend alors la main. Il est rouge, au bord d'éclater, le rosé, le manque d'aération et cette scène qu'on croirait tirée d'un film... c'est trop pour lui. Il enlève sa cravate et tout de suite ça va mieux. Alors il peut parler : « De toute façon c'est un looser. Il ne pourra pas rester dans la société. » Et tous de reprendre la discussion, en parlant encore plus fort.

Il est temps pour Pascal, Bruno et moi de quitter ce lieu pas fait pour nous.

Septembre 2011.

DIX ANS PLUS TARD...

Le 21 septembre 2011, accompagné par quatre collègues du syndicat de la boîte, je suis descendu à Toulouse. Commémoration oblige, c'était pour les dix ans de la catastrophe d'AZF. On s'est retrouvé au rond-point du 21 septembre, lieu éminemment symbolique, où se rassemblent chaque année les associations des victimes de l'accident. Étaient également présents la Fédération chimie de la CGT et ses 300 militants venus de toutes les usines chimiques et raffineries de France. Impressionnant de voir ces gens, de Dunkerque ou de Marseille, venus dire que les salariés étaient avec les victimes, puisque lorsqu'une usine saute, ils sont aux premières loges. C'était aussi pour dire que Total devait payer et que nous nous démarquions des propos de l'association des anciens d'AZF, ouvertement propatronale.

Au même moment, à quelques kilomètres de là, la mairie de Toulouse organisait un autre rassemblement, beaucoup plus médiatisé, qui proposait de réconcilier tout le monde, victimes, anciens salariés, et direction de Total dans le même sac. Ce qui, pour nous, était inconcevable. Comme l'avançait l'Association des sinistrés du 21 septembre dans un tract : « Il n'y aura pas d'arrangement », et l'on espère que le procès en appel prévu en novembre rendra, enfin, justice à toutes les victimes. Ce fut un grand moment de rencontres, d'explications, mais aussi de solidarité. J'aurais voulu

vous parler des retrouvailles avec des anciens d'AZF qui ne se reconnaissaient pas dans les propos de l'association des anciens d'AZF, j'aurais voulu vous parler de discussions avec Jean-François, porte-parole d'une asso de sinistrés, ou avec ce collègue de la raffinerie de Grandpuits qui a participé au documentaire produit par Les Mutins de Pangée… mais voilà, je suis pris par les événements et, dans mon usine, on est de nouveau passé pas loin de la catastrophe.

Une semaine plus tard, en ce matin du 29 septembre, vers 8h45, Stéphane m'appelle au téléphone de l'usine : « Il y a le feu sur le compresseur de synthèse ! » Dans cette situation, la consigne est de rejoindre la zone de repli, le temps que les premières manœuvres de sécurité soient faites et que les pompiers interviennent. Je ne travaille plus directement sur ce lieu, mais je le connais bien pour y avoir bossé plus de vingt ans. Donc je quitte mon cagibi et je me rends rapidement vers le bunker où se trouvent la salle de contrôle et les bureaux. Sur le chemin, tout en surveillant sans cesse le lieu de l'incendie, j'entends une explosion et vois un énorme panache de fumée noire… Vite ! Entrer dans le bunker ! Auparavant, j'aperçois des salariés d'entreprises sous-traitantes qui s'enfuient en courant vers leurs voitures, peut-être avec raison. Un type, en haut d'une grue située près des lieux de l'explosion, bat le record de vitesse de descente. Par contre, d'autres, inconscients, restent dehors, les bras croisés, à regarder ça comme un feu d'artifice.

Dans le bunker, plus d'une cinquantaine de personnes s'entassent. Il y a beaucoup de stress, d'autant que cet ate-

lier a connu des accidents graves, dont un que j'avais vécu de très près, et que, dernièrement, plusieurs incidents sur d'autres matériels ont fichu la frousse à plus d'un.

Les copains de la production en poste ce matin font les manœuvres sur leurs écrans. En regardant dehors par les baies vitrées, on voit de hautes flammes et différents panaches de fumée. On entend une deuxième explosion, moins forte. Le problème, dans cet atelier, c'est qu'on ignore si ça va progresser ou pas, d'autant qu'il y a des caisses d'huile pas loin ainsi que des bidons chargés d'hydrogène…

Heureusement, les collègues ont les choses bien en main et réussissent à baisser les pressions et à arrêter les machines. De même, l'équipe de sécurité de l'usine vient à bout de l'incendie avant même que les 70 pompiers de l'agglomération n'interviennent. Par contre, comme ils étaient en première ligne, ils ont eu la peur de leur vie. Pendant un temps, il est question de salariés restés sur les lieux. Il n'en est rien, tout le monde est sain et sauf. Lorsque tout se calme, on compte quatre personnes qui ont fait des malaises. Dont une qui, à une minute près, se trouvait à l'endroit exact de l'explosion.

Une fois encore, on n'est pas passé loin. À l'heure où j'écris ces lignes, on n'a toujours pas les détails exacts – sans doute une tuyauterie d'hydrogène qui a lâché –, mais on sait que les dégâts sont très importants et que les travaux dureront plusieurs mois. On se pose, une nouvelle fois, des questions sur l'avenir de l'atelier et du site.

Octobre 2011.

« PEDRO... ON NE VEUT PLUS DE VOUS. »

Double peine

Dans le précédent numéro de *CQFD*, je vous racontais la dernière catastrophe qui a secoué l'usine, cette explosion qui a provoqué un incendie et pas mal de casse. Heureusement, il n'y avait personne dans les parages, et les collègues ont réussi à maîtriser le feu et à stopper les installations à temps. Encore un vrai coup de chance. Le quatrième en deux ans, ça commence à bien faire.

À l'heure où j'écris cet article, on ne connaît toujours pas l'étendue des dégâts, d'autant que l'explosion a libéré de l'amiante. Du coup, l'atelier a été mis sous « cocon » pour désamiantage, et l'expertise de la casse n'est pas terminée. La direction parle d'au moins quatre mois de travaux de réparation, s'il n'y a pas trop de matériel bousillé. Si c'est plus grave, il est question – à mot couvert – de l'arrêt définitif de l'installation, voire de toute l'usine. Mais il semble que l'incident soit arrivé trop tôt dans la stratégie de désengagement de Total, le proprio : il y a un déficit d'ammoniac sur le marché, et les unités du Moyen-Orient ne sont pas encore opérationnelles.

N'empêche qu'à l'usine, on se pose des questions. Un plan de préretraites en satisferait plus d'un, mais, en termes d'emplois, ce serait catastrophique. Dans la région, le papetier M-Real vient d'annoncer la fermeture de son site normand et la mise sur le carreau

de 330 salariés. Et nos voisins de Petroplus viennent d'apprendre la restructuration de leur raffinerie avec 120 suppressions d'emplois.

Pour en revenir à notre dernier incident, il y a eu quand même des dégâts collatéraux, comme ce pompier qui a perdu de l'acuité auditive pour avoir manœuvré dans le barouf causé par la fuite de gaz (et à 200 bars, c'est une vraie torture façon Guantanamo). Quatre personnes ont également été choquées.

Parmi elles, Pedro. Il est intérimaire et travaille au poste de chargement d'acide. Un poste isolé où sont utilisés du matériel et des produits dangereux. Un poste où devrait être placé du personnel à statut de l'usine, avec une formation adéquate, notamment en matière de sécurité. Pedro y travaille pourtant depuis treize mois. Tout seul, dans son coin.

Au moment de l'explosion, il charge un wagon d'acide nitrique juste à côté de l'atelier d'ammoniac. Il entend un «boum» et voit un énorme panache de fumée noire. Un collègue lui hurle à la radio : « Reviens vite en salle de contrôle ! » Ni une ni deux, Pedro arrête la pompe, ferme la vanne de chargement et monte sur son vélo pour rejoindre la salle bunkerisée qui se trouve à 200 mètres. Malgré son encombrante combinaison anti-acide, il pédale le plus vite possible, d'autant qu'il voit les flammes surgir du toit de l'atelier. Arrivé en zone de repli, il n'est pas bien du tout. Voilà qu'il fait un malaise et des collègues s'occupent de lui. Lorsque débarque la responsable de la cellule psychologique, il passe en

premier. Pedro a été très choqué. Peut-être la peur de sa vie. La psy le déclare en « premier soin » puis en « accident du travail ».

La semaine suivante, Pedro reprend son poste, mais ça ne va toujours pas. L'isolement favorise rarement la joie de vivre, surtout au boulot. À un moment, imaginant ce à quoi il a échappé, il éclate en sanglots. Ces pleurs arrivent à l'oreille du chef de service, et Pedro est convoqué. Le contremaître lui annonce directement que, pour sa sécurité et celle de ses collègues, sa mission à l'usine est terminée.

Pedro croit comprendre qu'on lui offre une pause, et qu'il reviendra d'ici quelques semaines.

« Non, c'est terminé, lui dit le contremaître.

— Je pourrais revenir dans un autre secteur de l'usine ?

— Non, c'est terminé, on ne veut plus de vous. »

Sans autre forme de procès, Pedro se retrouve à devoir vider son casier « dans les plus brefs délais ». Quelques collègues s'en émeuvent, d'autant que certains ont eu aussi peur que lui, mais qu'ils ne sont pas sanctionnés pour autant. Encore heureux ! Le syndicat intervient, mais rien n'y fait, et Pedro se retrouve jeté comme un malpropre. Dans l'usine, la plupart des copains sont dégoûtés de la façon dont est traité cet intérimaire, mais comment réagir dans une boîte totalement arrêtée ?

C'est tout, pour aujourd'hui.

Novembre 2011.

HISTOIRES DE COULAGE

Avant d'entrer dans le vif du sujet, quelques mots sur la situation de l'usine après l'incident du 29 septembre. Certains ateliers viennent tout juste de redémarrer, mais l'atelier d'ammoniac, lieu de l'incendie, ne sera remis en route (peut-être) que d'ici février-mars. Pendant les deux derniers mois, on a eu le droit de la part de la direction et de l'encadrement à une intense propagande contre les inspecteurs du travail et l'administration qui « bloquaient l'usine et voulaient la fermer ». Faut dire qu'avec tous les incidents qu'on a vécus ces dernières années, une plus grande surveillance de l'administration paraît pourtant normale.

Bref. Ce n'est pas de ça dont je voulais vous causer.

Comme dans la plupart des usines et sur nombre de chantiers, les vols de métaux se sont multipliés ces dernières années. C'est même devenu assez grave dans certains cas. Premiers accusés : les gens du voyage. Pourtant ce n'est pas aussi simple. Je ne sais pas si certains collègues pratiquent – ce n'est pas une chose que l'on crie sur tous les toits – mais on sait qu'il y a des entreprises sous-traitantes impliquées. D'autant que les patrons de ces boîtes laissent faire leurs employés parce que ce n'est pas leur matos et que les salariés améliorent leurs fins de mois sans que ça leur coûte. Du donnant-donnant, quoi. Du

coup les gardiens doivent fliquer davantage les sorties de camionnettes.

La législation a changé également, et c'est devenu plus compliqué aujourd'hui de magouiller avec le cuivre ou l'inox. Désormais, le ferrailleur n'a plus le droit de payer en liquide pour du métal reçu, et toute personne qui vient à titre individuel ne peut en vendre que trois fois par an. Mais vu les cours qui s'envolent sur le marché mondial, les salaires en berne et les coups bas sur les prestations sociales, les retraites et autres, ce n'est pas demain la veille que ce trafic s'arrêtera.

Dernièrement, lors d'un arrêt d'atelier pour rénovation, de nouvelles vannes ont été installées. Le lendemain matin, avant le redémarrage, les collègues faisaient une tournée de vérification et ont retrouvé toutes ces vannes… démontées! Les boulons en inox qui les maintenaient s'étaient envolés. Ça n'a pas fait rire tout le monde.

Autre cas, celui de ce type sur un chantier isolé, dont le boulot est d'installer des échafaudages. Il dit avoir trouvé par terre des boulons en inox qui traînaient (15 kg!), les avoir mis dans un sac, qu'il a jeté derrière le mur d'enceinte de l'usine. Ce qui est bête pour lui, c'est que deux gardiens passaient à ce moment-là. Le défendre n'a pas été facile. La direction de l'usine a demandé qu'il soit licencié de sa boîte. « Vous vous rendez compte, l'inox coûte cinq euros le kilo », s'est offusquée la DRH. Mouais, pas faramineux comme récup'… Le type s'est juste retrouvé interdit sur cette usine et n'a pas été viré. Content pour lui.

Enfin, il y a ces salariés d'une société de nettoyage industriel chargés d'assainir le sol d'un hangar d'en-

grais fermé depuis des années. C'est très pollué par des dizaines d'années d'accumulations de nitrate, phosphate et autres. Ils doivent aussi éliminer, avec l'accord de la direction, quelques poutres rouillées. Sauf qu'à quelques dizaines de mètres de leur chantier, il y a un drôle de stockage de ferraille également rouillée, et qui semble abandonné. Qui s'inquiétera de la disparition de ces quelques poutrelles supplémentaires ?

Le week-end suivant, ils vont chez un ferrailleur situé à 80 kilomètres du site, histoire d'être plus tranquilles pour la transaction. Ils avancent le camion et son chargement sous le portique et c'est là qu'une alarme retentit. Ils se regardent. « Merde, dit l'un d'eux. C'est quoi cette connerie ? »

Le patron de l'entreprise de récupération appelle aussitôt les flics. C'est la procédure, et il ne veut pas d'ennui. Après enquête rapide, les poutrelles taxées par la fine équipe avaient été démontées sur un ancien atelier de fabrication d'acide phosphorique. Le phosphate qui servait à la fabrication contenait de faibles particules d'uranium qui s'étaient accumulées au fil des années dans les structures métalliques (et sans doute chez ceux qui y bossaient). La direction, affirmant ne jamais avoir trouvé d'entreprise susceptible de dépolluer ces poutres, s'était contentée de les entasser dans un coin de l'usine. En ce qui concerne les pieds nickelés de la boîte de nettoyage, ils ont été virés et risquent une grosse amende.

Décembre 2011.

2012, ANNÉE DE LA LOOSE

Un matin de plus à l'usine. Un matin de plus dans cette ambiance mortifère. Quelques ateliers fument à peine. C'est désagréable de continuer à venir bosser dans une usine en fin de vie, d'autant que l'agonie dure depuis des années et qu'on ne sait toujours pas quand et comment se déroulera la phase terminale. Vous allez me dire : « Allez, Jean-Pierre, c'est pas la mort ! » Ben, si.

Depuis l'accident du 29 septembre au cours duquel on a, une fois de plus, frisé la catastrophe, rien ne va plus. L'atelier de fabrication d'ammoniac, outre les stigmates de l'incendie, est bardé d'échafaudages et partiellement démonté. C'est gris, triste et sale. Un vieil atelier (plus de trente ans) qui ne donne pas envie.

En salle de contrôle, on se morfond sur le présent et l'avenir. Comme me le dit un copain : « On n'arrive pas à être optimiste. » Après l'incident, la direction avait dit que les travaux de réparation seraient effectués (pour cinq millions d'euros au minimum) et que l'unité redémarrerait en février, voire mars. Elle avait promis aussi qu'il n'y aurait pas de chômage technique, les retards en formation étant tels que le temps « libre » serait mis à profit pour que tout le monde soit à niveau. Aujourd'hui, les travaux semblent gelés en attendant des décisions prises au plus haut niveau.

Par ailleurs, les autres ateliers de l'usine, même neufs, fonctionnent mal, parfois très mal. Ce qui fait que les collègues s'occupent soit en nettoyant un atelier à l'arrêt, soit en courant faire des manœuvres stressantes d'arrêt ou de démarrage. Le tout avec des chefs eux-mêmes stressés...

L'accident de septembre est dû à une petite vanne dont une pièce s'est éjectée. Pas grand-chose, quoi. Sauf que dans les conduites ce n'est pas de l'eau qui passe mais du gaz, de l'hydrogène et de l'ammoniac ! Chaque incident prend alors des proportions dramatiques.

La Direction régionale de l'environnement, de l'aménagement et du logement (Dreal) demande des travaux de sécurisation importants avant tout redémarrage et c'est plus que normal. De leur côté, les élus locaux se posent des questions sur cet atelier dangereux qui occupe peu de salariés. En même temps « l'actionnaire principal » (comme ils disent) – Total – se pose aussi des questions sur le maintien de l'activité, alors que d'ici quelques mois de nouvelles unités basées en Égypte et en Algérie vont commencer à produire et, ainsi, faire baisser le cours de l'ammoniac, ce qui rendra bon marché son transport vers l'usine, où il y a de quoi stocker. C'est même le staff du pétrolier qui a pris les choses en main. Les décisions seront prises en haut lieu, au détriment de la filiale qui gère l'usine.

D'où cette ambiance toute pourrie. Les collègues disent qu'on n'est plus dans une usine qui fabrique des engrais, mais dans des lieux où on fabrique des

procédures. Car c'est de ça dont il est question, l'encadrement et la direction ne parlent plus que sécurité et environnement. Tout manquement aux règles est puni. Les agents de maîtrise se bouffent entre eux, des discours réacs prennent le dessus. Non, je vous dis, c'est pas la fête.

Le *no future*, c'est pas facile à vivre tous les jours. Que faire? Redémarrer en risquant sa peau, arrêter l'atelier, l'usine, ou être vendu à un repreneur pas regardant? Des perspectives pas folichonnes.

La DRH pense même activer une cellule psychologique pour que le personnel voie l'avenir plus positivement!

Aujourd'hui, lorsque je sors de l'usine, je croise Jean-Claude. Il me dit: « Moi, je m'en fous, je pars en retraite dans quatorze jours, mais vous, vous allez souffrir. »

Janvier 2012.

RÉINDUSTRIALISATION ÉLECTORALE

En ce moment, dans l'agglomération rouennaise, nous vivons au rythme de la fermeture annoncée de la raffinerie Petroplus, à Petit-Couronne. Il faut dire que cette grosse usine fait partie de l'histoire de l'agglomération. Première raffinerie française lors de sa construction en 1929, elle fut sabotée pour ne pas tomber aux mains des troupes allemandes en 1940. Les anciens se souviennent encore de ces gigantesques nuages noirs qui ont pollué la région pendant plusieurs jours. Reconstruite après guerre, la raffinerie a été, jusqu'en 2008, propriété de la Shell. Les milliers d'emplois générés par cette boîte ont permis aux communes environnantes de connaître un bel essor. D'un autre côté, si l'usine a participé à l'histoire de la région, elle participe aussi à son environnement parce que, certains matins, ça pue sur une bonne dizaine de kilomètres alentour.

Voilà le topo. Reste qu'en décembre dernier, la société Petroplus (propriétaire actuelle de la raffinerie) a déclaré ne plus pouvoir payer ses créanciers et se trouve depuis en redressement judiciaire avant mise en faillite. Après avoir fermé la raffinerie de Reichstett il y a plus d'un an, c'est au tour de celle de Petit-Couronne. C'est-à-dire 550 salariés et presque autant de sous-traitants qui se retrouvent à la lourde. On le savait que ça ne durerait pas... Et ce dès le début des fermetures des raffineries françaises

orchestrées par Shell. Plus encore lorsque la direction, il y a un an, a rogné sur les acquis – durée du temps de travail, départ en préretraite, congés, etc.

Petroplus n'est pas une boîte d'industriels, c'est juste un fonds d'investissement basé en Suisse. Ils ont fait du fric tant qu'ils ont pu, et puis *basta*. Il semblerait d'ailleurs que ce groupe se traîne pas mal de casseroles financières et qu'il ait détourné du pognon des raffineries.

Ça se passe toujours pareil : les multinationales, pour se désengager de leurs usines, les bradent à des boîtes aux reins moins solides. Au bout de quelques années, les sites se trouvent fermés sans que ça touche l'image de marque du trust et sans que ce dernier ne doive s'occuper des licenciements ou des travaux de dépollution.

Actuellement, au niveau des gros groupes pétroliers, la stratégie est la même : raffiner le pétrole brut directement dans les pays producteurs, le coût social et environnemental étant avantageux, et acheminer le carburant vers l'Europe par supertankers. Il ne s'agit pas de surcapacité de fabrication en Europe parce que « les automobiles consomment moins », comme l'ont dit pas mal de journalistes, mais bien parce que les nouvelles raffineries de Dubaï, ou ailleurs dans ce coin-là, fabriquent de très gros tonnages que le continent asiatique ne consomme pas aussi vite que prévu. Il n'y a pas surcapacité en France puisqu'elle importe près de la moitié de sa consommation via les superstockages de Marseille et du Havre.

Au moment où j'écris ces lignes, le ministre de l'Industrie Éric Besson vient de promettre qu'une solution était en vue pour la raffinerie Petroplus. Sans doute avec le groupe Klesh. Encore un requin de la finance ! Cela se fera à n'en pas douter au prix d'une casse sociale et retardera de quelque temps les échéances. Après les élections.

Donc, depuis janvier, les salariés bloquent l'usine de Petit-Couronne et empêchent la sortie définitive de milliers de tonnes de carburant, comme un trésor de guerre. Des actions quasi quotidiennes sont organisées – blocages de circulation, manifs –, auxquelles se joignent de nombreux salariés de boîtes locales. Tous les jours, à partir de midi, ont lieu des assemblées générales où les salariés viennent en nombre pour s'informer et voter la poursuite du blocage. Le conflit est très suivi et très médiatisé, les salariés étant victimes d'un fonds d'investissement voyou, et les politicards s'y pressent. Les deux représentants de la CGT, Yvon et Jean-Luc, que je connais depuis longtemps, semblent se prêter au jeu et font quasiment un *show* (plutôt Front de gauche que CGT, d'ailleurs) pour motiver les troupes et intéresser les journalistes. Cela fonctionne, mais lorsque je vois que, dans l'assemblée, personne ne prend la parole, je me dis que la délégation de pouvoir a encore de beaux jours devant elle.

Février 2012.

« *TASK FORCE* SÉCURITÉ »

De grands panneaux lumineux ont été installés aux entrées stratégiques de l'usine, comme il en existe déjà plein dans d'autres boîtes. S'affichent les heures et les jours sans accidents du travail, ainsi que des slogans sécuritaires martelés par des Big Brothers aux petits pieds : « Mettez votre casque », « Respectez le code de la route, même à l'intérieur de l'établissement », etc. Les abords de l'usine, trottoirs, parkings, bordures gazonnées ont été relookés. Des arbres ont été plantés. Des peintres sont venus *illico presto* donner un coup de neuf à des couloirs, des portiques et j'en passe. Dans la novlangue des patrons, cela s'appelle le *nice-looking*. Des affiches «sécurité» prônant les « bons réflexes » et les « règles d'or » ont été placées le long des passages principaux. Enfin, les cadres se sont mis sur leur trente et un, arborant un costard ou trimballant leur cravate dans l'attaché-case.

Parce que voilà, « dans le cadre du Safety Tour », les nouveaux responsables sécurité de chez Total, la maison mère, sont venus voir notre usine, histoire de décerner un *security award* aux pompiers de la boîte qui avaient fait des miracles lors du dernier accident sur l'unité d'ammoniac. Une vraie cérémonie à base de discours et cocktails de jus de fruits à volonté.

Ça, c'était pour la partie émergée de l'iceberg. Les hauts responsables de Total avaient une autre mission. Celle de prendre l'avenir de l'usine en main.

Et l'encadrement de l'établissement, du directeur aux chefs de service, était des plus stressés et dans ses petits souliers. Il faut dire que l'équipe de Total se nommait la *task force*, façon forces spéciales.

Après contrôles, enquêtes et discussions, ce groupe de travail devait prendre *the* décision concernant l'atelier de fabrication d'ammoniac. Les problèmes étaient : cet atelier, après travaux, doit-il être maintenu en activité ? L'usine, qui possède un stock d'ammoniac suffisamment important, peut-elle fonctionner sans cet atelier, en attendant que les unités de production basées en Égypte et en Algérie soient opérationnelles ? Est-il intéressant de la revendre, en l'état ou réparée, d'autant qu'une boîte étrangère pourrait être intéressée ?

Ce genre d'audit a entraîné parmi les collègues un climat plutôt morbide assez dur à vivre. Entre ceux qui espéraient la fin de l'atelier pour provoquer un plan « social », ou qui avaient la trouille de relancer ces vieilles machines vétustes, et ceux qui voulaient que ça redémarre par tous les moyens, même en faisant fi de la sécurité, c'était plutôt tendu. Des agents de maîtrise tenaient des discours réacs, les ingénieurs et les chefs de service, et même la direction, penchaient plutôt vers une restructuration. Un véritable stress a régné pendant deux mois sur l'ensemble du personnel.

Et puis le responsable sécurité de la maison mère est venu annoncer la nouvelle lors d'une réunion spéciale du Comité d'hygiène, de sécurité et des conditions de travail. Ce cadre dirigeant a d'abord fait dans l'humour pas drôle, comme on le lui a

appris, pour détendre l'atmosphère, puis il a asséné ses conclusions à coup de *powerpoints* péremptoires.

Résultat des courses : l'atelier va redémarrer, et 10 millions vont être investis dans des travaux de mise aux normes.

Une partie de l'auditoire a été surprise du redémarrage prévu, mais 10 millions, ça ne représente pas grand-chose pour ces boîtes, étant donné la progression des ventes de fertilisants qui compensent l'usure des sols.

Par contre, les syndicalistes du CHSCT se sont senti piégés, le cadre faisant du chantage : c'est ça ou vous assumez l'arrêt définitif de l'atelier. L'autre piège est plus retors encore : en acceptant les travaux, s'il y a un nouvel accident, il sera facile pour la direction de se dédouaner en disant que le CHSCT les avait validés.

Ainsi va la vie de l'usine à l'heure de la désindustrialisation.

Mars 2012.

UN INFINI CHAGRIN

Contrairement à la plupart des anciens de l'usine qui n'aspirent qu'à partir en retraite, il y a quelques énergumènes qui s'y refusent obstinément. C'est comme s'ils voulaient mourir sur scène, du moins dans l'atelier ou le bureau. Il y a toujours eu quelques cadres dirigeants qui se sentaient tellement indispensables qu'ils ne voulaient pas partir. Parce qu'ils avaient une pseudo-mission à terminer, pour ne pas laisser la place à un jeune loup aux dents longues, ou pour qu'on ne découvre pas des secrets qui auraient fait tache sur leur CV, même de retraité.

Depuis quelques années, les connaissances et la pratique des installations s'étant envolées trop rapidement au fil des restructurations, d'anciens cadres en retraite sont rappelés pour des missions plutôt bien payées. Et ils reviennent! Trop contents du fric obtenu et de la valorisation de leur ego... Actuellement, on en voit même un traîner dans les bureaux pour un boulot inconnu qui dure depuis au moins deux ans. Reste aussi quelques salariés qui rechignent à partir, de peur du quotidien hors de l'usine, ainsi que de leur avenir.

Martine, au service paie, aurait pu s'en aller lors du dernier plan de suppression d'emplois. Bonne camarade, elle a laissé passer devant ceux et celles qui voulaient faire valoir leur droit à la préretraite. Mais elle me confiait également : « J'ai trop peur

de me retrouver seule avec mon mari, dans notre grande maison. Il n'aime pas sortir et moi, c'est le contraire. » Le problème, pour Martine, c'est que son travail s'est dégradé dès lors qu'elle a pris son irrévocable décision. Ses deux collègues, qu'elle appréciait, ont été virées, et elle s'est retrouvée avec, pour seuls interlocuteurs, son PC et ses programmes sophistiqués. Son travail est devenu de plus en plus fatigant au fur et à mesure que les dossiers se sont accumulés sur son bureau. Elle avait raté le coche de la préretraite et devait attendre quatre ans pour bénéficier de sa retraite normale. Martine en vint même à souhaiter un nouveau plan de restructuration qui n'arriva jamais. Elle, qui était encore jolie et sportive, se mit à dépérir, tomba souvent malade et compta les mois puis les jours. Elle est enfin partie en décembre dernier, sans pot de départ, comme c'est le cas désormais pour ceux et celles qui arrivent à l'âge de la retraite.

Un autre olibrius ne veut pas s'en aller. Lui, c'est un prolo. Le plus ancien de l'usine. Il a 65 ans et compte rester encore cinq ans de plus ! Pascal est repérable de loin, avec ses cheveux blancs sous sa casquette rouge. « Il fait vraiment vieux », avancent certains. « Il travaille encore ? » disent d'autres. Pourtant, le travail pénible, il connaît : aux expéditions d'engrais, il a chargé sur son dos des sacs de 50 puis 60 kg. Les années passant, il est devenu conducteur de chariots élévateurs puis fut muté à la manœuvre des trains dans l'usine. Mais courir après les wagons, passer en dessous, les accrocher, à 60 ans et des brouettes, c'est dur. Et le risque

de commettre des erreurs est plus grand : dernièrement, il n'est pas étranger au déraillement d'une rame de wagons heureusement vides.

Comme il ne veut toujours pas partir, la directrice des ressources humaines cherche un emploi correspondant à ses capacités, mais cela devient très compliqué. Il risque fort d'être jugé inapte avant d'être renvoyé. Seulement voilà, Pascal est un taiseux et un vieux garçon. Sa seule activité sociale, même s'il ne se lie pas beaucoup avec ses collègues, semble être l'usine. Pour arranger le tout, il y a quelques années, il a trouvé son frère pendu dans la demeure familiale alors qu'il venait d'être mis à la retraite. Il préfère donc rester au turbin.

Pendant que certains aliénés du boulot veulent continuer jusqu'au bout, Jean-Marie, lui, ne reviendra plus jamais à l'usine. On ne sait pas si c'est la cigarette ou les vapeurs nauséabondes dans lesquelles on bosse qui ont eu raison de lui. Toujours est-il que, mort à 55 ans, il n'aura même pas atteint l'âge de la retraite.

Avril 2012.

J'aurais pu vous parler de trois collègues (ou ex) qui viennent de passer l'arme à gauche durant le mois écoulé, pour cause de cancer ou d'amiante et dont deux n'avaient même pas atteint l'âge de la retraite. Mais vous diriez que je fais dans la sinistrose, que je plombe l'ambiance, alors laissons le pessimisme pour des jours meilleurs et regardons un de ces (trop) rares moments positifs que nous pouvons vivre à l'usine.

Jadis, je vous avais fait un topo sur des affaires que mon syndicat avait portées devant le tribunal des prud'hommes. Cinq au total. On sait qu'avoir recours à la justice intervient toujours lorsque la combativité n'est pas au summum, d'autant que la justice, ça dure des années. N'empêche que le dossier le plus ancien vient enfin d'aboutir.

L'histoire concerne un plan de «sauvegarde» de l'emploi qui a donné lieu à des départs en préretraite ou à des mutations dans plusieurs usines de la région. Certains ont atterri chez Petroplus ou M-Real, actuellement en cours de liquidation, ou dans ma boîte. Sur les 10 gars arrivés ici, sept, âgés de 50 ans à l'époque mais nés avant mars 1956, étaient éligibles au départ en préretraite à 52 ans, comme le PSE le stipulait. Ils ont donc signé une clause à l'embauche, afin de profiter, lorsque l'âge viendrait, de ces mesures avantageuses du plan de restructuration.

Lorsqu'ils ont atteint l'âge requis, ils ont fait valoir leurs droits. Sauf que la direction n'a pas voulu en entendre parler. Pire, l'un d'eux a même été licencié pour inaptitude, comme ça c'est le Pôle emploi qui le paie jusqu'à la retraite. Une autre affaire qui traîne toujours aux prud'hommes.

Ne pouvant donc partir en 2008, les autres se sont tournés vers la justice qui, en janvier 2009, leur a donné raison en les déclarant « éligibles au bénéfice de ce protocole ». Bien sûr, la direction a fait appel, histoire de faire durer le plaisir.

Le second procès ne s'est tenu qu'un an et demi après, en mai 2010, et a donné une nouvelle fois raison aux copains. Rien n'y fit car nous avons le triste privilège d'être dirigés par de très mauvais perdants. Pour ne rien arranger, la cour d'appel a omis de prévoir une quelconque astreinte financière au cas où la direction obligerait les collègues à continuer de bosser. Comme si ça ne suffisait pas, elle a aussi demandé l'arbitrage d'un juge d'exécution des peines pour avoir une « meilleure compréhension du jugement » *[sic]*, ce qui a eu pour effet de repousser encore l'échéance à juillet 2011, date à laquelle le juge, plutôt tendance Medef, s'est déclaré incompétent, et la direction a renvoyé l'affaire devant un juge de proximité. Ce dernier, plutôt en colère vis-à-vis de son confrère, trop timoré à son goût, et de la direction de la boîte, a réaffirmé le 5 avril dernier que les salariés devaient partir. Prononçant par là même une demande de dédommagement de quelques milliers d'euros pour les plaignants et une astreinte de

1 000 euros par jour et par salarié à partir du 15 mai, aux frais de la boîte.

Cette fois, la direction ne peut plus se soustraire à ses obligations et, à l'heure où vous lirez ces lignes, les copains auront quitté le boulot dans d'assez bonnes conditions.

Bon, on ne va pas dire que c'est une grande victoire des travailleurs, d'autant que les copains ont dû attendre près de quatre années et qu'il y a eu de grands moments de découragement. N'empêche qu'ils partent quand même à 56 ans. Un fait plutôt rare qui a réjoui tout le monde dans l'usine. Les voir partir avant l'âge légal actuel, c'est comme un sacré pied de nez aux dirigeants de Total ainsi qu'à Fillon et consorts.

Tout le monde est content, pas tout à fait : la direction n'avait ni envisagé ni prévu leurs départs. Elle savait qu'elle perdrait un jour, mais semblait se satisfaire du temps gagné, sans envisager le futur. Les remplacements de certains des partants vont se faire à l'arrache et il n'y aura même pas de formation ni de passage de connaissances pour ceux, ou celles, qui seront embauchés ou mutés à leurs places.

Comme d'hab'.

Mai 2012.

OÙ IL N'EST PAS QUESTION DU TAULIER
MAIS DE LA TAULE

Ce mois-ci, j'étais peu à l'usine. D'une part, en mai, il faut brader ses congés sous peine de les perdre et, donc, j'ai pris des vacances, mais je me suis aussi pas mal déplacé à travers la France pour présenter mes bouquins. Parmi ces déplacements, je me suis retrouvé à intervenir en prison. Au centre de détention (CD) de Val-de-Reuil (Eure). Ce n'est pas la première fois que j'interviens en prison. Ce sont des moments forts, du coup, j'accepte toujours les invitations dans ces lieux. Je n'y vais pas pour rien. Je n'y vendrai pas de livres et bien peu de ceux avec qui je parlerai liront ma prose, mais ce n'est pas le but. Bien sûr, je sais aussi que c'est facile d'intervenir en taule quand on en ressort le soir.

Au CD de Val-de-Reuil, ce ne sont pas des tendres, puisqu'il s'agit de longues peines et ceux qui viennent me voir sont condamnés à plus de douze ans. Braquages, trafics, meurtres, etc.

C'est Pierrot, le premier, qui me prend en sympathie et qui me chaperonne. Âge indéterminé, tombé pour braquage (« mais je suis innocent »), il attend la conditionnelle, comme la plupart. C'est d'ailleurs l'espoir de tous ceux que je croise. Il s'occupe de la bibliothèque de la prison. Pierrot me raconte sa vie, du moins sa version : le Maroc, son eldorado (et j'imagine bien les trafics qu'il organisait et dont il me parle

à mi-mot), la taule, bien sûr. Il a tout du Titi parigot, la gouaille et l'air canaille. Par contre, il filtre un peu mes interlocuteurs. Hors de question qu'un «pointeur» viennent me voir. Ce sont ceux qui sont en taule pour viol ou pédophilie. Ils sont nombreux dans le centre et c'est dur pour eux. On me raconte quand les gardiens envoient Untel « prendre sa douche » avec un nouvel arrivant et lui disant : « Il a violé trois gosses. » Inutile de faire un dessin sur l'état dans lequel se retrouve le pointeur après « la douche ».

Il y a Yvon, le Breton, qui présente bien. La cinquantaine, il sortira théoriquement en conditionnelle dans trois mois. « Et là, j'arrête les conneries. Maintenant je me range. Je vais m'occuper du restau avec ma femme, point barre. De toute façon, ma femme ne supporterait pas que je retombe. Parce que quand on est en taule, la famille souffre aussi. »

Il y a cet autre. Cassé. Il s'exprime avec difficulté et tremble sans arrêt. C'est Pierrot qui parle pour lui : « Ça fait quarante ans qu'il est en prison. Quand ils disent, à la télé, qu'on sort au bout de vingt ans, tu parles. Lui, il était de toutes les mutineries en prison. Et ils l'ont cassé. Lors d'une opération chirurgicale, le bistouri a glissé et regarde comment il est… »

Rachid, lui, s'en sort mieux. Il est jovial et on le croirait tenir un commerce. « Moi, j'm'en sors bien. J'ai pris trente ans, et j'en ai encore cinq ou huit à faire. Mais j'me débrouille. » Il s'occupe d'associations sportives de prisonniers, organise des matches et des tournois inter-prisons. Il a fait venir Trust et Grand Corps Malade ici. « J'ai un carnet d'adresses. »

Mytho ? Je ne sais pas. À l'écouter il a fait sa vie ici et semble la gérer, comme le bureau de tabac que tient sa femme et dont il gère la comptabilité.

Il y a cet ancien médecin qui en a pris aussi pour trente ans et qui passe tous les diplômes possibles. Il sert également d'écrivain public et n'arrête pas d'écrire à l'administration lorsqu'il constate des dysfonctionnements.

Enfin, il y a cet autre, de type maghrébin, grand, sportif, plutôt beau mec. Lui aussi passe des diplômes. Là, il est sur un doctorat de philosophie, « mais je ne trouve pas de réponse ». Il a le regard perdu et va mal. J'apprendrai qu'il a tué sa femme et qu'il ne s'en remet pas.

Et puis, sans doute à cause des titres de mes bouquins (*Tue ton patron* ça fait causer), ils me parlent de l'usine, du travail. La plupart de ceux que je croise ont préféré éviter l'usine. « Mais j'ai du respect pour les ouvriers, me dit Pierrot, moi ce sont les banques et l'État que j'ai attaqués. » Un autre dit n'avoir travaillé que quelques mois sur un chantier et y avoir connu une vraie solidarité, « pas comme en taule. »

Arrivent ensuite comme des revendications qu'ils ne peuvent pas voir aboutir, vu ce lieu sans droit social. Ils sont quasiment tous obligés de bosser, pour rembourser la partie civile, pour cantiner, pour avoir un petit pécule en sortant ou pour avoir un aménagement de peine, mais ils dénoncent tous les cadences de la chaîne, des jours où il faut travailler beaucoup et les jours où il n'y a rien à faire, suivant les « concessionnaires » qui ont des contrats avec la prison. De

grosses entreprises, souvent. Ce qu'ils dénoncent tous et qu'ils vivent comme une injustice, surtout, c'est que sur leurs fiches de paie, ils voient qu'ils paient des cotisations vieillesse, mais que, à cause du taux horaire trop bas et du nombre d'heures effectuées, ces trimestres de travail ne seront pas comptabilisés au moment de leur possible départ en retraite. Oui, même en prison, on pense à la retraite !

Juin 2012.

LE PETIT CHEF DES POMPIERS

Le service sécurité dans une boîte comme la mienne est un secteur devenu important depuis l'accident d'AZF et toutes les mesures qu'il a fallu prendre par la suite (loi Bachelot et application des mesures dites Seveso). Cela s'est concrétisé par une multiplication de procédures qui ont transformé l'usine en une administration soviétique. Il faut désormais remplir de plus en plus de documents qui doivent être signés et validés par toute la hiérarchie, car il faut que chacun soit couvert. Cela entraîne un vrai retard dans les travaux de maintenance et de réparation. La direction actuelle s'est lancée dans une véritable course à la sécurité avec des « règles d'or », des campagnes de « sécurité active », des « bonnes pratiques ». Affiches et panneaux lumineux aux entrées de l'usine sont autant de rappels à l'ordre : la sécurité doit être partout, tout le temps, dans nos usines. Sauf qu'il s'agit surtout de discours. Dans la vraie vie, la plupart des mesures sont difficilement applicables, par manque de personnel et de fric, et l'on se contente de parer au plus pressé, en retardant certains travaux par exemple.

Enfin, il existe sur l'usine un service «pompier». Ce service, vieux de cinquante ans, a changé. Jadis c'étaient d'anciens salariés de la fabrication ou des expéditions qui constituaient les équipes postées jour et nuit. Le boulot était relativement cool. Il fallait

juste être prêt à intervenir au cas où, en jouant aux cartes ou au ping-pong. Forcément, cela n'a pas duré et, au fur et à mesure, la direction s'est chargée de leur donner davantage de boulot tout en diminuant les effectifs : s'occuper des extincteurs, faire des rondes, remplir des papiers, surveiller des vannes de gaz et d'eau, former le personnel à la sécurité, suppléer au gardiennage, etc. Le profil des pompiers a également changé. Au fur et à mesure des départs des anciens, ce sont des jeunes, souvent sortis des pompiers de Paris qui sont arrivés. Cheveux ras et esprit militaire. Moins de remise en cause et de revendications. Et, même s'ils sont pour la plupart assez sympas, les plus à gauche ont voté Nicolas Sarkozy à la présidentielle.

Enfin, il y a le « chef pompier ». Dans le temps, je ne sais pas si c'est à cause des responsabilités, ça picolait pas mal, et le dernier chef de l'ancienne génération éclusait sa bouteille de whisky quotidienne. Il n'a pas atteint la retraite. Le suivant était carrément encarté au Front national et aimait bien la boisson aussi. Sauf que c'est lui qui a changé la mentalité du service jusqu'à aujourd'hui. Celui-là maniait ses pompiers comme des soldats. Il n'a pas hésité à faire intervenir, sans même attendre l'ordre de la direction, le camion avec lance à incendie contre un campement de Gitans, installé la veille aux bornes de l'usine. Quand il est parti en retraite, tout le monde a poussé un ouf de soulagement.

Celui qu'on a en ce moment n'est pas mal non plus. Question look, il ferait penser à un officier début XXe siècle. La moustache fine et le doigt sur

la couture du pantalon. C. veut que tout le monde l'aime, surtout ceux au-dessus de lui, et fayote comme ce n'est pas permis. À la direction, ils en sont parfois gênés, tellement ça se voit. C. dit qu'il faut toujours « se mettre en avant », « être volontaire » tout en se soumettant à la hiérarchie. Avec lui, rien ne doit dépasser. C'est dire si ça rigole dans son service lorsqu'il est là. Et puis voilà qu'on lui a mis un adjoint, plutôt de la vieille école, qui fait son boulot mais qui ne la ramène pas. C. est parti en guerre contre cet homme qui ne se plie pas à sa volonté : vexations, ordres et contrordres, dénonciation intempestive en haut lieu. Il a même écrit un courrier (que tout le monde a lu dans l'usine) à cet adjoint dans lequel il pointe ses soi-disant manquements. Bref, du harcèlement. Le collègue se retrouve depuis en arrêt maladie pour dépression. C. a gagné.

Comme un petit coq de basse-cour, il marche en gonflant la poitrine. Il est le chef. Sauf que derrière, «ses» pompiers se marrent. Mais lui ne les voit pas.

Juillet 2012.

— VIII —

VIVE LA RENTRÉE !

Lundi 3 septembre, 9h30, réfectoire de l'atelier de fabrication d'ammoniac. Les cadres et les ingénieurs sont partis assister à la réunion hebdomadaire avec le directeur qui leur annonce son départ pour les hautes sphères de la hiérarchie de Total. Il n'aura pas fait long feu, à peine deux ans. Bref, on est tranquille jusqu'à midi. Aujourd'hui, c'est le calme plat. Silence des machines et des ouvriers pendant que les cuillères tournent dans les tasses de café. Les copains sont plutôt abattus. Parce qu'il a fallu se lever à 4 heures ce matin, mais aussi parce que l'atelier est encore cassé et que ça devient plus que grave. Il y a bientôt un an, une fuite d'hydrogène entraînait un incendie qui aurait pu être catastrophique et qui aurait pu rayer l'usine, ainsi qu'une partie de la ville sans doute, de la carte. Heureusement, les collègues ont été plus qu'efficaces et le désastre a été circonscrit à une partie de l'atelier.

Nous, les prolos, pensions que c'en était fini de la boîte, le coup de grâce après toutes ces années de pannes et de tergiversations. Mais non. Total a sorti 16 millions d'euros pour reconstruire le bâtiment endommagé et sécuriser le reste sous la pression de l'administration. Ces travaux ont été faits au détriment des autres ateliers du site, qui ne sont pas en grande forme non plus. Il faut aussi relativiser la somme, ces millions seraient remboursés en un ou deux mois d'exploitation, si l'atelier fonctionnait.

Réparation et sécurisation se sont étalées sur huit mois parce que les entreprises sous-traitantes étaient occupées sur d'autres chantiers, parce que certains intervenants ne voulaient plus venir dans cette usine dangereuse... Mais aussi par manque de personnel qualifié : les plans de suppression d'emplois précédents ayant entraîné une perte d'expérience, il a fallu que tout le monde se forme ou forme les autres. Du coup, on n'a même pas été mis au chômage technique.

Enfin, en mai, l'atelier, «réparé», pouvait «redémarrer». Sauf que, depuis, les problèmes s'accumulent. Lors de chaque essai, il y a quelque chose qui casse, qui fuit, qui s'enflamme. Pompes, chaudière, four... Lors de chaque avancée des manœuvres de démarrage, c'est un nouvel élément qui lâche. Dernièrement, une fuite sur le réacteur d'hydrogène aurait pu très mal se terminer, notamment pour un peintre qui se trouvait juste à côté. C'était le quatrième départ de feu sur l'atelier en deux ans. Nouvel arrêt, nouveaux travaux agrémentés de l'habituel discours du directeur pour dire que l'atelier doit à tout prix démarrer, mais en toute sécurité, et de la non moins habituelle langue de bois des ingénieurs comme quoi tout est sous contrôle en attente de la réalisation des «bonnes» réparations.

La production doit reprendre, entend-on, parce que l'engrais qui sortirait de l'usine a une très forte valeur ajoutée, que les carnets de commandes «explosent», et que les clients sont des agriculteurs particulièrement solvables, même à des prix très élevés, puisque profitant des spéculations sur le blé et le maïs.

On en est là. Les copains sont dans un genre de désarroi. Il y en a même de plus en plus qui ont peur de retourner dans l'atelier. Redémarrer les machines implique d'être sur le terrain et l'on a beau informatiser le matériel, il y a toujours des manœuvres à faire. La prochaine mise en route, pour certains, c'est comme jouer à la roulette russe. En plus, on sait très bien que si cet atelier plante, c'est la fin de l'usine, puisqu'il en constitue le cœur. Mais on n'a pas d'échéance. Juste des menaces voilées du côté de la direction générale.

Il y a une véritable ambivalence qui se crée parmi les collègues. Souvent on se dit qu'il faudrait achever cet atelier en fin de vie avant qu'il ne nous achève nous. Ce qui fait que l'annonce d'un plan de restructuration ou d'une fermeture pure et simple est à la fois crainte et souhaitée. D'autant qu'on vient d'apprendre, lors du bilan social, qu'il y aurait, au 31 décembre, près de 150 salariés ayant plus de 55 ans sur le site (sur 350). Situation jamais vue dans l'usine où l'on partait au pire à 56 ans à cause des plans précédents.

Voilà, c'est la rentrée, et c'est comme d'hab'. Ça fait juste dix ans qu'on est dans cet état d'esprit. Ça devient juste de plus en plus pénible.

Septembre 2012.

SOS MÉDECINS DU TRAVAIL

Dans chaque usine, on essaie de se garder quelques îlots pour tenir. Ce sont les vestiaires, les fumoirs, les réfectoires… Des lieux où l'encadrement se pointe très rarement, sous peine de se faire envoyer balader. Il y a aussi d'autres lieux, plus institués, comme les locaux du comité d'établissement ou, lorsque c'est possible, les locaux syndicaux. Ce sont des lieux presque hors du temps de l'exploitation et l'on s'y attarde en fonction des rapports qu'on entretient avec la hiérarchie ou avec le boulot.

Il reste un autre lieu de plus en plus fréquenté par les collègues, c'est l'infirmerie. D'autant plus lorsque l'infirmière a tendance à considérer le personnel, majoritairement masculin, comme ses enfants.

C'est pourtant un lieu qui se rétrécit, car il représente souvent un coût et parfois un contre-pouvoir dont les patrons voudraient se passer. Depuis des années, la médecine du travail est attaquée par le Medef. Les visites médicales sont espacées et il existe même des entreprises où les salariés n'ont qu'une visite médicale d'embauche. Les postes de médecins du travail, quant à eux, se réduisent ou sont occupés par des médecins intérimaires qui ne connaissent pas toujours tous les tenants et aboutissants de l'usine, les produits utilisés, les émissions nocives, les rythmes de travail, etc.

Ici, vu les risques chimiques et industriels, la présence d'un médecin et d'une infirmière est obligatoire.

Quand je suis entré dans la boîte, le médecin était un ancien militaire en retraite avec tout ce que cela comporte. En plus, à chaque visite, il nous citait un morceau de la Bible ou des évangiles (si, si). Ensuite on a eu une femme, fille d'un directeur réputé d'un secteur psychiatrique de la région. Elle ne faisait ce boulot que « pour son argent de poche », comme elle disait. Elle avait également la haine des prolos qui, pour elle, étaient tous des alcooliques. Du coup, pour supprimer ce vilain vice, elle a fait installer des distributeurs de sirop de menthe et de grenadine partout (ce qui a permis à certains de se concocter quelques savoureux mélanges à l'heure de l'apéro).

Ensuite, on a eu droit à un vrai militant. Faut dire qu'être médecin du travail peut se rapprocher d'un véritable sacerdoce : une paie moindre et une position, entre le patron et les salariés, pas toujours simple à négocier. N'empêche qu'en travaillant avec les élus au CHSCT, il a pu mettre en place des protocoles, monter des dossiers pour des salariés ayant côtoyé l'amiante, parler de la souffrance au travail, etc. Il a été un appui important pour les syndicats lorsque ceux-ci ont voulu interdire l'emploi de certains produits cancérigènes. Il a fait son boulot, en somme.

Il va sans dire que lorsqu'il y a eu le plan de restructuration et que l'effectif est passé à moins de 500, ce médecin a dû trouver une autre usine pour emmerder un autre patron.

Nous nous sommes retrouvés alors avec une médecin à mi-temps venant d'une entreprise sous-traitante. Issue d'un milieu qu'on dira «favorisé», elle

s'est d'abord montrée plutôt timorée en suivant à la lettre les directives patronales (son entreprise dépend directement du Medef). Mais, témoin de nos conditions de travail, elle a fini par changer de camp. Ce qu'elle me dit, c'est que plus ça va et plus les gens viennent se plaindre de leur travail. Mais ce qui l'horripile particulièrement, phénomène qui s'est accentué depuis l'annonce du report de l'âge de la retraite, c'est le nombre de « séniors dans l'usine » (comme elle dit), qu'elle doit déclarer inaptes au travail de nuit ou à d'autres travaux particulièrement physiques. « Je suis aussi choquée par le nombre de cancers, d'hypertensions, de maladies musculo-squelettiques et autres. Il me semble que la maladie a remplacé la bagarre. Avant les salariés s'engueulaient avec leurs chefs et ça allait mieux après. Maintenant les gens courbent le dos, subissent et du coup c'est le corps qui prend. » Elle sourit et, sachant à qui elle s'adresse, elle ajoute : « Il me semble qu'avant, il y avait plus souvent des grèves aussi. »

Octobre 2012.

« PAYS DE MERDE ! »

Le 9 octobre était une journée de grèves et de manifestations à l'échelle européenne, pour l'industrie et l'emploi, comme on dit. Il faudrait sans doute discuter de l'industrie, mais ce n'est pas le jour. En France, la CGT et quelques SUD appelaient à faire de cette date une journée d'action. Légitimement, à l'usine où je bosse, la CGT appelait à la grève et à manifester à Paris.

La veille de cette journée, alors que les salariés de l'usine se prononçaient en nombre sur leur participation à la grève, le nouveau directeur a convoqué séparément les organisations syndicales pour leur expliquer que ce n'était pas le moment de faire grève, vu la situation de la boîte et de la société. D'autant qu'après une année chaotique, les ateliers fonctionnent tous enfin. Si l'usine s'arrêtait totalement, ce serait la faute aux grévistes (un peu le but d'une grève, non?). Il s'agissait très exactement du même discours qu'avait tenu l'ancien directeur, l'an dernier, la veille d'une précédente journée de grève nationale.

Et donc, l'usine s'est trouvée arrêtée pour vingt-quatre heures.

Le jour de la grève, alors que le silence des machines à l'arrêt régnait et qu'une quinzaine de grévistes de l'usine étaient devant le Salon de l'auto, avec les PSA, Goodyear, Arcelor et autres, avant la manif de l'après-midi, le directeur général s'est

déplacé de sa tour de La Défense pour se rendre à l'usine. Il s'est amené en furie, jouant le rôle du Père Fouettard, auquel il n'aurait plus manqué que la schlag. Faut dire que ce type n'a rien pour lui, et que c'est toujours embêtant de s'en prendre au physique, mais tout le monde, en le voyant, pense au chef nazi du film *Inglorious Bastard*, de Tarantino. Surtout lorsqu'il porte son long manteau de cuir, ça n'arrange pas les choses.

En fait, il n'a pas que le physique, il est autoritaire, franchement à droite et « droit dans ses bottes », comme il aime à le répéter.

Se rendant dans les services et les ateliers, il s'en est pris à tous les salariés à leur poste de travail, requis pour la sécurité, grévistes ou non. Agressif, injurieux, survolté, il a traité les uns de « cons », les autres de « criminels ». Il a tenu des propos des plus mensongers sur les militants syndicaux, sur ceux qui se mettaient en grève alors qu'ils partaient bientôt en retraite, sur les pompiers, « payés à rien foutre », sur la « France, pays de merde », sur le bon vieux temps où il faisait travailler des quasi-esclaves au Qatar, etc. Il a également fait du chantage sur l'avenir, a proféré des menaces personnelles et s'est même fendu d'une note de service contre la CGT.

Pour cette fois, il s'agissait d'une journée d'action au niveau européen, comment aurait-il réagi s'il s'était agi d'un conflit interne ?

Ce type de comportement n'est pas nouveau, les élus et délégués syndicaux qui vont aux réunions du siège à La Défense ont déjà vu ce type à l'œuvre.

N'empêche que, cette fois, les salariés l'ont vécu *in vivo* et ont été particulièrement outrés et agressés. Surtout de la part d'un type grassement payé et qui doit avoir les moyens de se fournir en bonnes pilules pour se calmer.

Il était évident que si cela s'était passé dans l'autre sens, qu'un salarié dise merde au patron, il aurait été renvoyé sur-le-champ. Certains salariés ont essayé de réagir et de lui répondre, mais ça semblait impossible. Le boss en rajoutait toujours dans la surenchère. Alors qu'un copain tentait de discuter sur la légitimité de la grève, le directeur a vu sur le mur du réfectoire un calendrier Pirelli, avec fille en petite tenue, du coup il a coupé court au «dialogue», est parti arracher le calendrier pour le réduire en miettes, en gueulant encore mais cette fois contre la pornographie.

Voyant que toute discussion était impossible, tout le monde s'est tu, attendant que la tempête passe.

Il y a quelques années, un taulier n'aurait pas pu dire le quart de ce qui a été dit ce matin-là. Il se serait pris un pain vite fait. En repartant, il se serait sans doute aussi pris le contenu d'un seau ou d'un sac d'engrais sur la tronche, comme ça s'est déjà fait. Il aurait pu aussi glisser malencontreusement dans les escaliers. C'était le bon temps, ma brave dame. Aujourd'hui, dans l'usine, avec ces ateliers en mauvais état, le personnel est aussi fragilisé et, parfois, n'ose plus se rebiffer. Jusqu'à quand ?

Novembre 2012.

ENVIES DE MEURTRE

Et voilà que je me retrouve une fois de plus à La Défense, au siège social de la boîte, pour un exercice de style imposé que je déteste particulièrement. Personne ne voulant assister à ce type de réunion, mon côté curé a fait que je me suis proposé : être représentant syndical au conseil d'administration de l'entreprise. Déjà que je déteste toutes ces réunions paritaires au siège qui ne servent pas à grand-chose, si ce n'est à nous éloigner du lieu d'exploitation et des collègues, les réunions de CA, c'est pire que tout. Ce sont juste des étapes obligées de la part de la direction générale vis-à-vis de l'administration et de l'actionnaire principal. Tout est déjà préparé à l'avance, les décisions sont prises en amont, dans les bureaux feutrés ou dans les couloirs. Ceux qui participent sont tous des cadres dirigeants, habitués des CA, avec costards sur mesure ou tailleurs de couturiers pour les rares éléments féminins. On y sent une connivence, un entre-soi, un autre monde. Il y a deux ou trois réunions par an et pour moi c'est déjà trop. Notez que ça m'aura permis de trouver matière pour écrire *Tue ton patron 1* et *2*.

À voir leurs tronches et leurs façons d'être, on a plus envie de leur envoyer un pain plutôt que leur serrer la main, mais il faut faire bonne figure. Parfois, j'ai même des envies de kalachnikov ou de .38.

Donc, je me retrouve avec des représentants syndicaux de chacun des syndicats de la boîte. Nous faisons de la

figuration, puisque nous sommes là uniquement, en tant que « représentants des salariés », pour écouter et observer. Si l'un de nous pose une question, il se fait renvoyer dans les cordes sans ménagement. Il va sans dire que nous ne bénéficions pas de jeton de présence. Heureusement.

Il suffit d'attendre que ce soit fini pour retourner à nos activités.

Si ce n'est que depuis que nous avons ce nouveau DG, celui-ci en profite toujours pour recadrer les organisations syndicales. Histoire de faire passer un message. De montrer à ses confrères qu'il tient ses troupes et qu'il sait manager. Ce CA se tient à peine deux semaines après la journée de grève du 9 octobre, et le fait que notre usine ait été arrêtée pour grève lui est resté en travers de la gorge.

Du coup, le DG passe la majeure partie de la réunion à me fixer en tant que représentant de la CGT. Exercice pas simple mais dont je me fiche carrément. Et puis, une fois que le directeur de la comptabilité a donné des chiffres, pour nous invérifiables, mais approuvés par le commissaire aux comptes, voilà que le DG se lance et m'attaque sur les pratiques gauchistes des ouvriers de la boîte où je bosse. Il me cherche mais ne me trouve pas. J'affiche juste un sourire « narquois », comme il dit, n'ayant pas envie de lui répondre. Si je vais sur son terrain je risque de ne pas avoir le dernier mot. Je lui dis juste qu'on n'est pas du même côté et qu'on n'a pas les mêmes objectifs.

Du coup, comme il ne me trouve pas, voilà qu'il s'en prend au représentant de la CFDT qui ne s'y attendait pas.

« Vous ne me servez à rien », crache le directeur.

L'autre est surpris.

« Non, je n'ai plus besoin de vous. Vous ne me servez à rien. Vous n'avez même pas empêché que la grève ait lieu. Vous n'avez même pas sorti un tract pour critiquer la grève et l'arrêt des ateliers. À quoi servez-vous ? »

Là, le DG a attaqué le syndicaliste où ça fait mal. Pendant le mouvement des retraites son syndicat avait appelé à ne pas arrêter les ateliers. Des affiches appelant à ne pas mettre en péril l'usine avaient été placardées. Ça s'était concrétisé par des démissions et des renvois de cartes dans la figure.

Le directeur, en disant « vous ne me servez plus à rien », sait qu'il touche le fondement de ce syndicat qui se vante d'aider à la gestion de la boîte de façon responsable. Qui se plaît dans les tractations de couloir. En plus c'est leur retirer leur statut : dans l'usine, être à la CFDT a permis à la plupart de ses adhérents de pouvoir monter dans la hiérarchie et de se retrouver contremaître ou chef d'équipe. Alors s'ils ne servent à rien, fini les accessions à des postes plus élevés, fini les primes exceptionnelles.

Le cédétiste ne répond pas. Physiquement c'est même visible : il fait le dos rond. À sa place j'aurais quitté la salle.

En fait c'est moi qui fais clore la réunion et le courroux du directeur, en me levant, les autres syndicalistes m'imitent et nous sortons. Ce n'est pas la peine d'aller jusqu'à la mise à mort du collègue. D'autant que si c'est un adversaire dans certains cas et dans certaines luttes, ce n'est pas le principal ennemi.

Décembre 2012.

UN DRÔLE DE CONFLIT

« *With or without you* ». Les paroles de Bono montent dans le crématorium du cimetière rouennais. C'est comme ça maintenant, U2, comme d'autres, a détrôné les *Te Deum* ou la musique de Bach lors des cérémonies funéraires. On se retrouve environ 200, pour un dernier rencard avec Robin. Certains ont revêtu un gilet fluo siglé CGT. Robin était salarié chez Petroplus, pompier et militant CGT. Je l'avais croisé plus d'une fois, lors de réunions, de manifs et de stages. Du genre énervé, un physique et des prises de position dignes de Don Quichotte, il était très impliqué dans le conflit de la raffinerie. Il est mort d'un arrêt cardiaque, le jour de ses 46 ans.

C'est le deuxième qui meurt de mort pas vraiment naturelle, depuis que Petroplus est en liquidation. Un premier, Patrick, s'est suicidé en mars dernier.

Un écrivain, qui suivait il y a quelques années la fermeture d'une usine et qui en a fait un livre, s'enthousiasmait presque à l'annonce que, dans cette boîte-là, quelqu'un était mort. Pour le « côté dramatique » sans doute. Mais, à chaque fois qu'il y a un plan de suppression d'emplois ou une fermeture d'usine, il y a au moins un salarié qui meurt ou se suicide. Il y a toujours quelqu'un pour qui c'est si lourd que la mort prend le dessus. Dommage collatéral, en quelque sorte.

Pour certains des collègues de Robin, sa mort est un peu symbolique de l'avenir de leur raffinerie.

D'autant que Shell, qui avait passé, avec difficulté, un contrat de *processing* pour quelques mois, a annoncé qu'elle ne le renouvellerait pas. Depuis, la raffinerie est en cours d'arrêt. Entre les pseudo-repreneurs, les déclarations de ministres non suivies d'effets, les dossiers incomplets et les pressions des autres multinationales pour fermer le site, l'avenir semble être du côté du *no future*.

Cela fait plus d'un an que le conflit Petroplus dure. Un conflit sans patron (en faillite, il a mis la clé sous la porte) à qui adresser ses revendications. Alors se bagarrer pour en avoir un nouveau n'est pas la perspective la plus enthousiasmante. Le personnel de la raffinerie n'a jamais été des plus offensifs non plus, certains se prenant même pour les rois du pétrole, avec des salaires plus élevés que la plupart des salariés de la région.

Depuis le début, on assiste à de drôles d'assemblées générales, où il n'y a pas de décisions de prises mais où «l'intersyndicale» semble tout faire, tout décider. Les syndicalistes (notamment les deux responsables CGT) font leur show, ils jouent le rôle de leur vie devant des salariés juste venus écouter les dernières infos avant de retourner bosser.

Il n'y a pas de lutte à proprement parler et les heures de grève ont été très rares. Il faut dire que ce n'est pas facile d'occuper une raffinerie, car les contraintes environnementales et sécuritaires « Seveso 2 » obligeraient les autorités à une intervention rapide. Une raffinerie n'est pas non plus le type d'usine qu'on peut autogérer (rapports avec les

pays producteurs de pétrole, transport de brut…). En plus, la moyenne d'âge y est relativement élevée, et l'attente d'un plan de suppression d'emplois serait une perspective intéressante pour plus d'un. Quant aux plus jeunes, ils sont déjà plusieurs à avoir préféré la démission (80 sur 550 salariés).

C'est un peu tout cela qui a donné naissance à cette mythique «intersyndicale» qui passe son temps dans les bureaux des ministres, préfets, marchands de pétrole, financiers et possibles repreneurs. Il s'agit en quelque sorte d'un conflit-spectacle où, faute de vraies luttes, l'accent est mis sur la médiatisation, la venue de politiques, des barbecues géants quasi quotidiens et de très nombreuses manifestations artistiques (expo photos, pièces de théâtre, film, bouquin, etc.). Quant aux quelques actions qui ont eu lieu, il y avait plus de militants des autres secteurs (la Poste, santé, chimie…) que de la raffinerie. Sans doute que les habitants des villes avoisinantes ont plus à perdre économiquement avec la fermeture de cette raffinerie puante et polluante.

Voilà, quelques propos un peu amers sur un conflit qui, je l'espère, ne fera pas école, même s'il aboutit positivement pour les salariés.

Janvier 2013.

C'est un processus qui a mis un peu de temps pour se développer mais, d'un coup, il fallait que ça explose. Comme s'il n'avait plus supporté. C'est quand il a atteint ses 57 ans que Fafa a dit : « Je n'en peux plus ! »

Fafa travaille à l'usine depuis qu'il a 25 ans et il n'a quasiment jamais changé d'atelier. Il a grimpé les échelons et est devenu chef d'équipe. Mais, chef d'équipe dans cet atelier d'engrais, c'est presque faire le même boulot que ses collègues. Lorsqu'il fallait manier la pelle pour ramasser un tas d'engrais tombé des tapis roulants, Fafa le faisait. Maintenant c'est fini. Il reste dans son petit bureau poussiéreux, au cœur de l'atelier, et il n'en bouge plus. Il reste à bougonner parce qu'il en a marre. Marre du boulot, marre de cet atelier dont les planchers sont soutenus par des étais et où des morceaux de béton risquent de se détacher à tout moment. Dernièrement, un gars a failli passer au travers d'un escalier métallique, car une marche bouffée par la rouille s'est cassée sous son poids. C'est plus possible de travailler là et, à son âge, Fafa dit qu'il a assez donné.

En plus, ses genoux, en partie niqués par une pratique quasi pro au Football-club de Rouen, le font horriblement souffrir. Pourtant, il lui arrive de regretter ces moments enthousiasmants de gloire perdue. Maintenant, il a trop mal. Et surtout, comme il a commencé à bosser tard, il n'aura pas ses

annuités avant longtemps et il a bien peur de faire beaucoup de rab jusqu'à la retraite.

Jusqu'à maintenant, il ne s'était pas bilé pour ça. Vu l'état de délabrement de l'atelier, il pensait, comme tous, que ça fermerait et qu'il partirait dans le cadre d'un plan de suppression d'emplois et ça lui allait bien. Mais… rien. Les nouvelles lois sur les retraites ont été comme un coup sur sa tête. « C'est à cause de Fillon que j'suis dans cet état-là », répète-t-il souvent.

Il y a aussi ces kilomètres d'escaliers métalliques et vermoulus à grimper dans l'atelier et… il ne peut plus. Jamais il n'a été envisagé d'installer un ascenseur pour couvrir les cinq étages. Fafa recule le moment où il va falloir qu'il se fasse placer des rotules en titane ou en plastique.

La goutte d'eau qui a fait déborder le vase, c'est une certaine jalousie. Jalousie d'apprendre qu'un des gars de sa propre équipe, qui n'a que 52 ans, va partir en retraite car il a travaillé dans l'amiante. Et ça, Fafa ne le supporte pas. Il ne pense pas que son collègue risque de mourir plus tôt et que chaque bronchite lui fera craindre le pire. Ce n'est pas l'empathie qui étouffe Fafa. Il veut partir et puis c'est marre !

Ça lui a pris au mois d'août dernier, peu de jours après ses vacances. Il n'est pas parti cette année, il est seulement resté avec sa femme, dans leur maison plantée en pleine campagne normande. C'est un matin, à 3h30, quand le réveil a sonné, qu'il a décidé de ne pas se lever. De ne pas y aller. Ses genoux lui faisaient trop mal.

Son médecin l'a arrêté une semaine, suivie d'une autre, puis d'autres. Au bout de trois mois, Fafa a fait

des démarches auprès de la Caisse primaire d'assurance maladie, auprès du médecin du travail de la boîte et d'autres spécialistes pour être déclaré inapte à tous postes de l'usine.

Lorsqu'il a atterri dans le bureau de la direction des ressources humaines, celle-ci l'a prévenu qu'il risquait d'être licencié. Il a répondu qu'il s'en fichait, qu'il avait trop mal pour continuer.

La procédure a duré quelques semaines et, au bout du compte, un après-midi, il est sorti de l'usine, avec son solde de tout compte et sa lettre de licenciement.

Certains disent que lorsqu'ils l'ont vu franchir la grille de l'usine, il ne boitait quasiment plus.

Voilà. Fafa a quitté l'usine. Il sait qu'il risque d'avoir des difficultés financières, parce que ses fins de droits ne vont pas correspondre avec le début de sa retraite. Il dit qu'il s'en fiche.

Avec la prime de licenciement, il s'est acheté des outils et s'est installé comme ébéniste. Parce que c'était ça son occupation préférée : fabriquer des meubles.

Je suis passé le voir dans son nouvel atelier, chez lui. La sciure a remplacé les poussières d'engrais et la scie à ruban fait presque autant de bruit qu'un crible mécanique, mais c'est vrai qu'il boite beaucoup moins.

Février 2013.

GRANDE BRADERIE CHEZ TOTAL !

Il y a eu des signes avant-coureurs, comme le départ de notre directeur alors qu'il n'avait même pas deux ans de fonction sur le site. Il y a eu aussi les départs de certains cadres de l'usine et, plus nombreux encore, du siège social. Comme des rats quittant le navire. Mais on n'a pas trop fait gaffe. Et puis il y a eu les communiqués de presse pour nous annoncer que Total allait vendre sa filiale engrais. L'acquéreur serait Borealis, un groupe autrichien aux capitaux venant d'un fonds d'investissements d'Abu Dhabi. Ce n'est pas à proprement parler un scoop. En décembre dernier, le PDG de Total avait annoncé, malgré des bénéfices record, qu'il y aurait de nombreuses cessions en 2013.

Voilà plus d'une décennie que Total veut se débarrasser de Grande Paroisse. Depuis que Total a absorbé Elf, auquel la branche engrais appartenait. Total a déjà fourgué toute sa filiale chimie à Arkema, pour que le sale boulot de licenciements et de fermetures d'usines n'éclabousse pas son « image ». Par contre, la multinationale n'a pas pu vendre ses engrais à cause d'un événement majeur : la catastrophe d'AZF. Là, ça aurait été vraiment trop voyant, presque grossier, que d'essayer de passer les usines à risque sous le tapis pendant les procès. Maintenant, quatre mois après la fin du procès en appel, les affaires peuvent reprendre leur cours normal et Total d'officialiser cette vente, sans doute préparée depuis des années.

Bon, quitter le giron de Total, trust pétrolier qui se traîne des tas de casseroles (de la Birmanie à « pétrole contre nourriture »), à titre perso, ça ne me fait ni chaud ni froid. D'autant que l'ère Total ne nous a amené que des technocrates et des cadres dirigeants se sentant au-dessus des lois. Changer de taulier, dans nos usines, c'est quelque chose qui se fait souvent. Sauf qu'on n'était plus trop habitués, le règne Elf-Total ayant duré près de vingt ans. En plus, on va certainement y perdre des plumes. Quand on voit la vétusté des ateliers et les pannes récurrentes, on se doute que le nouvel acquéreur va faire le ménage à plus ou moins long terme. De toute façon, Borealis, groupe dix fois plus petit que Total, n'a sûrement ni les moyens ni la volonté de faire les investissements nécessaires.

Bien sûr, au niveau de la direction, on nous vend ce groupe autrichien comme étant le meilleur, qu'on va pouvoir aller de l'avant grâce à leur savoir-faire, etc. Un groupe spécialisé dans les plastiques et le pétrole qui ne possède que deux petites unités de fabrication d'engrais ! En fait on assiste actuellement à un redéploiement international au niveau du marché des engrais azotés. Il s'agit d'un marché juteux car les céréaliers sont riches, les cours des céréales très élevés et le modèle productiviste toujours dominant. Mais ce marché n'intéresse pas Total, qui se recentre sur les recherches et exploitations pétrolières. Calcul différent pour Borealis, sans doute davantage attiré par le carnet de commandes d'engrais – qu'il utilisera pour ses produits ou revendra – que par les unités de production.

302

C'est le même scénario partout : les multinationales, après avoir engrangé de confortables profits, anticipent la mutualisation des pertes. Quand arrivera le moment de la fermeture, le futur acquéreur sera tellement insolvable que ce sera à la collectivité de se charger des licenciements et de la dépollution (plusieurs centaines de millions d'euros pour ma boîte).

Pour l'instant, dans l'usine, ça réagit peu. Seuls les syndicats semblent motivés, d'autant qu'il va y avoir des tas de réunions, d'expertises et que cela va durer au moins six mois. Les copains ne s'en fichent pas pour autant. Mais, pour le moment, c'est juste un changement de patron et de couleur des bleus. Par ailleurs, plus d'un quart des salariés aura quitté l'usine dans les trois ans, pour cause de départs en retraite. Ceux qui resteront seront âgés et un plan de licenciements pourrait être une bonne porte de sortie. Quant aux plus jeunes, fatalistes, ils disent savoir depuis longtemps qu'ils ne passeront pas toute leur vie dans une seule boîte.

Reste les cadres, qui semblent pour l'instant les plus paniqués de devoir quitter le giron de Total. Ils pensaient tous progresser et « faire carrière » dans la sphère pétrolière. Caramba, encore raté !

Mars 2013.

LA QUILLE

Dans l'usine, il n'y a pas eu de plan de restructuration depuis bientôt sept ans, et il n'y a donc pas eu de ces départs en préretraite tant souhaités par les plus anciens. Du coup, la moyenne d'âge étant élevée, on peut s'attendre à ce que, d'ici quatre ans, plus du tiers de l'ensemble du personnel aura quitté l'usine. Ce qui est énorme. Et rien n'a été prévu ces dernières années pour pallier cette perte de savoir. Pour l'instant, la direction essaie d'embaucher pour combler les trous, mais les jeunes n'ont pas trop envie de bosser dans une industrie en perte de vitesse. Heureusement pour la direction, il y a quelques boîtes de la chimie qui ferment dans le coin, alimentant un vivier de salariés. En regardant de plus près, tout en se gardant d'une vision par trop « comploïste », on peut penser qu'un départ aussi massif permettra au repreneur de l'usine de restructurer en économisant un plan de suppression d'emplois. Globalement, cela fonctionnerait, mais on sait qu'il y aura des manques dans certains services.

Le mois dernier, huit sont partis. Sur un total de 340, ça commence à se voir, et ce n'est qu'un début. Parmi ces huit collègues, des copains, mais pas tous. Certains comptaient les jours depuis déjà des années tandis que d'autres semblaient surpris d'apprendre qu'ils devaient quitter le bleu de travail. Jadis, la quille signifiait pot de départ, avec speech du chef

304

de service, organisation d'une collecte, cadeaux et autres. Lorsque j'ai été embauché, le cadeau pour bons et loyaux services, c'était une paire de chaussons et un fauteuil. Pourquoi pas une concession directe au cimetière ? Aujourd'hui ce n'est plus le cas. La plupart des pots, quand ils ont lieu, se font en petit comité ou hors de l'usine. D'une part parce que le « zéro alcool » règne dans la boîte (en théorie, du moins), d'autre part parce que la plupart des collègues n'ont pas envie de faire la fête à l'usine. De plus en plus, d'ailleurs, ils filent en catimini, comme s'ils s'en allaient en congé.

Christian n'est pas de ceux-là. Avec ses allures de bûcheron rigolard, crinière et barbe grisonnantes, il a passé trente-cinq années dans la boîte. Pendant ses dernières années de boulot, il s'est investi dans le syndicat, après avoir occupé une partie de son temps libre à bouquiner la philosophie. Christian a bossé la majeure partie de son temps dans un des ateliers les plus sales de l'usine à fabriquer des engrais. Mais, à cause de ses articulations usées et de problèmes cardiaques, il a fini sa carrière comme gardien. Un gardien philosophe ça ne court pas les rues. Deux mois avant son départ, il a pris la résolution de ne plus bosser à son poste. Sans craindre une éventuelle sanction. Il n'avait pas envie de voir son chef, et ce dernier avait peur des possibles étincelles que produiraient leurs altercations. Christian a donc passé une partie de ses heures de travail au syndicat ou dans les autres services à causer avec d'anciens collègues. Il a sauté sur chaque occasion de réunion pour

305

batailler avec la direction. Il en a aussi profité pour piquer pas mal d'heures au patron, ce qu'il ne pourra plus faire en retraite.

Pourtant, malgré ces arrangements très personnels, Christian est allé de moins en moins bien. « Ce n'est pas le travail que je vais regretter, loin s'en faut. C'est plutôt le fait que j'ai bossé tant d'années, avec des contraintes, des horaires, des collègues, et que j'ai un peu peur de l'avenir, dit-il. C'est un saut dans le vide, une petite mort, une page qui se tourne. » Il a fallu qu'il vide ses armoires et placards au vestiaire. « C'est vraiment bizarre cette impression : comme si tout s'effaçait. Bientôt mon nom disparaîtra des registres. » Oui, c'est ce blues-là qui a atteint Christian. Difficile à imaginer de la part de ce colosse. Arrêter de bosser était depuis des années son souhait le plus fort, mais là, face à l'échéance de la retraite, il a du mal à s'y faire. Fichue aliénation liée au travail salarié !

Pour fêter son départ, il a organisé un pot au local syndical (lieu protégé) où beaucoup de monde est venu le saluer ou le chambrer. N'arrivant pas à quitter ses potes, il a promis de revenir de façon assidue aux prochaines réunions… Puis il est allé, pour la dernière fois, au service du personnel chercher son solde de tout compte.

Avril 2013.

D'UNE FERMETURE L'AUTRE

Le 16 avril dernier, à Rouen, devant le tribunal de commerce, et devant une flopée de journalistes, caméras et appareils photo en joue, 300 manifestants apprennent que les repreneurs de Petroplus ne font pas le taf. Ce n'est même pas la colère. Juste comme un abattement. Une nouvelle annonce de liquidation de boîte. Dans l'assemblée, il n'y a pas que des salariés de la raffinerie, mais ils semblent presque plus déçus que les raffineurs eux-mêmes.

Bien sûr, on pourrait se demander quelle est la légitimité de ces juges du tribunal de commerce qui sont des patrons qu'on a placés là. Leur décision est obligatoirement biaisée par leurs intérêts. Mais les pseudo-repreneurs libanais, panaméens ou égyptiens (même avec le soutien de Montebourg) avaient l'air tout sauf fiables. Pas plus crédibles qu'un Gary Klesh, qui a racheté les usines d'Arkema pour les fermer au bout de huit mois après avoir empoché le pactole. De toute façon, malgré les promesses, quel repreneur aurait investi 450 millions d'euros au minimum, rien que dans les réparations de machines avant le redémarrage ? Seule l'intersyndicale avait l'air d'y croire.

Petroplus, c'était un conflit bizarre, avec des actions médiatiques et peu de mobilisation. Avec une « intersyndicale » qui a fait le show pendant que les salariés déléguaient, sans savoir si cette délégation de pouvoir était due à l'inertie de la bureaucratie syndicale ou au

307

peu de *fighting spirit* des salariés. Un peu des deux sans doute. Résultats des courses : dans les salons feutrés, où se pressaient ministres, élus locaux et industriels plus ou moins véreux, les prolos se sont fait avoir avec ou sans leur consentement. On leur a fait miroiter des choses qui ne se feront pas, on leur a fait croire que tout se joue entre gens responsables. Et quel sentiment d'importance, tout à coup, de se retrouver dans les salons ministériels ! Idem, quand on joue le jeu de la médiatisation à outrance, il arrive que certains prennent la grosse tête devant un micro ou une caméra. Je ne leur jette pas la pierre. Quand on se trouve face à une fermeture de boîte, avec des collègues qui n'ont pas trop envie de lutter, ce n'est pas simple.

Depuis l'annonce du 16 avril, les salariés de Petroplus ont reçu leur lettre de licenciement, sauf une centaine d'entre eux qui doivent rester pour le démantèlement. Il y a toujours des assemblées générales à l'entrée de l'usine, où il est question d'autres pistes de reprise ou de nationalisation, mais avec beaucoup moins de monde. Pire même, ceux qui tiennent les AG ne peuvent plus rentrer sur le site puisqu'ils se sont fait virer.

Et encore, les raffineurs ne vont pas s'en tirer trop mal. Avec les stocks de brut, avec les soutiens locaux et gouvernementaux, leur plan de licenciement ne va pas être trop mauvais. Le gros de la casse sociale, comme souvent, sera pour les entreprises partenaires et pour les emplois induits.

Quant à la dépollution d'un site gorgé d'hydrocarbures, qui va s'en charger et qui va la financer ?

308

Petroplus ne peut pas payer, quant à l'ancien propriétaire (Shell), il ne veut pas payer. Du coup, cette dépollution, qui va s'étaler sur plusieurs années, sera sans doute à la charge des pouvoirs publics.

Que va-t-il y avoir à la place de la raffinerie ? Le port autonome de Rouen a des projets de stockage et de logistique (encore davantage de camions pour transporter... du carburant). Il est aussi question, comme à chaque fermeture de site polluant, d'une fabrique fantôme de panneaux photovoltaïques (très polluants, car le silicium est cancérigène). Tout est possible, surtout le plus absurde. Certes, dans un bel élan d'optimisme, on peut se dire que la fin de la raffinerie signifiera, à moyen terme, moins de pollution dans la région, peut-être moins d'asthmatiques.

Pourtant, cette fermeture n'est pas liée à un combat d'écologistes ou de décroissants. Ce sont les patrons des trusts pétroliers qui ont fourbi cette stratégie. Non pas parce qu'il y a surcapacité de raffinage en Europe, mais pour écouler les fabrications des raffineries construites dernièrement en Asie.

Cet article, juste pour dire qu'on ne peut se satisfaire de ce type de fermeture. Si les Total, Shell, Exxon et autres poussent à la fermeture des raffineries ici, ce n'est pas pour la pureté de l'air, c'est seulement pour augmenter leurs bénéfices.

Mai 2013.

Dégoûtés. Oui, c'est ça, on est dégoûtés. Cet état d'esprit règne dans la plupart des services de l'usine mais surtout dans les ateliers de fabrication. Je vous l'avais expliqué : Total est en train de vendre notre usine. Au groupe autrichien, Borealis, dix fois plus petit que le trust pétrolier. Un groupe financé majoritairement par un fonds d'investissements d'Abu Dhabi. Ça ressemble à d'autres cessions qui n'ont pas vécu longtemps et qui ont entraîné des fermetures de sites. Par ailleurs, Total ayant des rapports privilégiés avec les pays du Golfe, c'est sans doute un renvoi d'ascenseur.

Ce n'est pas le fait de quitter Total qui nous choque. On a trop subi cette « major » qui ne cherchait qu'à se débarrasser de nous et qui n'a fait des investissements sur les sites que par la force des choses et surtout à cause des contraintes administratives.

Pendant ces années, malgré le procès AZF, la multinationale s'est débarrassée de ses petits sites d'engrais, en les fermant ou en les vendant. Sauf que cela s'est toujours passé de façon soft, sans licenciements secs, avec des préretraites et de grosses primes de cession. C'était sans doute à cause d'un deal avec l'État : « Je ne fais pas de vagues socialement, mais je fais ce que je veux, même si c'est limite. » C'était aussi, après la Birmanie, l'Erika, AZF, Pétrole contre nourriture... pour ne pas se faire remarquer une fois de plus.

On commence donc à connaître les ficelles et les façons de faire. Pour une cession, cela entraîne des réunions, des rencontres avec les nouveaux acquéreurs... et, si possible, un mouvement social pour obtenir des garanties, du fric et autres.

C'est vrai que ça a été un peu compliqué d'intéresser les collègues (certains rouspétant même parce qu'ils ne pourraient plus acheter d'actions Total !), mais au fur et à mesure que le temps a passé, des inquiétudes sont apparues. D'autant que c'est encore une des prérogatives des syndicats : ils peuvent diligenter une expertise (financée par la direction) pour étudier si ça le fait ou pas. Et là, ça ne le fait pas du tout : le cabinet d'expertises a découvert qu'il y avait des divergences entre les annonces et la réalité. Bon, c'est difficile à vous expliquer, mais ça craint pour certains ateliers et surtout pour ceux qui y travaillent. Du coup les gens ont commencé à s'énerver. La mobilisation a grossi, AG et rassemblements devant la direction allant au-delà des seuls militants. La presse locale s'est même intéressée à notre cas. Surtout, il était possible, si ce n'est d'empêcher la vente, au moins de reculer les échéances en traînant le PDG devant les tribunaux pour un délit d'entrave avéré (des gens de Borealis intervenant déjà sur site avant la cession, ce qui est interdit). Bref, emmerder le taulier dans un dernier baroud d'honneur.

Mais voilà, ce n'est pas un scoop, la CFDT est toujours le syndicat des coups fourrés et, même s'ils jouent au début les jusqu'au-boutistes, ça ne dure pas longtemps. Les revendications se diluent très

vite dans une discussion de marchands de tapis, une discussion cédétistes-direction qui se termine, entre amis, dans les bureaux de la direction. Et comme, au terme des discussions, il suffit qu'un seul syndicat signe pour que ce soit entériné, Hop ! on a droit à des garanties au rabais... Et une direction qui s'en sort bien. D'ailleurs, le PDG a remercié officiellement les syndicalistes « raisonnables et responsables » pour la bonne conduite des opérations.

Dans les garanties, Total s'engage, s'il y a un plan social dans les trois ans, à reprendre les salariés de la boîte, mais quand on lit bien, on s'aperçoit qu'il n'en sera rien. Là encore, l'ANI* du 11 janvier dédouanera le pétrolier. De même, rien sur des garanties de paiement pour la dépollution du site.

Le seul fait positif, c'est que les copains des ateliers étant dégoûtés, il y a comme une volonté de se bastonner une dernière fois avec cette direction. Tout semble être prétexte à mettre bas les marteaux. Ne serait-ce que pour quelques heures.

Juin 2013.

* Accord national interprofessionnel.

ADIEU PATRON !

Lorsque vous lirez ces lignes, ma boîte ne sera plus dans le giron de Total. Et si c'est le stress chez certains cadres qui ont peur pour leur place sans avoir eu le temps de se faire muter dans la multinationale, la plupart des salariés se fichent du changement de proprio. Notre vie de tous les jours au boulot n'en sera bouleversée en rien. Il faudra toujours se lever trop tôt ou passer des week-ends et des nuits dans les ateliers. Quant à l'avenir du site... Avec Total on allait vers *no future*, avec l'autrichien Borealis, ce sera *kein zukunft*. Sauf peut-être s'ils investissent vraiment dans la fiabilité des installations.

C'est toujours amusant de voir à quelle vitesse un cadre peut tourner casaque. Les voilà défendant le nouveau repreneur avec la même fougue avec laquelle ils défendaient Total hier. Le « savoir-faire autrichien » (sponsorisé par l'argent d'Abu Dhabi) a remplacé la « puissance » d'une multinationale de choc.

On peut espérer que quitter Total fera qu'on n'aura plus la lourde présence de ces cadres technocrates et quasi barbouzes qui venaient en mission pour imposer très autoritairement des mesures ou des règles de travail dont on aurait pu se passer.

C'est peut-être parce que c'est l'été, mais j'ai envie de positiver. Pour plusieurs raisons. La première, c'est que ça nous débarrasse du directeur général actuel. Le genre de DG qui se déplace sur un

313

site en grève, non pas pour négocier, mais bien pour engueuler les salariés, les traiter de cons, d'assassins, d'irresponsables... Plusieurs fois, il a failli se prendre des coups, mais le prolo, en ce moment, n'est pas très violent. Ce DG n'a su diriger qu'avec une ambiance de peur autour de lui. Droit dans ses bottes, il a plus d'une fois tenu des propos racistes sur les Pakistanais ou les Algériens, vite retirés des procès-verbaux de réunions pour éviter des poursuites. C'est bien simple, tous ceux qui le voyaient pensaient tout de suite au nazi d'*Inglorious Basterd*. C'est quand même un signe. Un collègue me disait : « J'en ai connu des boss, tous à faire une même politique de merde, mais quand t'as connu celui-là, les autres te paraîtraient presque sympathiques. » Donc, bon débarras.

Ensuite, l'autre personnage qu'on est bien content de ne plus voir, c'est le PDG de Total. Après Desmaret, De Margerie, cet aristocrate à la moustache ridicule, n'est pas triste non plus. On nous dit que maintenant, c'est difficile de savoir qui dirige une entreprise, avec tous ces actionnaires anonymes qui réclament leurs dividendes alors que les PDG ne sont que des marionnettes. Que nenni ! Les Ghosn, Mittal, Peugeot, De Margerie et autres sont les actionnaires principaux des multinationales qu'ils dirigent. On sait qui ils sont et on saurait où les trouver si on voulait.

Donc, notre aristo moustachu, juste après l'annonce de la liquidation de Petroplus, a fait dans la surenchère en annonçant la fermeture de deux prochaines raffineries très bientôt, soit deux ans avant

314

ce qu'il avait promis lors du dernier conflit des raffineurs en 2010. Mais qui croit encore les promesses des patrons ? Ces dernières années, cinq raffineries ont fermé en France (Reichstett en Alsace, Flandres à Dunkerque, Lyondel Basel à Berre, Petroplus près de Rouen et D9 près du Havre) et c'est l'ensemble de l'activité de raffinage européenne qui est visé notamment pour écouler les productions fabriquées dans les nouvelles raffineries du Moyen-Orient et d'Asie sous contrôle des multinationales pétrolières.

De Margerie, lui, explique que c'est dû à une baisse de consommation des carburants en Europe et en France. Ce qui, hélas, est archifaux : la France exporte 20,5 millions de tonnes de carburant, soit cinq millions de plus en cinq ans. En outre, De Margerie n'est pas à une hypocrisie près, en ajoutant qu'ainsi il contribuera à ce qu'il y ait moins d'émission de CO_2. Surtout lorsqu'on sait que Total, comme les autres, est en train de faire un gros travail de lobbying à propos des gaz de schiste, prétextant que l'économie des États-Unis remonte à cause de ces extractions.

Ces tristes sires continueront à sévir (du moins tant qu'on ne leur en aura pas fait passer l'envie) mais, au moins, ici, dans ma boîte, on ne dépendra plus d'eux.

Sur ce, bonnes vacances !

Juillet 2013.

— XI —

D'UN ATELIER L'AUTRE

Il se trouve que depuis quelques semaines, en plus de mon boulot, je côtoie au quotidien le travail des cheminots. Le comité d'établissement régional de la SNCF, composé de militants CGT et SUD, m'a confié, ainsi qu'à un copain photographe, le soin de faire un livre sur un atelier de réparation de la SNCF (et surtout sur ceux qui y travaillent) : le « technicentre de Sotteville-lès-Rouen », plus connu dans la région sous le nom de Quatre-Mares. C'est un lieu important de l'histoire sociale des cheminots mais aussi de la région rouennaise. Et s'il existe quantité de livres sur les trains, les gares, l'histoire de la SNCF, on en trouve peu qui racontent les conditions de vie et de travail, hier comme aujourd'hui, des ouvriers de base. Je dois dire que le photographe et moi avons eu une approche du milieu qu'un journaliste n'aurait pas pu avoir. Nous n'avons pas été « embarqués » par le service com', seulement adoubés par des gens du syndicat SUD et laissés libres de rencontrer les cheminots autant de fois que nous le souhaitions.

Par ailleurs, étant tous les deux salariés, nous avions beaucoup de choses en commun avec ces cheminots. Même si on n'a pas le même métier, on subit les affres du Salariat et de l'Exploitation (oui, je sais, les grands mots majuscules…) de la même façon. Du coup, partout où nous sommes allés, pendant les moments de boulot ou de pause, tout de suite ça

319

s'est bien passé et il suffisait de prendre une photo ou de tendre le micro pour que les cheminots se lâchent et disent ce qu'ils avaient sur le cœur, sans le filtre de « l'amour du métier » ou de la langue de bois.

Les ateliers de Quatre-Mares sont encore un bastion de prolos qui se bagarrent. Souvent les mouvements de grève de la SNCF ont commencé ici, tout comme ce sont souvent ces ateliers qui ont été les derniers à reprendre le travail. Que ce soit en 1995 contre le plan Juppé, ou en 2003 et 2010 pour les retraites… Et ce n'est pas fini. Nous avons même pu assister à des mouvements inopinés de contestation et de revendication, qui font le quotidien au travail.

Le peuple de ces ateliers est composé d'ouvriers spécialisés, ajusteurs, chaudronniers, fraiseurs, électriciens, etc. Ils ne font pas un travail à la chaîne et, vu de l'extérieur, celui-ci semble intéressant. Pourtant les cheminots se plaignent : de l'intensification des pressions hiérarchiques aux problèmes d'amiante ou de produits dangereux qu'on les force à utiliser malgré les droits de retrait et le CHSCT en passant par le projet de scinder la SNCF et le risque de perte de leur statut pour un tiers des cheminots (50 000). Et surtout, il y a ces 400 locomotives, plus ou moins anciennes, parquées sur les voies de la gare de triage de Sotteville, aux portes des ateliers, qui attendent d'être ferraillées par les cheminots. Alors qu'à l'origine leur boulot c'était de les fabriquer ces machines ! C'est comme un cimetière des éléphants. La plupart de ces locomotives pourraient encore circuler, mais le développement du rail par rapport à la

320

route reste un éternel serpent de mer des discours politiques sur l'aménagement du territoire.

Parmi tous ces personnages hauts en couleur, il y a V., un militant CGT critique, qui a la gouaille des quartiers populaires de la banlieue rouennaise ainsi que le regard malicieux de ceux à qui on ne la fait pas. Les moteurs de sa vie sont la solidarité (il s'occupe des orphelins de la SNCF) et la bagarre contre les patrons. Jeune embauché, c'est le mouvement contre le plan Juppé qui l'a formé. Lorsqu'il manifestait sous la banderole « Grève générale » et participait au comité de grève, malgré les consignes de son syndicat à l'époque. Il raconte lorsqu'il balançait des œufs, avec un copain, sur la quarantaine de non-grévistes des ateliers, lorsqu'il pénétrait par effraction la nuit dans les locaux, pour piquer des torches pour égayer les manifs, lorsqu'il était allé « inviter » les postiers à se mettre en grève, les assemblées générales et tout le reste. Sans parler des caisses de solidarité montées en 2010 lorsque les cheminots avaient fait deux fois quinze jours de grève.

Sur ces mouvements, il est intarissable et n'attend que le prochain. « Tu sais, me dit-il, je me suis toujours mis en position pour pouvoir me bagarrer sans problème. Je n'ai pas acheté de maison, je ne me mets jamais de crédit sur le dos. Comme ça, j'suis toujours prêt. »

Septembre 2013.

PÉNIBLE

Marre. Ras l'bol. Fait chier. Certains jours sont pires que d'autres, et aller au boulot est une souffrance. Le même trajet. Vérifier, en arrivant, si les fumées de l'usine sont « normales » et que le turbin ne sera pas trop pénible aujourd'hui. Se dire quand même que ça ne va pas pouvoir durer encore des années, cette pollution. D'autant que les usines polluantes alentour ferment, celles de « mon » usine se voient encore plus. Serrer les mains des collègues... Passer huit heures ensemble alors qu'on préférerait être ailleurs. Les vacances, c'est fini, et les prochaines semblent si lointaines. Le travail c'est le chagrin, y'a pas à dire.

Bien sûr, et tout le monde en était conscient, changer de patron, quitter Total pour atterrir dans une boîte autrichienne, ça ne change pas grand-chose à notre quotidien de prolos. Même si les nouveaux ont des discours volontaristes, rien ne change. De toute façon, pour l'instant, nos chefs sont les mêmes. Ceux-ci, pour la plupart, flippent de ne plus faire partie d'une multinationale pétrolière, d'autres essaient de se faire oublier parce qu'ils avaient des niches qui cachaient leur incompétence, d'autres font le dos rond.

La « culture d'entreprise » doit changer disent-ils. Des affiches « ordre et propreté » (ah ! ces Autrichiens) ont été apposées partout dans l'usine. Il est aussi question de fonctionnement en organisation

matricielle (et tous, à part le film *Matrix*, on ne voit pas de quoi il est question), et dans la novlangue des dirigeants on nous parle de « Nimblicity », genre de concept encore foireux sur la « rapidité, la réactivité et la flexibilité ».

Bref, on en est là. Pour le reste, toujours pareil. Les ateliers fonctionnent tous, mais avec difficulté, et les problèmes de sécurité sont toujours aussi nombreux. Un intervenant sous-traitant s'est fait écraser un doigt dans une poulie ; une poutre métallique énorme est tombée du toit d'un hangar ; des fuites d'hydrogène apparaissent sur l'atelier d'ammoniac mais on n'arrête pas l'atelier, car il y a trop besoin de produit. Notre quotidien.

Et il n'y a pas que dans ma boîte. Partout nos collègues travaillant dans la chimie et le pétrole se plaignent des mêmes difficultés, des mêmes problèmes de sécurité. On en voit de plus en plus qui craignent l'accident majeur, comme à Toulouse ou à Bhopal.

Sans parler de cette nouvelle réforme des retraites. Ici, on savait qu'on ne serait pas gagnant, et tout le monde attendait de voir où tomberait le couperet. Quand le plan est tombé, ceux qui doivent partir dans les toutes prochaines années ont poussé un ouf de soulagement, même si les cotisations seront plus élevées. Les plus jeunes, eux, ont fait la gueule en voyant le nombre des trimestres de cotisation s'allonger. Mais ça, tout le monde le savait. Par contre, tout le monde pensait avoir un bonus du fait de la pénibilité. Finalement, c'est encore non. Enfin elle sera prise en compte, mais à partir de 2015 seulement,

et pas de manière rétroactive. Ils ont travaillé en poste vingt, trente, voire quarante années, à faire des nuits, à venir bosser le week-end, dans des atmosphères polluées, chaudes, humides, étouffantes et que dalle. Même pas la possibilité de partir un peu plus tôt. Il paraît qu'on vit plus longtemps. Il paraît. Quand on voit la liste des copains morts ou atteints de sales maladies, on n'y croit pas.

Personne, parmi les représentants syndicaux, n'a tiqué sur cette absence de prise en compte de la pénibilité déjà subie. Il faut dire que les pontes syndicaux qui vont dans les salons ministériels ne bossent plus depuis longtemps, ou viennent de bureaux de la fonction publique. La pénibilité n'est pas dans leurs préoccupations.

Encore et toujours ce sentiment d'abandon qui risque d'entraîner certains prolos vers de mauvais choix politiques dans les mois à venir. En attendant ces funestes échéances, lors de la journée du 10 septembre, les collègues étaient très nombreux à faire grève et à manifester. Ce qui n'était pas le cas partout. La moitié des installations de l'usine étaient arrêtées pour fait de grève. Des services jamais en grève se sont bougés. Au grand dam du nouveau PDG qui ne comprend pas qu'on arrête une usine pour une grève « politique ». Ça ne se passe pas comme ça dans son pays [sic].

Sauf que c'était juste une « journée d'action » qui semble sans lendemain. Loin d'être une victoire des travailleurs. Et pendant ce temps-là, le boulot est toujours pénible.

Octobre 2013.

TRAVAILLEURS, TRAVAILLEUSES...

C'est vrai, 8 mars ou pas, je ne parle pas souvent des femmes de mon usine. C'est aussi vrai que, lorsqu'on travaille à la fabrication, on en côtoie très peu : juste les femmes de ménage qui arrivent encore plus tôt que nous au turbin, l'infirmière et les serveuses de la cantine. Les seuls endroits où le travail est plus « spécifiquement » féminin, c'est l'administration, la comptabilité, l'accueil des chauffeurs routiers et le labo. À l'autre bout de la chaîne hiérarchique, depuis quelques années, l'encadrement s'est légèrement féminisé, mais pas n'importe où. Pas aux postes stratégiques que se gardent nos cadres machos. On retrouve des femmes aux ressources humaines, à l'environnement et à la sécurité... Évidemment ?

Il y a près d'une vingtaine d'années, deux jeunes femmes ont été embauchées au sein du secteur informatique. Il se trouve qu'elles étaient syndicalistes, d'extrême gauche, et combatives. On peut dire qu'elles ont fait évoluer les mentalités des prolos de la boîte en ne se laissant pas marcher sur les pieds par le patron. Du coup, elles n'ont pas eu de mal à se faire une place et à être vraiment reconnues par les collègues. Elles n'ont pas eu besoin non plus de ferrailler longtemps pour que les calendriers et autres photos de filles à poil disparaissent des réfectoires et des ateliers.

Aujourd'hui, l'une d'elles est partie et travaille dans les risques technologiques, « pour emmerder

325

encore plus les patrons », et l'autre est toujours présente sur le site, où elle s'investit énormément dans le comité d'hygiène et sécurité, au grand désespoir de nos différentes directions, car quand elle s'occupe d'un dossier (amiante, risques explosifs, rythmes de travail...), elle ne le lâche pas. Mais c'est d'une autre femme dont il va être question.

Odette a été embauchée il y a quatre ans, quand une loi sur l'égalité au travail a stipulé que les femmes pouvaient travailler la nuit et postuler à tous les travaux dits masculins. Cela fit d'ailleurs s'enorgueillir la DRH : avoir embauché une femme, jeune, black et issue d'un quartier difficile... elle faisait dans le social et le féminisme à la fois. Ce fut, semble-t-il, la seule qui se présenta pour un poste en fabrication, car depuis, pas une femme n'a pris sa suite. Certains vieux militants de la CGT dirent que ce n'était pas une bonne chose car travailler de nuit ou les week-ends n'est pas franchement libérateur, mais si c'était au nom de l'égalité, ils ne pouvaient se prononcer contre.

Odette fut postée dans mon atelier, réputé plus « propre » et plus « civilisé », le personnel y étant un peu plus qualifié. Mais accepter une femme dans une équipe ne fut pas si simple. Certains vieux ours n'avaient définitivement pas envie de travailler avec une « gamine ». Pourtant, dans l'équipe où elle a atterri, ce furent les mecs qui changèrent un peu : certains arrêtèrent de péter ou de roter en public et surtout chacun châtia son langage, il n'était plus question de traiter l'autre de gonzesse ou d'en avoir plein les couilles.

Mais, si elle faisait correctement son boulot, elle a eu du mal à s'intégrer. Odette se sentait forcément seule dans cet univers viril. Ses collègues masculins par galanterie ou se voulant protecteurs l'accompagnaient souvent sur le terrain pour l'aider à fermer une vanne trop rouillée ou ramasser du matériel jugé trop lourd pour une femme. Ce ne fut pas du goût de son chef d'équipe qui la trouvait insuffisamment autonome et qui voyait en elle un poids pour l'équipe. N'arrivant pas à se faire une place, mais aussi parce qu'il y a trop de fuites et de risques dans l'atelier, Odette vient de démissionner. Elle a trouvé un boulot dans un laboratoire de l'industrie pharmaceutique. Un univers un peu plus féminin.

En partant, elle m'a confié qu'elle voulait amasser de l'expérience dans l'industrie (et si possible de l'argent) pour retourner dans son pays afin d'y construire et d'y gérer une station d'épuration d'eau. Chacun ses rêves…

Novembre 2013.

UNITÉ 1

Accompagné d'un collègue, je sors du siège de la boîte après une réunion soporifique avec la direction générale. Il fait gris et froid avec un vent fort à La Défense, comme d'habitude... Pour rejoindre le parking, nous devons passer par le parvis de la tour Total. Ce n'est pas par nostalgie qu'on passe par là, c'est juste qu'on est obligé. Des travaux longs, chers et colossaux ont transformé l'entrée de la tour. C'était moche avant et ça l'est toujours. C'est surtout grandiloquent et m'as-tu-vu. En même temps, ça sert à filtrer davantage les entrées. Comme un château fort.

Sur ce parvis, nous remarquons quelques personnages qui dépareillent. Trois sont à l'abri derrière une verrière avec de gros paquets, trois autres arborant des gilets rouge fluo et, s'apprêtant à distribuer un tract, sont dispersés sur le parvis. Il y en a, enfin, deux autres qui s'affairent nerveusement autour d'un PC portable, sans doute à la recherche de WiFi. Intrigués, nous regardons ce qui se passe. De même sans doute que les multiples caméras de vidéosurveillance installées partout. Celui qui tient le PC fait un signe de la main. Ses collègues se mettent alors en branle. Les huit gilets rouges, affichant « UNITE the union », se regroupent au milieu de la place, à peine remarqués par tous les employés en costard sortis fumer leur clope. De plusieurs gros paquets, certains

328

manifestants sortent une banderole qui avertit : « On ne laissera pas faire. » D'autres extraient une masse informe et grise sur laquelle ils branchent un petit compresseur. La baudruche se gonfle petit à petit et se mue en un rat agressif de plus de trois mètres qui reprend le même slogan.

Nos Anglais, enfin plutôt des Écossais avec des tronches à la Ken Loach, travaillent dans une raffinerie en difficulté à Grangemouth, appartenant à Ineos. Une société prédatrice qui rachète des boîtes (elle possède en partenariat avec Petrochina la raffinerie Lavera sur l'étang de Berre) dont les autres multinationales (BP, ICI…) veulent se débarrasser pour en presser les dernières gouttes avant de les jeter. Ineos appartient à James Ratcliffe, milliardaire britannique installé, sans surprise, en Suisse, depuis trois ans. Le syndicat de nos Écossais, UNITE the union, est la plus grosse confédération british et ils sont venus sur le parvis de La Défense pour faire connaître leur situation. La raffinerie de Grangemouth, avec son millier de salariés, est dans le viseur des multinationales pétrolières depuis longtemps. Mais Ratcliffe et sa clique ont fait monter la pression en pointant l'absence de rentabilité de l'entreprise. Les syndicalistes opposent à cela une « modeste » progression des ventes de 50 % ces dernières années. Tout en mépris et poussant à son avantage, la direction exige en contrepartie du maintien du site : réductions salariales et diminution des jours de congé pendant les trois prochaines années, fermeture de leur régime de pension de retraite et

329

licenciement de leur délégué syndical, Stévie Deans. Face à ce chantage, les raffineurs, par référendum, ont répondu qu'ils ne voulaient pas de ces menaces et refusaient de perdre leurs maigres avantages. Une grève était même prévue, mais la direction a pris les devants en arrêtant les installations tandis que Ratcliffe lançait un ultimatum de quarante-huit heures à l'ensemble de ses employés sous peine de déchirer leurs contrats de travail. Les raffineurs ont dû baisser pavillon et le travail a repris.

C'est cette situation que voulaient faire connaître nos huit syndicalistes qui sont vraiment contents qu'on s'intéresse à eux, même si nous ne sommes que deux. De la tour Total, personne ne vient les voir. Ils sont juste surveillés comme des bêtes curieuses et même pas dangereuses. Un autre militant syndical qui passait par là se joint à nous. Les Écossais nous prennent alors en photo et balancent aussitôt l'image sur la page Facebook du syndicat. Pour la forme, des tracts expliquant la situation sont distribués et une sono minuscule mais très puissante crache le venin d'un groupe écossais politisé. Certes, cela change du « On lâche rien » de HK et les Saltimbanks...

Au bout d'une heure, les banderoles sont pliées, le rat dégonflé. Nous nous quittons, les Anglais, eux, se rendent devant le siège de Veolia pour recommencer leur démonstration...

Décembre 2013.

LA JOURNÉE D'ACTION

Ce matin, il pèle comme c'est pas permis et je dois gratter mon pare-brise. De chez moi, j'entends le ronronnement des turbines et les crachements de vapeur de l'usine où je bosse, située pourtant à huit kilomètres. Un autre signe du froid. En plus, je me suis levé plus tôt, car avant d'aller au turbin, je veux passer voir le piquet de grève des copains cheminots des ateliers Quatre-Mares situés sur les communes de Saint-Étienne-du-Rouvray et de Sotteville-lès-Rouen (Seine-Maritime). Aujourd'hui, c'est journée de grève à la SNCF, à cause du nouveau projet de démantèlement. La SNCF, qui a déjà été coupée en deux organismes (la circulation des trains d'un côté et la maintenance des voies de l'autre), va être encore divisée, avec l'apparition d'une troisième entité. Les cheminots craignent pour leurs emplois et leurs statuts. On sait aussi que la régionalisation des rames (les Intercités remplacés par des TER) va faciliter la privatisation.

Sur l'autoradio, lorsque la grève est évoquée, c'est juste pour comptabiliser les trains en circulation. C'est aussi pour dire que la grève des cheminots tombe mal avec toutes ces alertes à la pollution. Comme toujours, aucune info digne de ce nom sur le pourquoi du mouvement. J'arrive devant les portes des ateliers où une quarantaine de grévistes tentent de se réchauffer autour de feux de palettes. Toujours spectaculaires surtout qu'il fait encore nuit et que la

brume donne à la scène un aspect fantomatique. Ici, et depuis le mouvement de 1995 contre les lois Juppé, ils ont gardé le réflexe de l'assemblée générale et du piquet de grève pour chaque journée d'action. Ce n'est pas la foule des grands soirs car le froid très vif en a dissuadé plus d'un. Pourtant, ici, aux ateliers, le pourcentage de ceux qui ont cessé le travail dépasse de très loin le niveau national estimé à 50 % de grévistes. Quelques jaunes rentrent presque en douce. « Ceux des bureaux », me dit-on. Je me faufile parmi les silhouettes rassemblées autour des feux, quelques-uns me reconnaissent et me disent que j'aurais dû parler aussi de cette grève-là dans mon livre. Mais au-delà de l'instantané d'un livre et de la photographie, la vie continue. Je cherche quelques grandes gueules mais ils sont partis récupérer d'autres palettes.

Je tombe alors sur Thierry. « C'est mon dernier piquet de grève en tant que cheminot. Bientôt je n'aurai plus besoin de me lever à 4 heures du mat'. Dans quinze jours, je serai en retraite, me dit-il en souriant. Je fais partie des derniers à pouvoir partir à 55 ans. Mais faut dire que j'en ai fait des horaires décalés et des découchés. » On sent qu'il est content d'être là. Ces moments de bagarre sont toujours jouissifs. Il me confie aussi qu'il attend avec impatience la manif du midi devant le siège de la direction régionale : « On rentrera tous dans les locaux, c'est toujours marrant. » Les ateliers de Quatre-Mares sont directement impactés par le démantèlement. Outre le fait qu'on n'y construit quasiment plus de locomotives et qu'on les ferraille plutôt, le pôle recherche et ingénierie est supprimé.

« Et quand on supprime la recherche, la fin n'est pas loin. » La directrice du site a déclaré que les ateliers sont en train de tourner une page, « mais c'est le livre entier qu'on est en train de fermer », réagit Thierry. Un non-gréviste passe, Thierry me dit : « Tu vois ce mec, il n'a rien compris. Son boulot est supprimé, il va être muté à Oullins ou ailleurs, mais il ne fait pas grève. »

Quatre-Mares a toujours été un bastion combatif et pour ces cheminots ce n'est pas une journée d'action qui fera changer les choses. « C'est la grève reconductible qu'il faut voter », disent la plupart des gens rassemblés ce matin. Sauf que ce n'est pas ce qui se dessine. En juin dernier, déjà, une première journée de grève, pourtant très suivie, n'avait pas abouti. La réunion intersyndicale pour choisir les modalités de la suite à donner rapidement. Les autres syndicats n'ont pas réagi. La CGT a dit, elle, qu'il fallait attendre quelques jours pour voir les retombées du mouvement. « Tu parles, avec la période des fêtes, c'est cuit. » Le jour va bientôt se lever et je vais encore arriver en retard à mon boulot. Tant pis. Je reste à discuter avec ces cheminots parce que c'est toujours agréable d'être avec des salariés qui ne se laissent pas faire, même quand le combat est difficile. Avant de partir, Thierry m'interpelle : « Tu sais pas la dernière ? Je viens de recevoir une lettre d'avertissement de la direction, parce que je refuse de faire des heures supplémentaires. Ma première lettre d'avertissement et à quinze jours de la retraite ! J'vais la faire encadrer. »

Janvier 2014.

333

ÉTHIQUE EN TOC

Comme chaque fin d'année, à l'usine et dans le groupe, s'est déroulé le mercato, sorte de chaises musicales où les ingénieurs et chefs de service changent d'affectation. Auparavant, quand on était chez Total, c'était un vrai souhait de ces gens-là d'atterrir dans une autre usine du groupe un peu plus cotée que la nôtre, une usine moins souvent en panne, par exemple. Maintenant que l'on est dans une plus petite société, les cadres de haut niveau font grise mine. Seuls deux des cadres dirigeants du groupe ont pu réintégrer Total et c'est plutôt bon débarras. Pour les autres, dans le meilleur des cas, ils changent juste de service. Pour eux, rester dans une usine plus de cinq ans, c'est un peu comme une défaite. Leurs perspectives d'avenir, aussi envieuses que de devenir directeur de raffinerie, même au fin fond du «Kokaze», s'envolent. Chez ces gens, dont les dents rayent souvent le parquet, c'est comme une douleur qui se répercute dans tous les rapports hiérarchiques, jusqu'au plus bas de l'échelle. Mais cela passera, il suffit de leur donner des projets à la hauteur de leurs ambitions de carrière.

Cherry sur le gâteau, comme nous sommes dans une société austro-finlando-aboudhabienne, tous les cadres doivent apprendre l'anglais et le parler couramment lors des vidéoconférences bihebdomadaires. Ça leur remet une couche de pression, car

334

quand on veut se montrer auprès des dirigeants, vaut mieux assurer et bien se faire comprendre. D'ailleurs l'anglais devient omniprésent dans les mails, comptes rendus et messages de toutes sortes. Il est même marrant de voir nos cadres se parler en anglais même lorsqu'ils sont avec leurs homologues wallons (donc francophones). Les sigles et les acronymes, tous issus de slogans américains, laissent de marbre la quasi-totalité du personnel, mais cela permet à la direction, qui ne rate pas une occasion de vérifier la qualité de leur diction, d'exercer une pression supplémentaire sur son personnel d'encadrement.

Comme si cela ne suffisait pas, chaque société a sa philosophie, sa culture d'entreprise qu'elle veut imposer, même si ce n'est que du blabla pour faire bien et pour se mettre à niveau par rapport aux administrations européennes. Notre nouveau proprio, Borealis, a présenté sa « politique éthique ». Les grands mots sont lâchés. Total avait ses « règles d'or » et ses « bonnes pratiques », là, c'est l'éthique. Venant de la part de dirigeants puritains et protestants, qui la jouent moins militaro-barbouzes que notre ancienne multinationale pétrolière, ce n'est guère étonnant. Évidemment ça fait toujours rire qu'une boîte parle de respect des droits de l'homme (surtout quand tu vois la tronche que tirent les dirigeants lorsqu'il est question de grève) ou de respect de l'environnement, mais bon... Ça fait partie des figures imposées. Avec une géométrie variable qui penche davantage vers les possibles malversations – magouilles et autres piscines construites sur le dos de la société par des

cadres indélicats, les *bad actors* – que vers les valises échangées avec un gouvernement africain ou d'Europe de l'Est, le but presque avoué étant alors de ne pas se faire prendre.

En fait, nous les prolos on s'en fiche, ce n'est pas notre monde, n'empêche que, dans cette politique éthique, il est demandé de signaler chaque mauvais agissement. Pour cela, la société a créé une *question line*, où on peut dénoncer des atteintes à l'éthique par téléphone auprès d'*ethics ambassador* [*sic*]. Et nous avons eu droit à une nouvelle mouture du règlement intérieur. Une grande partie est consacrée à l'interdiction de tout alcool et produits stupéfiants. Avec éthylotest, fouille de placard, visite médicale imposée et possibilité d'appeler la force publique en cas de refus d'obtempérer. Donc plus d'apéro, plus de bouteille de vin à la cantine, plus d'alcool lorsque les commerciaux invitent un client au restaurant... Quant aux pétards, il vaut mieux bien se planquer. La société qui gère les ordures et poubelles de l'usine est même tenue de dénoncer la moindre bouteille qu'elle trouvera !

L'autre point d'attaque c'est la sécurité. Dans une usine où un chariot élévateur vient de tomber dans un gros trou qui s'est formé à son passage sur la route, où certains ateliers sont dans l'attente de transformations car ils tombent en ruine et où le matos, en général, est au bord de l'apoplexie, c'est toujours bien de parler de sécurité individuelle. Se basant sur les pratiques de la multinationale américaine, Dupont de Nemours, il est désormais question

de *home saving*, de «comportementalisme», d'être prudent partout, d'acquérir un nouvel état d'esprit, etc. Avec, là encore, un poids hiérarchique très présent, très pesant.

Tout cela pour nous mettre la pression, toujours et encore. Pour qu'on soit constamment sur la défensive. On sait que dans la vraie vie, on arrive à trouver des biais pour aménager le temps au turbin à notre sauce. Sauf qu'en ce moment, on ne se bagarre pas assez, tandis que les patrons, après avoir confisqué nos corps, essaient plus encore de mettre la main sur nos cerveaux.

Février 2014.

PLUS ÇA CHANGE, PLUS C'EST PAREIL
RÉINDUSTRIALISER LA FRANCE !

Ce n'est pas facile de tenir une chronique mensuelle dans *CQFD* depuis si longtemps, surtout quand le mois de février est si court et que ce qui se passe dans l'usine est... dans la lignée de ce qui s'y passe habituellement.

J'aurais pu vous parler de Lucien, ancien collègue, que l'amiante vient de tuer, après des mois de souffrance. C'était un militant intègre qui a passé une bonne partie de sa vie à l'usine à dénoncer les problèmes d'hygiène et de sécurité, les sales produits qu'on utilise ainsi que les mauvaises conditions de travail. À l'époque, il ne savait pas que l'amiante avait commencé à lui bouffer les poumons. Il ne l'a appris que sur le tard et c'est cette saloperie qui a eu le dessus. Je ne vous parlerai pas de lui davantage, mes chroniques sont trop remplies de cadavres de copains. Il n'y a pas de 11 novembre pour les prolos, mais l'usine ressemble à un champ de bataille et les morts s'accumulent.

Et si on allait voir plutôt du côté de la franche bonne humeur qui règne dans la boîte ?

Une fois débarrassé des procès concernant la catastrophe de Toulouse, Total a vendu nos usines. Ce n'était pas franchement l'euphorie chez les salariés mais c'était une phase attentiste qui permettait de repousser les problèmes à plus tard. Avec l'arrivée de

la nouvelle société, des boss, pour la plupart belges, prenaient leurs fonctions en se la jouant cools mais déterminés à faire-marcher-les-installations-à-plein-régime-pour-devenir-la-deuxième-entreprise-dans-le-secteur-des-engrais-en-Europe (juste derrière les Norvégiens de Yara, très bien implantés en Europe du Nord). Intoxiqués par leur propre prose managériale, ces dirigeants pensaient sans doute qu'il suffirait d'avoir la volonté pour que ça marche. Et ils ont fait beaucoup dans la communication, les *open forum* et autres gadgets de com'.

Sauf que rien n'a changé. Au cours des dix dernières années, Total, en voie de désengagement du secteur, n'a pas investi dans ces unités, uniquement pour des réparations obligatoires et à cause des pressions administratives. D'où les pannes et les fuites dans les ateliers qui forment notre lot quotidien. D'où la tension permanente chez les ouvriers travaillant avec du gaz naturel, de l'hydrogène et manipulant de l'ammoniac et des acides forts. C'est souvent dangereux. Du coup, on se retrouve avec des ateliers plus souvent arrêtés qu'en fonctionnement. Il faut faire des manœuvres pour démarrer les installations, puis, aussitôt après en faire d'autres pour tout arrêter. Les réparations sont faites *a minima*, dans la précipitation et le stress, histoire de montrer aux nouveaux proprios que ça peut marcher. Mais on passe souvent à côté de « points critiques », voire pire.

Donc, tout le monde en a marre. Les gens sont fatigués, usés de s'activer pour rien. Certains ne sont pas loin de la dépression, la médecin du travail a

même évoqué des cas de *burn out*. Rien ne change, ou presque. D'ici deux mois, des dizaines de millions d'euros d'investissements sont programmées, des travaux vont avoir lieu, plus de 800 travailleurs sous-traitants vont bosser pendant deux mois sur l'usine pour tenter de remettre les machines d'équerre. Mais personne n'y croit plus, le chantier arrivant bien trop tard. Et, surtout, malgré la somme engagée, une grande quantité de travaux de fiabilisation ne pourront pas être réalisés.

D'autre part, notre nouvelle société, Borealis, a annoncé une perte de 38 millions d'euros sur son secteur engrais français en six mois d'acquisition. Bon, inutile de sortir les mouchoirs puisque le groupe annonce des bénéfices de plus de 400 millions sur ses autres activités. Du temps de Total, nos usines avaient accumulé des pertes de 300 millions sur cinq années, mais c'était Total et on est en droit de penser qu'il s'agissait surtout des jeux d'écriture comptable.

Bref, ce climat lourd entraîne le retour d'aspirations qui avaient disparu ces derniers mois. Voilà que les plus anciens commencent à rêver d'un plan social. Si si. Quelque chose qui ferait qu'ils pourraient partir avant la durée légale…

Mars 2014.

UN HOMME EN COLÈRE

Manuel est énervé. Il est toujours énervé. Pourtant, je viens d'apprendre qu'il est sous anxiolytique. Qui l'eût cru ? Ni moi ni ses autres collègues, en tout cas. Parce qu'il faut bosser avec lui pour se rendre compte que les calmants ne brillent pas toujours par leur efficacité !

Il est en colère lorsqu'il a fallu se lever à 4 heures du mat' pour bosser du matin, il est en colère parce qu'il est d'après-midi et que la journée est fichue, il est en colère la nuit quand il faut s'empêcher de dormir devant les écrans de contrôle. Quand Manuel dirige sa colère sur le contremaître ou les patrons, on est plutôt de son côté. Mais il s'énerve aussi contre les collègues, souvent pour des broutilles. D'autant qu'il n'y va pas avec le dos de la cuillère et se fait volontiers délateur aux dépens de celui qu'il a dans le collimateur. Difficile de soutenir quelqu'un qui va jusqu'à écrire au directeur pour dénoncer n'importe qui à propos de n'importe quoi.

Personne ne sait d'où lui vient cette colère permanente. De son père ? Peut-être, vu qu'il en parle tout le temps. C'était un combattant contre le franquisme qui a dû franchir les Pyrénées pour sauver sa vie. Il s'est installé dans la région rouennaise, où on cherchait des ouvriers pour reconstruire après la guerre. Il s'est marié et a eu quatre enfants, dont Manuel. Ayant connu pas mal de vieux Espagnols en

exil, j'imagine sans peine son père, membre du PC et entouré de vieux Espagnols en exil, s'énerver lors de réunions qui ne mènent à rien « tant qu'on ne prend pas les armes », ou entrer en colère noire devant la télé aux heures des informations. Cela a pu déteindre sur le fils.

Voilà près de quarante ans que Manuel bosse à l'usine. Contrairement à certains qui ont évolué (ou pas) dans le même atelier tout au long de leur carrière, Manuel, lui, a fait presque tous les ateliers de l'usine, du plus ancien au plus moderne. Il est passé partout. Il a changé de lieu de travail à de nombreuses reprises parce que ça n'allait pas avec ses collègues ou avec le contremaître ou avec le chef de service, ou les trois.

Le seul atelier où il n'a pas travaillé allait fermer sous peu et, sachant cela, Manuel l'a soigneusement évité afin de ne pas glisser vers la sortie lors d'un plan « social ». Aujourd'hui il regrette, parce que LE plan social ne vient toujours pas. Une attente insupportable qui le met encore plus en rogne. Dire qu'il en a marre de bosser ferait figure d'euphémisme.

« C'est pas possible que je vive moins bien que mon père. Lui, il est parti en retraite à 55 ans, et moi, faut que je parte à 60. Normalement on vit toujours mieux que ses parents. » Sauf que ça a changé ces dernières années, suite aux coups reçus et au manque de combativité, les enfants risquent de vivre moins bien que leurs parents. Mais dire cela, c'est déjà prendre du recul ce qui n'est pas le fort de Manuel : passé 55 ans, il s'est transformé en

boule de colère comme d'autres se sentent pousser une carapace. Il ne supporte plus du tout le travail et gare à celui qui le croise alors. Pour lui comme pour les autres, c'est devenu impossible de continuer. Dès lors, il multiplie les démarches auprès de la DRH pour obtenir un plan social individuel, rien que ça! Il envoie des courriers au patron où il est question de son désir de partir. Il demande à des militants syndicaux de l'accompagner auprès de sa hiérarchie pour demander à partir. Rien n'y fait, et il n'est pas question de démission. Du coup, une seule alternative : le renvoi! Il monte des dossiers avec la médecine du travail, prescriptions médicamenteuses et état de ses lombaires à l'appui. Toujours rien. La direction fait la sourde oreille et, calculant le montant pharaonique de sa prime de départ, se refuse à envisager une rupture conventionnelle.

C'est donc quelque chose de bizarre que l'on vit actuellement. Entre une direction qui semble faire le dos rond en attendant que ça se passe et Manuel qui, toujours en colère, vient à l'usine en maugréant. Il ne met plus ses bleus, reste devant sa console en faisant le minimum. Et puis, souvent, il se met deux ou trois jours en arrêt maladie (à l'usine la boîte nous paie les jours de carence de la Sécu), pour faire payer le patron. Puis il revient comme s'il était surpris de ne pas être viré et recommence. Il lui faut tenir encore trois ans. C'est loin d'être gagné. Au moins lui a choisi la colère, même individuelle, plutôt que la soumission.

Avril 2014.

ENCORE UN

Dan n'en peut plus. Il ne supporte plus de faire les quarts, de travailler de nuit ou de devoir se lever très tôt le matin. C'est bien simple : il ne dort plus. Et ça se voit sur son visage. Lui qui était jovial et sportif, il est défait aujourd'hui. Cassé. Un rien l'énerve, tout le monde le dégoûte. Dan s'engueule avec les gens de son syndicat, râle devant le contremaître. Avec ses collègues, il est ronchon et triste. Plus pareil, le Dan.

N'avoir quasiment pas dormi de la nuit et se retrouver vers 5 heures du matin devant des consoles et des écrans d'ordinateur à surveiller les pressions et les températures, il ne peut plus. C'est plus une vie. Auparavant, ça lui plaisait plutôt ce côté technique, de devoir dompter des machines pour en faire sortir des produits plus ou moins utiles. Aujourd'hui, après vingt-cinq années de bons et loyaux services, c'est fini. Il n'en peut plus, il pète les plombs. Même le café du matin, pris avec les collègues dans le réfectoire, lui retourne le bide.

Dan a demandé une mutation dans un autre service, au labo ou dans les bureaux, mais on lui a dit qu'il n'a pas le profil ou qu'il n'y a pas de place. Et c'est comme si tout s'écroulait pour Dan.

Dépression que ça s'appelle, et Dan reste chez lui avec des médocs pour faire passer. Dans l'atelier, beaucoup le critiquent, surtout ses chefs, parce que c'est un bon élément et que c'est compliqué de le remplacer alors qu'il manque déjà du monde.

Après quatre mois d'arrêt, il revient au boulot. Ça ne va pas mieux. À peine reprend-il son poste que ça recommence. De nouvelles nuits sans dormir. Dan va voir le médecin du travail qui le déclare inapte au travail posté. Sauf que, pour l'instant, dans l'usine, il n'y a pas d'endroit où il pourrait être muté. « Je pourrais très bien vous licencier », dit la DRH, presque avec le sourire. Sauf que pour Dan, il n'en est pas question. Il n'est pas comme Manuel qui, à force, a réussi à partir dans d'assez bonnes conditions financières. Il ne peut pas être jeté après ses vingt-cinq années de bons et loyaux services, alors qu'il était si bien noté par sa hiérarchie.

Il a accepté de continuer à travailler en poste, de faire les nuits, jusqu'à après la période des congés, pour soulager les copains, qu'ils ne fassent pas trop d'heures supplémentaires. Après, *basta*! La DRH devra lui trouver un autre travail. Ou alors, il faudra partir. Mais les mois passent…

Même le médecin l'appuie. Depuis quelque temps, elle n'arrête pas de rencontrer des salariés qui n'en peuvent plus. Le profil est le même : la cinquantaine, plutôt l'aspect de mecs en forme. Mais ça ne va plus. L'un c'est de la dépression, l'autre du diabète… de plus en plus souvent, ce sont des « troubles musculo-squelettiques », comme on dit maintenant. De grands gaillards qui se sont usés d'avoir porté des charges, manié des masses, manœuvré des vannes et des matériels trop vieux et grippés. Les arrêts maladie sont de plus en plus longs pour certains. Avec comme conséquence des difficultés pour remplacer les manquants, pour constituer

des équipes, pour éviter une trop grave désorganisation des services.

Au mois de février, rentrant de courtes vacances, Dan retourne voir le médecin qui maintient son diagnostic d'inaptitude. Apprenant qu'une place se libère au labo, Dan postule. Mais ce n'est pas simple. On dirait que la DRH veut le faire de nouveau languir. Comme si elle lui faisait un vrai cadeau en lui donnant cette place. Les semaines passent. On lui dit qu'il faudrait qu'il fasse une petite formation. Il a déjà eu une formation de chimiste mais c'était il y a longtemps. Au bout du compte, Dan obtient la place.

Et, presque du jour au lendemain, fini pour lui le travail posté, en équipe. Seulement son départ est perçu comme une trahison par ses chefs sur l'air connu du rat abandonnant le navire en train de sombrer. Alors les quinze jours de congé qu'il lui reste à prendre, il les passera chez lui sans pouvoir remettre un pied dans l'atelier. On ne veut plus de lui, même pour un pot avec les collègues de son équipe. C'est comme ça, et pas autrement. Il viendra plus tard chercher ses affaires et vider ses placards.

Un cas parmi d'autres et qui semble se multiplier. Le fait que la retraite soit reculée de deux années, ça a été comme un coup de massue sur les têtes. Devoir bosser plus longtemps alors qu'on aspire à arrêter tout… C'est usant pour le moral jusqu'à l'inaptitude dûment diagnostiquée.

Au fait, moi aussi, j'ai été déclaré «inapte». Une autre histoire…

Mai 2014.

GROS CHANTIER

Quand on arrive à l'usine, ce qui surprend c'est le silence. Pas de bruit, pas de fumée. Que dalle! Comme un fantôme d'usine. Au moins pendant ce temps-là, on ne pollue pas l'atmosphère avec nos rejets azotés et nos nuages de poussières d'engrais. Cela fait deux mois que les installations sont totalement à l'arrêt pour des entretiens et de gros travaux et je n'arrive pas à m'habituer à ce silence. En même temps, ça grouille d'ouvriers de divers métiers et de divers pays. De temps en temps, on entend la frappe d'une masse sur du métal ou le ronflement d'une grue qui transporte des morceaux de turbine. Ce sont des travaux qui étaient plus que nécessaires sur du matériel en très mauvais état. Des travaux qui auraient dû être faits depuis des années, mais Total a voulu retarder les choses, pour que ce soit au nouveau propriétaire d'assumer ces réparations, contre une petite ristourne sur le prix de vente de l'usine.

Des dizaines de millions sont en jeu et, théoriquement, après ces travaux, l'usine devrait marcher comme sur des roulettes. Mais, pour beaucoup, ces travaux et ces modernisations arrivent trop tard. Le matériel est quasi obsolète. On côtoie tous les jours des matériaux rouillés, des constructions où la mousse et la végétation deviennent envahissantes. Bref, des ateliers largement trentenaires, voire quarantenaires, qui laissent songeur sur la volonté de

l'État et d'EDF de faire durer l'exploitation de centrales nucléaires largement aussi âgées. Pourtant ce n'est pas fini : l'état des structures, des murs de soutènement, des escaliers et des poutres de certains ateliers qu'il faut remplacer ou consolider en urgence... Et cela ayant entraîné des transferts d'investissements, tous les travaux ne pourront pas être faits. Par exemple, le réseau électrique aurait dû être transformé quasi entièrement, mais il n'y aura que quelques tronçons de rénovés, là où c'est devenu vraiment vétuste et dangereux.

La préparation de cet arrêt et de ces travaux a engendré des sommes de boulot chez les ingénieurs des bureaux techniques, de très nombreuses heures supplémentaires ainsi que des pétages de plomb. Il y a une pression venue de la maison mère qui est, semble-t-il, encore plus importante que sous la coupe de Total qui se fichait de sa filiale engrais. Gare si le redémarrage est trop retardé, gare s'il y a des accidents graves.

Pour nous, à la fabrication, c'est relativement tranquille. Nous ne sommes pas mis au chômage technique. Il faut qu'on surveille et surtout qu'on vérifie s'il reste des produits ou du gaz dans les tuyauteries, ou si les intervenants bossent en situation sécurisée. Pour certains, il faut au moins donner l'impression de s'investir. Les chefs ont interdit qu'on prenne des congés pendant cette période, et voilà que nous sommes parfois obligés de nous planquer pour ne pas passer pour les glandeurs. C'est lors du redémarrage des installations que nous allons devoir être plus que

présents. On découvrira des aberrations, des joints mal posés et surtout de nouveaux systèmes informatiques qui – on est coutumier du fait – ne seront pas tout à fait au point et qu'il faudra amadouer.

Pour les copains de la maintenance, c'est autre chose. Ils ont la pression pour que les travaux soient faits, et bien faits, le plus vite possible.

Mais cela n'est rien par rapport aux salariés des entreprises sous-traitantes. Pour cet arrêt, ils sont jusqu'à 1 400 sur le site. Il a fallu créer des installations spéciales de bureaux provisoires, de vestiaires, de salle de restauration, et un nouveau parking pouvant accueillir 500 véhicules construit sur un terrain vague et qui devra être totalement détruit après cette phase de travaux. À la benne, l'enrobé ! Ce sont ces sous-traitants, majoritairement intérimaires ou venant de Pologne et du Portugal, qui subissent le plus de pressions et de mauvaises conditions de travail. Comme les délais ne doivent pas être dépassés, il leur faut faire des tas d'heures supplémentaires, en travaillant parfois sept jours sur sept. Il leur arrive d'intervenir sur des sites où il reste des poussières d'amiante, ou pendant que des radios au rayon X sont faites sur du matériel. Les quelques accidents du travail sont maquillés en postes aménagés. Les collègues du CHSCT ne cessent d'intervenir et les inspecteurs du travail doivent venir rappeler la loi à tout bout de champ. D'autant que la direction a demandé des dérogations pour les heures supplémentaires que l'inspection a refusées.

En plus de ça, tous ces salariés sous-traitants sont étroitement surveillés. Ils doivent passer par un tourniquet spécial. Pour se déplacer d'un point à l'autre de l'usine, ils doivent emprunter un petit train «touristique» spécialement affrété pour l'arrêt. Les poubelles sont vérifiées. Le nombre de gardiens et de vigiles a été multiplié. Comme si ces gars n'étaient là que pour picoler ou pour piquer du matos ou des métaux (l'ouvrier est voleur et alcoolique, c'est connu...). Concernant les horaires et les conditions de travail, la direction est beaucoup moins regardante.

Au moment où vous lirez ces lignes, les phases de démarrage des unités seront théoriquement en cours...

Juin 2014.

MANAGEMENT À L'ANCIENNE

Oui, bon, je sais, le foot, marronnier de l'été sur vos écrans et même dans les pages de *CQFD*. Pourtant, le football est un sujet qui s'impose très souvent à l'usine et, dès 5 heures du mat', ils sont nombreux à refaire le match de la veille devant le premier café pris dans le réfectoire. Il faut bien avouer que c'est un sujet de discussion fédérateur qui permet d'oublier les conditions de travail même si, en fonction des âges, il y en a qui se revendiquent de l'OM, pendant que les plus jeunes affichent des T-shirts du PSG ou du Barça.

Jadis, dans l'usine, il y avait une équipe «corpo». Quelle satisfaction pour une direction, adepte des «challenges» à relever, d'avoir son équipe qui va porter les couleurs de la société toutes les semaines dans des stades régionaux contre des équipes d'autres usines. C'est tout à fait dans la culture d'entreprise : esprit de compétition, culte de la performance et paternalisme. Pour ce faire, et pour avoir une bonne équipe, certains furent embauchés, non pas pour leurs compétences en chimie, mais parce qu'ils se débrouillaient correctement avec un ballon. L'équipe était entraînée par un contremaître d'un atelier de fabrication de lessive aujourd'hui détruit. Complètement dévoué à son équipe, il avait tendance à délaisser la production. C'était un vrai coach, même si à l'époque ce terme n'existait pas. Presque tous les joueurs de

l'équipe se trouvaient dans son atelier. Ces derniers bénéficiaient d'horaires très variables, pour pouvoir s'entraîner, et de presque tous leurs week-ends, pour participer à des tournois. Forcément il existait une certaine tension entre eux et tous les autres qui ne jouaient pas. Tension aiguisée par le versement de primes exceptionnelles aux joueurs en fonction de leurs résultats.

Il y avait aussi des matchs interateliers, davantage dans un esprit de foot de quartier. Il est aussi arrivé, lors de dimanches après-midi ensoleillés, alors que l'atelier était arrêté et que le temps ne passait pas vite, que certains tapent du ballon dans le terre-plein d'à côté. Tandis que d'autres, ou les mêmes, taquinaient la pétanque, les fléchettes, voire le paint-ball.

Cette pratique du foot a diminué, au fur et à mesure du vieillissement de la population et des chevilles, genoux et autres ligaments bousillés.

De temps en temps, l'envie de recréer une nouvelle équipe refait surface, notamment depuis l'embauche de quelques jeunes plutôt sportifs, mais comme les salariés s'investissent moins dans leur usine et ne veulent y rester que le temps de leur travail, ce n'est pas pour demain.

Reste le foot à la télé.

Cette année, à l'usine, le Mondial a eu moins la cote que les années précédentes, pour des raisons de retransmission de matchs sur des chaînes payantes difficilement accessibles à l'usine, mais aussi parce que nous avons été trop pris par les manœuvres de redémarrage des installations. Cela n'a pas empêché

certains aficionados de trouver des biais pour se tenir au jus des buts et autres penalties.

C'est grâce au foot si, désormais, la télé est partie intégrante des salles de contrôle. Hé oui! D'année en année, de coupe de France en coupe d'Europe et en Mondial, il s'est toujours trouvé quelqu'un pour amener un téléviseur qui remplaçait avantageusement les transistors. Après le téléviseur portable à l'image pas toujours nette, ce furent les salariés qui se cotisèrent pour avoir un vrai téléviseur dans chaque atelier (avec installation d'antennes sur le toit des salles de contrôle par quelques collègues motivés).

Au début, la hiérarchie fit la chasse aux télés, mais pas longtemps car, c'est comme en prison, la paix sociale passe avant tous les règlements. Et il vaut mieux des salariés regardant un match qui les tient éveillés, plutôt que les mêmes ou d'autres dormant dans un coin.

Du coup, en plus de nos écrans de PC, nous avons la télé, un peu planquée mais bien présente.

Voilà, c'étaient les bonnes histoires d'Onc' Jean-Pierre. Rendez-vous à la rentrée pour de nouvelles aventures et pour la dernière saison... Je vous expliquerai.

Juillet 2014.

— x —

DERNIÈRE SAISON

Cet été, Christophe De Margerie, PDG de Total, a déclaré dans *Ouest-France* que son groupe allait réduire la voilure en Europe et fermer des raffineries. Une annonce qui n'en est pas vraiment une. En 2010 : en plein conflit des raffineries Total sur le point de paralyser le pays, ce même De Margerie avait déclaré qu'il ne ferait rien avant 2015. Eh bien ça y est, on s'en approche. Donc les salariés des raffineries de La Mède, Feyzin, Grandpuits et peut-être Donges ont du souci à se faire. La multinationale, par ailleurs soutien indéfectible de l'amitié franco-russe, ne maintiendrait en Europe que deux raffineries, à Gonfreville (près du Havre) et à Anvers. La raison invoquée au sujet de ces fermetures serait la surcapacité de production en France (on importe pourtant des tonnes de gasoil). En fait, Total a nettement investi au Moyen-Orient et notamment à Jubail, en Arabie saoudite, où un immense complexe industriel, inauguré l'an dernier, va bientôt constituer l'essentiel de ses capacités de raffinage.

Il n'y a pas que Total à baisser pavillon : Lyondellbasell, dans les Bouches-du-Rhône, est sous cocon depuis 2012, avant fermeture, Exxon annonce des réductions de capacité en Europe, avec l'arrêt probable de la raffinerie du Havre, et la raffinerie Petroplus de Petit-Couronne, près de Rouen, a déjà mis la clé sous la porte.

Moralité ? On va peut-être mieux respirer à proximité des sites de production mais il y aura beaucoup plus de supertankers en mer et de camions-citernes sur les routes.

Il y a quelques jours, j'ai assisté à l'AG traditionnelle du jeudi qui se tient toujours devant les portes de la raffinerie Petroplus. Une trentaine de personnes, dont à peine la moitié de Petroplus, à écouter Jean-Luc, délégué CGT, nous présenter un énième projet de reprise du site. On se dit à chaque fois que c'est la dernière AG, que certains vont s'apercevoir que c'est fini, mais il reste quelques militants qui se bercent d'illusions. Par peur du vide de l'après, sans doute. Cette fois, il est question d'un repreneur nigérian. Pourtant tout est plié. Bolloré a présenté un projet qui semble avoir convaincu les élus de la région et de l'agglomération ainsi que le port : un site de dépollution et de stockage de carburant. Voir Jean-Luc et quelques autres s'accrocher à des chimères a quelque chose de pathétique, alors qu'un peu plus loin, d'autres ouvriers sont en train de désamianter et commencent à démonter les installations.

J'arrive à « la mienne » d'usine. Les fumées sont bizarres, signes que les ateliers ne marchent pas correctement. Malgré des travaux très lourds étalés sur trois mois, malgré des dizaines de millions d'euros investis, les ateliers en sont presque au même point. L'atelier d'ammoniac n'arrive pas à produire, il y a toujours une turbine, un échangeur, des soupapes qui lâchent. Quant à l'atelier de fabrication d'engrais, il est à l'arrêt un jour sur deux à cause d'avaries. Est-ce

parce que ces travaux arrivaient trop tard ? Est-ce qu'il aurait fallu mettre encore quelques dizaines de millions supplémentaires ? Est-ce que les travaux ont vraiment été faits ? Rien ne change et les collègues sont de plus en plus dégoûtés et fatigués de devoir effectuer des manœuvres sans arrêt pour des ateliers qui ne tournent toujours pas rond.

Des bruits courent comme quoi le nouvel acquéreur, suite aux problèmes techniques, envisagerait de garder le site mais de ne l'utiliser que comme une plateforme de chalandise. C'est-à-dire monter des hangars et des stockages pour importer et exporter des engrais (encore plus de bateaux et de camions). C'est aussi ce que souhaite le port autonome de Rouen ainsi que les élus locaux (surtout qu'à présent des bateaux gigantesques qui s'arrêtaient au Havre peuvent monter jusqu'à Rouen).

Voilà, le décor est planté pour les quelques mois à venir et pour ma dernière saison de « Je vous écris de l'usine ». Oui, je vieillis, j'ai nettement dépassé l'âge maximum que je m'étais fixé pour partir de l'usine, mais c'est comme ça. Je n'aurai pas envoyé ma lettre de démission, comme il en était question dans *Putain d'usine*. Si le gouvernement Valls ne change pas la donne, si la Carsat a bien calculé, il me reste un an à bosser dans cette taule avant de partir en retraite. Normalement, dans la dernière saison d'une série, tout doit se conclure et la boîte devrait fermer au dernier épisode. Ce sera sans doute remis à un peu plus tard, mais ne comptez pas sur moi pour faire du rab !

Octobre 2014.

On s'aperçoit depuis quelque temps, dans les usines de l'industrie chimique, de l'arrivée ou de la remontée aux affaires d'un syndicat qui passe pour ringard, à savoir la CFTC. C'est encore marginal, mais le mal semble bien revenir.

La CFTC, syndicat des travailleurs «chrétiens», se crée en 1919 avec comme objectif avoué de contrer la toute-puissante CGT dans le milieu ouvrier. Peu revendicative, elle garde comme image du patron celle de « not' bon maître » tout en s'agenouillant devant l'Église et ses encycliques. En 1964, à la suite de la guerre d'Algérie, la tendance gauche de la CFTC scissionne pour former la CFDT. Poussé sur sa droite, le syndicat chrétien périclite et ne se retrouve quasiment que dans le Nord et en Alsace-Lorraine. En 1997, la CFTC perd encore un tiers de ses conseillers prud'homaux au profit de la CFDT.

Mais les patrons, qui ont besoin d'une organisation maison, n'hésitent pas à faire adhérer à ce syndicat (et même à payer les cotisations) des salariés soumis et prêts à signer n'importe quel accord bidon ou plan de restructuration. Plus facile même que de les faire adhérer à FO qui a parfois des réactions ingérables pour un dirigeant d'entreprise.

Depuis 1996, le FN a essayé de faire de l'entrisme chez ces grenouilles de bénitiers mais sans résultats probants, hormis une CFTC-police bien infiltrée et

des revendications d'appartenance de la part de candidats frontistes aux élections municipales restées sans désaveu de la hiérarchie syndicale.

Dans ma boîte, la CFTC est apparue il y a une vingtaine d'années à la faveur de la fermeture d'une usine d'engrais du Pas-de-Calais et du transfert de quelques collègues sur notre site. En fait, c'était un seul et unique militant. Voyant un danger possible, la CFDT a essayé de lui mettre le grappin dessus, sans résultat. Le type en question, que nous appellerons N° 1 par commodités autant que par goût pour les séries anglaises des *sixties*, aurait eu trop à y perdre : étant un syndicat à lui tout seul, il bénéficiait d'heures de délégation dans toutes les instances possibles et ne se retrouvait quasiment jamais à l'usine. Jamais là, mais se faisant payer des heures supplémentaires qu'il ne faisait pas ! Il fallait bien que la direction le remercie pour les services rendus dans le maintien de la paix sociale ! N° 1 était tellement apprécié par la direction que, lors de son départ en retraite, il fut invité par le PDG pour boire un dernier verre.

Avant de partir, N° 1 s'est trouvé un successeur (appelons le N° 2 donc) qui a tout de suite profité des multiples heures de délégation mais qui, lui, a une stratégie de progression de son village de vacances. Même si elle reste balbutiante, son initiative commence à rassembler quelques éléments effrayés par une CGT jugée trop gauchisante et surtout par une CFDT qui ne représente plus que des contremaîtres. N° 2 est jeune, présente comme un commercial un peu bas du front et communique sans cesse, même

lorsqu'il n'est pas présent sur le terrain, à coup de mails, de SMS et de tracts. Il organise surtout, grâce au renfort des N°3 et 4, beaucoup de sondages (même pas des pétitions) qui donnent l'impression à certains qu'on s'occupe d'eux, mais ce ne sont, évidemment, que d'éphémères bulles de savon. L'un de ses coups de com' demandait par exemple à ce que les gens puissent faire davantage d'heures supplémentaires. En revanche, il n'est jamais question d'augmentation de salaire, de grève ou même d'actions et de bagarres. Le discours vise surtout à répandre un climat de méfiance généralisée, entre ceux qui travaillent en poste et ceux qui bossent à la journée, entre le personnel de fabrication et celui de la maintenance. Une méfiance qui est dans l'air du temps et qui participe à faire perdre aux salariés le goût de la lutte et de la solidarité. Cependant, ce discours ne trouve pas, pour l'instant, une adhésion franche et massive de la part des salariés de l'usine. « Nous ne sommes pas [encore] des numéros ! »

Novembre 2014.

CONDOLÉANCES PROLÉTARIENNES

Alors que tu vas au boulot, le matin, coincé dans une circulation soutenue, voilà que l'autoradio t'apprend que ton ancien PDG vient de passer l'arme à gauche. Tout de suite, ta journée prend un autre air. Un mélange de plaisir et de déception. Déception parce que tu aurais plutôt aimé voir sa tête au bout d'une pique pendant qu'on aurait dansé une joyeuse carmagnole. Tu pensais aussi que, vu les accointances du sieur avec Poutine, son goût très marqué pour la vodka et ses magouilles sur le prix du gaz, ce serait plutôt la mafia russe qui le dessouderait. Même pas. Un banal accident du travail.

Sauf que celui-là on en parle (quoiqu'on ne sache rien des membres du personnel du Falcon qui sont morts avec lui). La presse et les politiques sont intarissables sur la mort de De Margerie, bien plus que sur les accidents mortels qui ont eu lieu dans les raffineries Total de Feyzin ou Gonfreville.

À l'usine, c'est le sujet de discussion et de rigolade. Tout le monde se lâche : « Il n'avait pas encore son parachute doré », « Il n'aura pas de problème avec l'amiante », « c'est Depardieu qui conduisait la déneigeuse », etc.

Sont évoqués l'Erika, AZF, la Birmanie et l'Ouganda, les crédits d'impôt touchés par Total qui ne paie pas d'impôts en France... Ça n'arrête pas. On est dans une jubilation, d'autant que Total a revendu notre boîte, l'an dernier, sans états d'âme.

Et puis, pour finir (faut bien aller bosser), il y a cet autre copain qui demande, sans rire, que le CHSCT fasse une enquête sur l'accident : « Que faisait-il là-bas alors que les relations avec la Russie sont gelées pour cause d'Ukraine ? A-t-il agi de sa propre initiative ? A-t-il respecté le règlement interne sur les grands déplacements ? Pourquoi utilisait-il son véhicule personnel ? Peut-on envisager une piste terroriste comme pour AZF ? La mort du PDG va-t-elle influer sur la cotisation Accidents du travail maladies professionnelles que Total paye à la Sécu ? »

Nous, ça nous fait rire...

Voilà, à chaud, comment on a réagi, à l'usine.

Novembre 2014.

« WINTER IS COMING »

Comme si ça ne suffisait pas, il y a toujours des pressions qui s'ajoutent à notre aliénation quotidienne au travail. Aujourd'hui, la mention « anglais, lu, écrit, parlé » sur la fiche de poste des ouvriers et employés de l'usine est presque devenue une réalité incontournable. Pas avec nos collègues directs, non. Et si on veut dire merde à son chef, on peut toujours. Ça se situe à d'autres niveaux : lors des communications par l'Intranet ou par téléphone, pour les commerciaux et pour les cadres, mais aussi directement sur nos écrans de contrôle où les alarmes et les informations s'affichent, depuis trois mois maintenant, dans la langue de Johnny Rotten.

C'était quelque chose qu'on sentait déjà venir sous la direction de Total, mais, maintenant que nous sommes gérés par l'autrichienne Borealis (à capitaux d'Abu Dhabi), c'est devenu impératif. Le système de gestion de cette entreprise est très centralisé et, en même temps, très divisé en sous-secteurs avec des directeurs un peu partout. Ça s'appelle « organisation matricielle » (si vous voulez en savoir plus, allez voir Wikipédia). Comme Borealis est surtout basé en Autriche, Finlande, Hongrie et aux Émirats (le tout géré de Belgique), cela implique une langue commune. En l'occurrence, un anglais dans son avatar mondialisé, c'est-à-dire très technique.

Ça a donc commencé chez les cadres dirigeants, puis les autres cadres et ingénieurs, puis les techniciens et les services extérieurs, secrétariat et commerciaux. À présent, cela gagne la maintenance et la fabrication. La formation professionnelle interne y consacre beaucoup de moyens (pas loin de 20 % du budget) et, selon le niveau hiérarchique, les cours se font en immersion (en Grande-Bretagne), en cours téléphonique, en cours particulier *(face to face)* ou en cours collectif. Alors que des gens comme moi, qui, il y a des lustres et dans le cadre de la formation perso, avaient demandé des cours pour mieux manier l'idiome en question pour les vacances, s'étaient vu systématiquement rembarrés.

Cette nouvelle contrainte crée un stress énorme, d'autant qu'il s'agit d'un anglais technique et non plus scolaire et que la peur de dire le contraire de ce qu'on a voulu dire est permanent. Sur nos logiciels en anglais, il arrive fréquemment qu'on ne soit pas sûr d'avoir bien compris et on préfère alors s'abstenir plutôt que de mal faire. Dans une usine à risque, c'est plutôt moyen.

Le PDG vient visiter l'usine assez souvent. Il parcourt les ateliers et les bureaux et parle *british*. Il faut l'écouter et faire semblant de s'intéresser à ce qu'il dit. L'ingénieur présent s'essaie à traduire plus ou moins bien. Et c'est devenu tout le temps comme ça. Au supérieur hiérarchique qui nous interpelle, il faut immédiatement répondre en anglais. Au mail envoyé par un collègue, il faut répondre en anglais. Cette pression constante finit par s'apparenter à un lavage

de cerveau qui dégrade encore un peu plus les conditions de travail dans toutes les strates de l'usine. Notre environnement est ponctué de mots d'ordre en anglais *(« keep discovering », « innovation day », « business projects », « call conf »…)*, et il n'est plus question que d'acronymes anglais dont on ne comprend plus le sens. Le pire c'est peut-être lorsqu'on reçoit une fiche technique en anglais pour un produit ou une machine. Elle doit nous être remise traduite (c'est la loi), mais il manque souvent des phrases entières ou même des pages. Pas facile.

Voilà où on en est. Tout cela est lié aussi à la « nouvelle politique », la « nouvelle éthique » que nos nouveaux patrons veulent imposer. Chaque entreprise veut développer un état d'esprit propre. Avec Total, cet « esprit » s'appuyait sur des pratiques dures et quasi barbouzardes. Là, on veut nous l'inculquer de manière *a priori* plus humaine, avec le sourire, mais c'est en fait beaucoup plus insidieux. Le rouleau compresseur idéologique de la boîte avance lentement mais sûrement. Jusqu'à ce que les prolos retrouvent ou recréent leur propre jargon pour mieux tourner en dérision cette nouvelle forme de *friendly* domination.

Décembre 2014.

SIX FEET UNDER

« Quand je tousse, je me demande tout le temps si c'est une bronchite ou... » Dominique laisse sa phrase en suspens mais on comprend tout de suite de quoi il est question. Désormais Dominique vit avec l'amiante, depuis qu'un scanner des poumons lui a découvert des plaques pleurales occasionnées par des fibres de cette merde. Il s'en doutait un peu, le Dominique, à force de tresser des joints, de meuler et de réparer des pièces contenant de l'amiante ! Une grande partie du personnel a été exposée. Mais, comme tout le monde, il pensait être passé au travers lorsque l'heure du départ en retraite a sonné.

Parce que Dominique est militant et s'occupe depuis des années de la santé au travail, il a très vite porté plainte contre la boîte auprès du tribunal des affaires de la Sécurité sociale. Dominique était d'autant plus motivé qu'il voyait quotidiennement l'état de son copain et ex-collègue, Lucien, se détériorer à cause de la même intoxication. Lucien est d'ailleurs décédé, il y a peu de temps, et ses derniers jours d'asphyxie ont été particulièrement pénibles.

La procédure juridique a duré longtemps mais Dominique a gagné au bout du compte. La faute inexcusable a été reconnue contre l'usine qui a dû verser de fortes indemnisations. Ça ne redonnera pas des poumons neufs à Dominique mais ça contribue à lui donner la pêche pour continuer à se battre, pour

obtenir la reconnaissance par l'administration que l'usine est bien un lieu où l'amiante est omniprésent. Ce qui pourrait entraîner quelques compensations pour ceux et celles qui y travaillent. Comme un départ en retraite anticipée. Malgré les délais et les difficultés, Dominique, avec d'autres, n'a pas l'intention de baisser les bras.

Au cours de mes chroniques précédentes, j'ai déjà évoqué le problème de l'amiante, la situation des copains intoxiqués, les dénégations des différentes directions. À chaque fois qu'il faut ouvrir un four ou un appareillage se pose la question de la présence, ou pas, de ce poison. Et s'il en est trouvé, c'est une bataille de chiffres sur les valeurs d'exposition tolérées. Alors qu'on sait que, quel que soit le taux, il y a un risque. Décider d'arrêter un atelier pour désamianter, ce sont des semaines supplémentaires de production en moins. Forcément, ça pousse la direction à minimiser pour redémarrer au plus vite.

Jusqu'à l'interdiction de son utilisation en 1997, l'amiante a été présenté comme un produit miracle de faible coût, inodore, de haute performance technique et sans effet direct. Pourtant sa nocivité était reconnue dès 1906! À Condé-sur-Noireau (Calvados), une usine de tissage de fils d'amiante voyait ses ouvriers et ouvrières tomber comme des mouches. La maladie professionnelle liée à l'amiante a été reconnue en 1945 comme entraînant des maladies plus sévères que la silicose des mineurs. D'importantes mesures de prévention ont été instituées à partir de 1972, mais l'interdiction

définitive n'est intervenue qu'en 2005 au niveau de toute l'Europe. Et encore, rien n'est fini. Des pays comme l'Inde en sont toujours de gros consommateurs, et les vendeurs et lobbyistes de l'amiante sont actifs partout dans le monde en passant par des portes dérobées.

L'amiante est une catastrophe sournoise qui n'éclate pas d'un seul coup, parce que la maladie est souvent très longue à se manifester. Pourtant les cas recensés sont de plus en plus nombreux : plus de 100 000 victimes annoncées! Et c'est loin d'être fini. La présence d'amiante ne se limite pas aux lieux de travail. Dans les habitations datant d'avant 1972 (mais souvent encore après), il est admis qu'il y a, pour le moins, des traces d'amiante. Que ce soit dans les sols, dans les murs ou dans les toitures (vous reprendrez bien un peu de fibrociment?). Il est certain que le désamiantage est une action compliquée et présentant un risque non négligeable de polluer les poumons de ceux qui le pratiquent. C'est pourquoi les pouvoirs publics ont longtemps préféré jouer la montre et laisser les populations exposées à ce produit cancérigène en n'agissant qu'au coup par coup. L'État assume donc le fait qu'il va y avoir des milliers de morts, cela coûtera toujours moins cher que les travaux à engager.

Bon, oui, je sais, c'est le début de l'année, j'aurais pu être plus positif… Même pas!

Janvier 2015.

LAISSEZ LUTTER LES PETITS PAPIERS

En arrivant à Grand-Couronne, près de Rouen, par le boulevard industriel, on longe la raffinerie Petroplus, devenue une usine fantôme totalement désertée. Il y a encore les stockages rouillés, l'immense cheminée rouge et blanche qui symbolisait la boîte ainsi que les tuyauteries entremêlées en attente de destruction et de reconversion du site. Juste après se trouve la papeterie UPM-Kymmene que tout le monde continue à appeler Chapelle Darblay, son nom historique.

Les salariés de cette usine ont appris en novembre dernier que leur patron finlandais et les actionnaires avaient décidé de dégraisser quatre usines européennes. Pour celle de Grand-Couronne, il s'agit de 196 emplois supprimés (60 % du personnel).

L'annonce à peine connue, les salariés ont multiplié les actions, manifs, grèves, occupations de péages, etc. Les actions habituelles en riposte à de telles annonces. Galvanisés par la lutte des voisins raffineurs dont la plupart ont suivi le mouvement, les papetiers affirment vouloir faire plus et plus fort lors des AG.

Ce jour-là, les salariés organisent une journée porte ouverte. Odeurs de merguez, affichage de propositions pour que les communes alentour préemptent l'usine, discours de syndicalistes de la CGT. Tous les papetiers présents arborent un t-shirt noir

sur lequel on peut lire « non au démantèlement » ou « non aux 196 suppressions d'emplois ».

Il y a beaucoup de monde, des familles mais aussi des gens venus en soutien. Ce n'était pas gagné surtout que, ce même jour, des manifestations Charlie sont programmées dans la région.

Je profite d'une visite commentée par des syndicalistes pour rentrer dans l'usine. C'est bête à dire mais j'aime bien visiter les lieux de travail. J'arrive même parfois à trouver ces lieux plutôt beaux et, pour le moins, impressionnants. Lors de ces déambulations organisées, il n'est pas facile de parler du travail, de la hiérarchie, des horaires et de ce qui fait le quotidien des ouvriers. On évoque le bruit et la chaleur étouffante des ateliers, mais c'est tout. Ceux qui font la visite essaient toujours de prouver que l'usine est une bonne usine qui fabrique de bons produits. D'ailleurs, notre accompagnateur insiste sur la dimension écologique de l'usine. Pour faire le papier qui sort des machines, il n'est plus question d'utiliser du bois. Ici, tout est fait avec le papier recyclé qui vient de tout le nord et l'ouest du pays. Le papier est désencré, nettoyé de ses agrafes et des impuretés pour devenir une pâte à papier blanche comme du lait qui est enfin transformée en papier journal. La chaudière est de type biomasse et tous les déchets ainsi que l'eau sont recyclés et épurés. Mon cornac m'explique que le seul rejet est ce petit filet de vapeur d'eau qui s'échappe de la cheminée.

La papeterie, presque nonagénaire, étale ses bâtiments gigantesques, certains encore en briques,

d'autres plus modernes, sur plusieurs centaines de mètres. Dans tous les coins de l'usine, des mannequins ont été disséminés pour symboliser les emplois qui vont être supprimés. Il y a un mannequin différent, pendu à une rambarde, qui personnifie le patron, et surtout comment il devrait finir. Des banderoles ont été accrochées un peu partout pour dire qu'il n'y aura pas de licenciements, ou qu'il vaut mieux mourir debout que vivre à genoux.

La papeterie sort annuellement 350 000 tonnes de papier, par bobines de 20 tonnes. Ce papier est utilisé par les quotidiens régionaux, *Paris-Normandie*, bien sûr, mais aussi *Ouest-France*, ainsi que tous les quotidiens du Nord et de la région PACA. La direction veut garder le papier journal et supprimer les deux unités fabriquant le papier couché qui sert pour les magazines, et transférer cette fabrication vers une papeterie allemande.

Ce à quoi les salariés répondent que ce type de papier représente seulement 30 % de la fabrication et qu'on ne peut pas supprimer 60 % de l'effectif dans ce cas. Très remontés, ils ont tous en mémoire le conflit de 1983, lorsque les salariés de la Chapelle Darblay s'étaient bagarrés pendant cent jours, face à la direction, face à Fabius, alors Premier ministre, et face aux flics venus les déloger. Ce conflit avait marqué la région rouennaise. Les papetiers avaient gagné le maintien du site et des 900 emplois. Hélas, le temps a joué contre le mouvement social et, au moyen de restructurations «douces» basées sur des départs en retraite non remplacés, les patrons ont

réussi à tailler dans les effectifs. Pourtant, ces luttes de «retardement» permettent presque toujours aux ouvriers d'obtenir de meilleures conditions de départ. Et cela, les papetiers d'UPM-Kymmene le savent très bien.

Février 2015.

COMMENT FAIRE CHIALER SON PATRON...

Accompagner le changement (comprendre la restructuration) est l'un des leitmotivs à la mode chez les nouveaux managers. Dans le cadre de la cession de notre usine par le franco-français Total à la société autrichienne Borealis il y a un an, ces petits génies se sont dit qu'un saupoudrage de dirigeants belges permettrait de mieux faire face à ce séisme culturel. En effet, comme tout le monde le sait, la France et la Belgique c'est pareil. Donc, on s'est retrouvé avec des PDG, DRH ainsi que des chefs de service belges. Le hic, c'est qu'ils sont majoritairement flamands et que, question langue, il a fallu qu'ils se mettent au français, comme pas mal de chez nous ont dû se mettre à l'anglais.

Au-delà des problèmes de langues, c'est à un véritable choc de culture sociale que nous avons assisté. Car nos nouveaux patrons, qui n'en reviennent toujours pas, ont découvert le droit du travail, les syndicats, les grèves et j'en passe. Leur étonnement a été particulièrement profond lorsqu'ils se sont rendu compte que les salariés pouvaient arrêter les bécanes et ne pas venir gratter lors des journées d'action de grève. Ainsi, le 16 octobre dernier, une partie de l'usine avait été stoppée et aucun sac d'engrais n'était sorti. La demande d'explication adressée par la direction à tous les syndicats (même ceux qui n'appelaient pas au blocage des machines) n'avait

pas traîné. Avec un discours toujours aussi bien rodé : vous comprenez ce n'est pas le moment vu la conjoncture, l'état des installations... On avait eu droit aussi à une lettre du PDG. Du classique, donc. Auparavant, sous Total, c'était plus direct et parfois plus chaud, notamment lorsque le *big boss* avait effectué une descente « au contact » des grévistes pour les traiter de cons et d'assassins. Effet de sidération garanti.

Le PDG actuel essaie d'être plus diplomate. Reste que, après la dernière journée d'action en date, les organisations syndicales ont encore été convoquées par le staff de la direction générale à Courbevoie, siège de la boîte. Encore une fois pour se voir asséner le même discours ferme et paternaliste : « En Autriche et dans les autres pays où nous sommes implantés, nous ne subissons pas l'arrêt de la production lors de ces journées politiques qui s'adressent au gouvernement. Nous n'avons pas à subir ça. Nous comprenons le droit de manifester, mais pas d'arrêter les machines. Dans nos pays, nous ne comprenons les mouvements de grève que lorsqu'ils concernent les problèmes de l'entreprise. » Parce que nous sommes joueurs nous avons dit avoir compris.

Du coup, lorsque ont eu lieu les négociations annuelles obligatoires concernant les augmentations, les primes et tout et tout, la CGT a appelé à mettre bas les marteaux. Les salariés s'en sont emparés et ont même voulu commencer le mouvement la veille de la date prévue. Rien de surprenant étant donné le climat délétère qui règne dans la boîte : chaque

jour, la pression sur tous et chacun se fait un peu plus forte, les machines fonctionnent de moins en moins bien, la hiérarchie est toujours plus stressée et pesante. De plus, il y a eu pas mal de jeunes embauchés, plutôt rebelles, qui veulent montrer qu'ils ne se laissent pas marcher sur les pieds.

Ayant une solide expérience de ces séances de négociations où on se fait avoir si on n'a pas le rapport de force, je me suis quand même fait violence pour faire partie de la délégation syndicale. La réunion a commencé avec une direction souriante, le jeune responsable RH belge plutôt content (nous l'appellerons John), la DRH minaudant comme à son habitude. Et puis, ils ont fait leurs propositions. Des augmentations au ras des pâquerettes, expliquées par les mauvais résultats et la fameuse conjoncture. Les syndicats ont demandé une suspension de séance. Ce qui nous a permis de relayer par SMS les avancées en forme d'aumône de la direction. Ça n'a fait ni une ni deux. Dans la foulée, les retours ont été « on arrête tout ».

Un peu plus tard, lorsque l'équipe de direction est revenue, ils tiraient la tronche. La DRH regardait ses pieds et le jeune responsable avait la larme (de crocodile) à l'œil. Ils venaient d'apprendre l'arrêt de la production. John a alors dit qu'il ne comprenait pas, qu'il était pour la discussion et qu'une grève, c'était violent. Du coup, devant tant de « violence » de notre part, les cartes avaient changé et un nouveau cycle de négociations pouvait démarrer. Au bout de trois heures d'empoignades, les offres ont été nettement

revues à la hausse, une prime de fin d'année augmentée de 40 %, entre autres. Évidemment, ce n'est jamais à la hauteur de ce qu'on voudrait comme compensation à nos heures perdues au travail, mais pour avoir plus il faudrait autre chose qu'une petite grève d'une journée.

En quittant la réunion, John s'est excusé de s'être mis en colère. Ce dont on ne s'était même pas aperçu. Il a dit aussi qu'il souhaitait que la grève s'arrête. Ce à quoi je lui ai répondu que c'était une grève de vingt-quatre heures et qu'on n'en était qu'au début. Il a rentré la tête dans ses épaules et est parti.

Plus tard, je retrouvais les collègues dans les secteurs arrêtés et ils avaient tous la banane. C'était une petite victoire mais une victoire quand même. Et par les temps qui courent ça s'apprécie.

Mars 2015.

JÉSUS REVIENS!

Quand on pense CFDT, tout de suite viennent les qualificatifs de «traîtres» ou de «vendus». Il se dit aussi que pendant l'esclavage, la CFDT aurait négocié le poids des chaînes. Existerait-il quand même, dans la maison dirigée par Notat, Chérèque et maintenant Laurent Berger, des syndicalistes cédétistes soucieux de vraiment défendre les intérêts des salariés? La question est loin d'être incongrue, surtout lorsqu'on fréquente les représentants de ce syndicat dans ma boîte.

Ce 16 mars, au matin, tous les militants syndicaux élus, CGT, CFDT, CFTC et CGC, ainsi que la direction de Borealis, sont convoqués au tribunal d'instance de Rouen, salle des contentieux professionnels. La salle n'est pas très remplie et la plupart des convoqués ont décliné l'invitation. Quelques affaires passent rapidement. La plupart sont des conflits entre des salariés et leurs dirigeants, pour des élections professionnelles douteuses, pour des heures supplémentaires non reconnues ou encore pour des rapports houleux entre patrons et syndicats sur des chantiers du BTP. Le quotidien du salariat. Concernant Borealis, on se trouve sur un autre registre et d'ailleurs la présidente s'en étonne. C'est une jeune juge plutôt marrante (si!) qui se moque un peu de la CFDT qui est à l'origine de la plainte.

En décembre dernier ont eu lieu les élections professionnelles. Le résultat a été le même que les autres

années, à savoir que la CGT (même en légère perte de vitesse) reste en tête, suivie par la CFDT, et la CGC qui progresse timidement. La CFTC, malgré une campagne démagogique, n'a réussi à gratter que peu de bulletins en sa faveur. La nouvelle loi sur la représentativité syndicale est impitoyable : avec moins de 10 % des voix, l'organisation de défense des travailleurs chrétiens n'a plus d'heures de délégation dans les instances, comme le comité d'établissement, et se retrouve donc dans un état de nudité des plus christiques. Pour autant, son délégué a fait une demande pour avoir un représentant syndical au CE. C'est une question d'usage. Cela se faisait auparavant dans la boîte, et la CFDT, en son temps, en avait également profité. La CGC a appuyé dans ce sens, de même que la direction, pleine de mansuétude envers ce syndicat qui signe tous les accords qu'on lui présente. La CGT aurait eu de bonnes raisons de marquer son refus : la CFTC, avec son discours populiste et clivant (montant les fabricants contre les administratifs, par exemple), n'avait-elle pas tenté de capter quelques-uns de ses soutiens en s'adressant à la même population de prolos ? Elle s'est pourtant abstenue de tirer sur l'ambulance.

C'est donc de la CFDT que l'estocade judiciaire est venue. Histoire d'enfoncer le clou dans la croix de la CFTC, les cédétistes ont porté l'affaire devant le tribunal, eux qui n'ont jamais attaqué la direction de la boîte ! La juge s'est d'ailleurs inquiétée de cette absence d'aménité envers des « camarades de lutte ». Dans la salle, les avocats déblatèrent pour savoir

par quel bout prendre cette affaire tant le vide jurisprudentiel est intersidéral, du fait que c'est une loi récente. En quête d'une issue, la juge demande à la CGT son sentiment. On parle d'usages, de démocratie et tout le tralala. La juge semble acquiescer mais osera-t-elle créer un précédent? On ne le saura que dans un mois.

Demeure la question du pourquoi d'un tel acharnement de la CFDT à l'encontre d'un allié dès qu'il s'agit de s'aplatir devant la direction de l'usine? Rappelons que la CFDT est un syndicat de contremaîtres qui goûtent assez peu la présence de prolos dans les réunions feutrées avec le patron. Les militants CFTC font taches dans le paysage avec leurs manières grossières et leurs esclandres qui tombent à plat. Les voir débarrasser le plancher semble être une opportunité à saisir. Ça c'est du syndicalisme!

Dernière fourberie en date des cédétistes, leur participation, le 20 mars dernier, aux côtés des dirigeants du secteur de la plasturgie et des industries papetières au « premier symposium inter-conventionnel du dialogue social ». Étaient également présents, avec le Medef, les ministres Macron et Rebsamen pour « redéfinir les périmètres et les limites de l'action syndicale ». Surtout les limites puisque cet aéropage était invité à « réfléchir sur l'existence des conventions collectives en supprimant la culture des avantages acquis »!

À l'extérieur, une manif de salariés venus d'entreprises en lutte tentait de ramener les débats à quelques urgences plus concrètes…

Avril 2015.

PARTI SANS LAISSER D'ADRESSE

D'abord, je dois vous prévenir que je n'ai pas été trop à l'usine ces dernières semaines et que ça ne va pas aller en s'arrangeant d'ici ma retraite, car je découvre que j'ai plein de jours à récupérer et de congés à prendre. Mais je serai là pour vous, sans faute !

Ma dernière défection n'était pas en lien avec un quelconque vestige de l'État-providence. Plutôt avec un bête malaise au boulot. Infirmerie. Urgences. Et tout le tremblement. Résultat des exams : ce n'était pas grave, juste une petite alerte, comme des fusibles qui sautent. D'après ce que toute la gente médicale m'a dit, j'arriverais à un âge où on ne peut plus essayer de caser trente heures dans une journée. La chose s'annonce délicate car depuis que je me connais, c'est comme ça que je vis. Au moins, cet arrêt m'aura permis de la jouer plus cool pendant quelques jours et de me rappeler que c'est vachement bien de ne pas bosser. Pour l'heure, j'y retourne et on remet ça.

Donc, *previously*, comme diraient nos *top-managers*, dans l'épisode du mois dernier, je vous racontais que la CFDT de ma boîte avait traîné un représentant de la CFTC, de ma boîte itou, devant le tribunal d'instance, pour de sombres histoires de représentativité. Naïvement, nous étions nombreux à penser que la juge se laisserait aller à prendre une décision qui ferait jurisprudence et permettrait à des petits syndicats de pouvoir contourner la loi sur la représentativité syndicale.

Que nenni! Application de la loi : la CFTC représentant moins de 10 % des voix aux élections professionnelles, son délégué est éjecté de toutes les instances. À cette annonce, les militants CFDT ne se sont plus sentis de joie. Ils ont eu la banane. Une grande victoire syndicale : « Ça y est, on est débarrassé d'eux », s'est exclamé le secrétaire CFDT de la boîte.

De manière encore plus radicale que le cédétiste ne le pensait car on voyait le représentant du syndicat chrétien, trois jours avant le rendu du tribunal, chercher à rencontrer la responsable RH pour lui déposer un courrier de démission. Quelques jours plus tard, lors de ce qui s'est avéré être sa dernière nuit de travail, il est arrivé, comme d'habitude. Il a salué tous ses collègues, sans rien dire. Puis il s'est installé à son poste, devant ses écrans. Sauf qu'il n'a pas mis ses bleus. Tout le monde l'a senti un peu excité, mais sans plus. Il a beaucoup parlé, de tout et de rien, mais pas de son départ. Il faut dire qu'il est rarement à son poste de travail : seul réel militant de son syndicat, il a réussi à se trouver des heures de délégation dans diverses instances nationales et professionnelles. Du coup, il n'a pas vraiment de copains au travail. À minuit, il a sorti une bouteille de whisky, ce qui délie toujours les langues, mais il n'a toujours rien dit sur son départ. Il a critiqué des collègues, s'est fichu de la trombine d'autres... et la nuit s'est terminée. Le syndicaliste catho a quitté son poste de travail, à 5 heures du mat', comme si de rien n'était. En partant, il a même été jusqu'à retirer toutes les affiches et tracts CFTC des panneaux syndicaux et des murs du réfectoire. La

veille de son départ, il a été vu en train de vider complètement son local syndical, mais qui pouvait savoir?

Ce n'est que le lendemain que ses collègues ont appris sa démission, par la voix du chef de service qui a ajouté que ce n'était pas une grande perte. Le militant a même été invité à faire son préavis chez lui, officiellement pour écluser ses congés. Au niveau de son syndicat, dans la boîte, malgré un faible effectif, il n'a même pas prévenu ses syndiqués. Ces derniers se sont d'ailleurs sentis trahis. D'autant plus trahis que c'est auprès d'eux qu'on cherche des explications sur ce départ et qu'ils ne savent rien de rien. Personne parmi eux n'a envie de reprendre sa place ni son flambeau. Ils disent même ne plus se considérer comme adhérents de la CFTC. Ce syndicat, *a priori*, cesse donc d'exister sur l'usine. Je dirais que ce n'est pas une grosse perte étant donné son passif, mais la joie manifestée par les militants de la CFDT fait qu'il y a quelque chose qui cloche.

Ce départ représentera donc un mystère pendant quelque temps. Est-il parti par dégoût du travail et de l'ambiance? Avait-il des choses à cacher? Des problèmes de fausses facturations de déplacements syndicaux (si je l'écris c'est que c'est déjà arrivé)? On était plusieurs à s'être rendu compte que l'assignation au tribunal d'instance l'avait carrément fait stresser. Ou d'autres causes. La direction, elle, reste très silencieuse.

Un mystère qui ne durera pas longtemps. On a d'autres chats à fouetter. Il se passe toujours quelque chose dans une usine…

Mai 2015.

POT DE DÉPART

Stéphane avait demandé, la semaine précédente, s'il serait possible d'organiser son pot de départ dans les locaux du syndicat. C'est une demande rare, surtout de la part d'un non-militant, mais pourquoi pas? Il est donc arrivé le jour dit, avec ses bouteilles de whisky, pastis et champagne ainsi qu'avec moult biscuits et autres cochonneries qu'on s'empiffre à l'apéro. Ce n'est pas trop par idéologie qu'il a choisi cet endroit. C'est davantage parce que ce local, placé quelque peu en retrait de l'usine, peut constituer un îlot de résistance face aux interdictions de picoler dans la boîte. Les copains et collègues de Stéphane arrivent par petites vagues et on se retrouve à une quinzaine. Parmi les présents, certains viennent pour la première fois dans un local syndical mais ils ne font pas de difficultés. On sent d'ailleurs une certaine reconnaissance d'être là. Comme un acte de minuscule rébellion. Ça parle beaucoup. Dans ces moments-là, les blagues et vannes de toutes sortes fusent, et Stéphane, «avé» son accent toulousain, n'est pas le dernier. Le moment est très sympa, loin des chefs et du boulot. Les verres de whisky se multiplient et l'ambiance est assez chaude. Pour ma part, je me pose des questions par rapport à mon départ. Je voulais partir sans fêter ça, mais pourquoi se passer de ce moment convivial et plutôt sympa?

Ces jours-ci, à l'usine, l'ambiance est passablement gaie chez les salariés. La raison? On vient d'obtenir un

accord qui est complètement à contre-courant de ce qui se passe actuellement dans les boîtes : le droit à partir en retraite anticipée pour les postés. Ainsi, les copains qui auront accumulé au moins vingt-cinq ans de travail décalé (nuits, week-ends travaillés…) pourront se faire la malle deux ans avant l'âge légal. Cinquante-huit ans pour les plus chanceux. J'aurais pu être éligible mais cet accord arrive trop tard pour moi qui décanille dans quelques petits mois. Tant pis. Mais tant mieux pour les autres. Dans les trois années qui viennent, près de 50 collègues (sur 370 !) pourront en bénéficier. Actuellement, dans les groupes chimiques où de tels accords existent (Rhodia, Arkema, Total…), les directions essaient de revenir en arrière. Mais, dans notre usine, ça fait un an et demi qu'on harcèle nos nouveaux dirigeants. Tout a commencé par des pétitions, puis des grèves avec arrêt de production sur des revendications de départs anticipés dans le cadre de la pénibilité au travail. Ce sont des mouvements qui ont été bien suivis. Les copains étaient même prêts à continuer à mettre bas les marteaux si les discussions continuaient à s'enliser. Je dois reconnaître qu'on a bénéficié de deux choses : nos dirigeants austro-belges ne sont pas du tout, mais alors pas du tout, habitués à des mouvements de grève. Ils sont à l'aise dans le cadre feutré de cycles de négociations calibrés et préparés des mois à l'avance. Les arrêts de production ont donc eu un grand poids. Par ailleurs, cela va permettre à la direction de se débarrasser de salariés âgés, plutôt rétifs aux changements organisationnels et mieux payés, 25 % de plus avec la prime d'ancienneté,

que les nouveaux et jeunes embauchés. Chez ces derniers la perspective de ne plus travailler avec des vieux, qui ne tiennent plus la nuit ou le matin et qui sont aigris de devoir continuer à faire les quarts à des âges avancés, est aussi une source de satisfaction.

Au cours de ce pot de départ, évidemment, tout le monde en parle et les plus anciens ont les yeux qui pétillent devant la proximité de leurs départs anticipés. Parmi eux, Sylvain. C'est un vieux copain de boulot avec lequel j'ai bossé et milité un paquet d'années. Lui a carrément la banane. « Si tout se passe comme la direction l'a écrit dans le protocole d'accord, je pars un mois après toi, me dit-il, même si j'ai deux ans de moins que toi. » Je lui dis que c'est carrément bien et Sylvain répond : « Du coup on pourra faire notre pot de départ ensemble. » Voilà une proposition qui me va bien. À ces mots, Stéphane, actuel maître de cérémonie, dit qu'il faudra l'inviter et l'assemblée de cautionner. D'autant qu'avec cet accord, les pots de départ vont déferler ces prochains mois. C'est plus marrant de fêter un départ en préretraite qu'un départ en retraite parce qu'on arrive en « fin de carrière ». Du coup Stéphane sort une bouteille qu'il avait planquée, au cas où, et sert une nouvelle tournée.

Ça va être dur en cas de contrôle d'alcoolémie. Mais bon…

Juin 2015.

LA DERNIÈRE

Ça y est, ça se termine. À l'heure où j'écris ces lignes, il me reste à peine vingt jours à tenir. Et après, *basta*! *Bye bye* turbin. L'usine, c'est fini!

Je dois avouer que depuis quelques jours, je n'en branle plus une. J'en ai vraiment marre. Je m'écouterais, je me mettrais en arrêt maladie, d'autant qu'une fois en retraite, je ne pourrai plus le faire. L'usine me sort par les yeux. Il est temps que je prenne la tangente. Et encore, j'ai de la chance, le placard où l'on m'a placé pour ces derniers mois est nettement moins pénible que continuer à faire les postes, travailler de nuit ou devoir se lever à 4 heures du mat', jusqu'à mon départ, comme cela arrive trop souvent à mes collègues.

Je passe causer avec quelques copains et copines dans les ateliers ou les bureaux. Je bosse pour moi. J'écris cet article. La hiérarchie s'en fout, puisque je pars bientôt. Je donne mes heures pour le syndicat en essayant de continuer de sortir le journal mensuel, en me demandant qui prendra vraiment la relève. C'est un des problèmes : si mon syndicat compte pas mal d'adhérents (en gros, un tiers de l'usine), il n'y a pas beaucoup de militants qui émergent vraiment. Peut-être que face aux problèmes futurs, des collègues s'impliqueront davantage.

Même si depuis plus de dix ans on pense que la boîte va fermer, la vie continue à l'usine.

L'exploitation aussi. On se pose des questions sur le nombre de mois ou d'années pendant lesquels elle va encore tourner. Les usines des alentours ferment petit à petit : Petroplus, Schneider, LCI... La Chapelle Darblay voit ses effectifs divisés par deux... Quand on monte sur les hauteurs de Rouen, les seules fumées d'usine que l'on voit sont celles de ma boîte. C'est évident que ça va fermer. Mais quand ? Suspendus à cette question, nous sommes restés à bosser, croyant qu'elle fermerait et qu'on pourrait partir plus tôt. Mais rien pour l'instant.

Je dois avouer que j'ai hâte de passer du statut de « vieux salarié » à celui de « jeune retraité », même si le terme de jeune fait bizarre (faut dire qu'en vieillissant, les petits tracas de santé s'accumulent). Parce que dans la boîte, je fais partie des monuments, notamment auprès de certains cadres. Tu parles : quarante-deux ans que j'y suis, alors qu'eux n'y restent que cinq ou six ans. Ils me traitent presque avec condescendance « malgré tout ce que vous avez pu écrire sur l'usine ».

Je vois quelques copains qui ont un coup de blues au moment de partir. Ce n'est pas vraiment mon cas. C'est vrai qu'il y a des collègues que je ne reverrai pas et que les moments passés dans les luttes ou autour d'un apéro au réfectoire seront définitivement derrière moi. Mais quitter ces lieux, ces chefs, ces patrons, ces horaires... Et même si c'est toujours jouissif de dire merde au boss, ne plus connaître les contraintes du salariat, c'est comme retrouver la

liberté. Il est vraiment temps de partir. Il me reste tant de choses à faire.

Évidemment, du coup, mon départ signe aussi la fin de cette chronique que j'ai tenue une dizaine d'années. C'est plutôt rare, par les temps qui courent, qu'un prolo puisse donner son point de vue. Et c'est vraiment chouette que *CQFD* ait accepté de me laisser vous narrer ce qui se passait dans ma boîte. Renouant ainsi avec une vieille pratique de la presse révolutionnaire du début du XXe siècle.

Je ne suis pas trop du genre à revenir sur le passé mais, j'ai essayé, pendant ces années, de vous faire partager des moments d'usine, de croiser des collègues plus ou moins convenables. Il y a eu aussi les copains décédés, l'amiante, les accidents du travail et le procès AZF. Il y a eu des bagarres, des réussites et des échecs. J'ai aussi essayé de parler d'autres entreprises en lutte ou non. De plus, ces chroniques m'ont permis de croiser, dans d'autres coins de France, des prolos qui ne se laissent pas marcher sur les pieds et de les raconter.

J'ai également rencontré des lecteurs de ces chroniques, lors de mes déplacements pour mes bouquins, et reçu pas mal de retours par courrier, électronique ou non. C'est toujours agréable.

J'aurais aimé vous causer encore de quelques copains, comme Patrice. Un mec costaud, motard, le cœur sur la main. Un peu raciste, même si ses meilleurs copains s'appellent Djamel et Driss. Il y a quinze jours, au sortir d'une réunion intersyndicale

d'information, lui qui a toujours le sens de la formule, m'a dit : « Avec la CFDT, on ne doit pas avoir le même code du travail. Moi, dans mon code il n'y a pas le mot "travail", dans celui de la CFDT, il ne doit pas y avoir le mot "grève". »

Comme je sais que vous êtes assez friands d'histoires de prolos, je vous en raconte une petite dernière qui vient de se dérouler.

Nono semble ne pas avoir inventé l'eau tiède. Il a le crâne dégarni, mais les cheveux longs et filasses sur les côtés, une voix à la Daffy Duck et des mains aussi grandes que des gants de base-ball. Son boulot dans l'usine ne demande pas de connaissances techniques très poussées. Pourtant c'est primordial, Nono doit surveiller les réseaux d'eau, les pompages, les traitements et les canalisations. C'est le cœur même de l'usine et ça couvre une très grande superficie. Pour effectuer ces kilomètres, Nono a d'ailleurs une voiture de fonction quelque peu disloquée. C'est un boulot qui lui va bien parce qu'il est assez libre pour organiser son boulot comme il l'entend.

Parce que Nono est moins bête qu'il ne le laisse croire, il cherche aussi à faire des petites économies sur le dos de la boîte. Aussi, lorsqu'il va faire le plein de sa voiture de fonction, il en profite pour remplir un jerrican de 10 litres sur le compte du patron.

Je l'ai appris parce que certains n'ont pas su tenir leurs langues. Pire, il y en a un qui, caché, a pris Nono en flagrant délit et en photo avec son téléphone. Il a ensuite envoyé la photo au chef de service. Sans

doute a-t-il utilisé le terme «collaborateur» des DRH selon les critères de 1942.

Normalement, un vol est puni par un renvoi du jour au lendemain, sans autre forme de procès; une faute grave. Pour Nono, ce serait une catastrophe.

Ça me fait tout drôle de présenter (surtout pour une dernière chronique) un chef de service pas trop con et plutôt sympa, mais ce dernier n'a pas pris de sanction contre Nono. Il lui a simplement dit d'arrêter son manège. Ce que Nono s'est empressé d'accepter.

En revanche, concernant l'auteur de la photo, je sais que désormais le chef a du mal à lui serrer la main.

Nono peut continuer son petit bonhomme de chemin, dans sa voiture aux amortisseurs fatigués, sur les chemins de ronde de l'usine.

Voilà. Elle était courte.

C'est donc ici que s'achève ma dernière chronique écrite à l'usine. C'est un peu tristouille mais c'est ainsi. Pour autant, je sais que je suis du genre à écrire tout le temps et à vouloir continuer à témoigner et raconter. Alors on risque fort de se retrouver bientôt dans *CQFD*, et sans doute ailleurs, pour des histoires glanées au fil de rencontres, de combats et de voyages.

Alors à bientôt pour de nouvelles aventures.

Juillet 2015.

COMPLÉMENTS À L'ÉDITION DE POCHE

GOODYEAR : ET SURTOUT, LA SANTÉ !

Séquestrer sa direction lors d'un conflit social ? Ben oui, cela fait partie du rapport de forces. Cela ne semble pas évident pour la justice qui vient de condamner à de la prison ferme huit ex-salariés de Goodyear.

Assignations à résidence, convocations, gardes à vue, prison... En ce moment, ça tombe dru sur les militants politiques et syndicaux. Plus encore que sous Sarkozy ! Une condamnation à vingt-quatre mois de prison, dont neuf mois ferme, ça ne s'était jamais vu sous la Ve République. C'est ce qu'ont pris, pour « séquestration » de cadres, huit ex-salariés de Goodyear le 12 janvier dernier à Amiens. « C'est un procès politique, soutient Mickaël Wamen, responsable CGT de Goodyear faisant partie des condamnés. On avait voté pour Hollande en pensant qu'on allait être débarrassé de ce qui s'était fait avant mais c'est pire. Non seulement notre usine est fermée, mais en plus on se retrouve en taule parce qu'on a tenu tête à une multinationale puissante. »

Rappelons-nous. Les sept longues années de bagarre des salariés de Goodyear ont été marquées par des conflits durs avec un patronat violent ayant recours à des vigiles et des hommes de main. Quant aux plaintes déposées par les militants de Goodyear concernant le droit au travail et la santé des travailleurs, elles ont toutes été mises au panier.

Alors, lorsque Goodyear a annoncé en 2014 la fermeture du site d'Amiens malgré 2,5 milliards de profits, la séquestration de deux cadres dirigeants pour discuter s'est faite d'elle-même. C'est quelque chose qui a lieu très souvent, et dans n'importe quel conflit. Comme le dit Xavier Mathieu (ex-salarié de Continental) : « Qu'ont fait les mecs de Goodyear ? Ils se sont juste révoltés contre une injustice. […] La violence, elle n'est pas de leur côté. Ce sont les fermetures d'usine qui sont violentes. Celles qui mettent les gens dans la merde, qui les poussent vers le suicide, l'alcoolisme, la drogue, la dépression, le RSA[*]. »

De plus, alors que les cadres « séquestrés » ont retiré leur plainte, c'est le procureur de la République, soutenu par sa hiérarchie et peut-être par le Premier ministre, qui a décidé de poursuivre l'action devant les tribunaux.

« La séquestration doit être bannie », psalmodient en chœur le gouvernement, la droite et Pierre Gattaz. Il s'agit pour eux de réprimer les actions hors cadre. Dans une période où les gens se révoltent peu, la matraque a vite fait de tomber sur ceux qui dérogent. Et le gouvernement « socialiste » est plus apte à faire condamner les salariés que les patrons qui bafouent le code du travail, fraudent ou licencient en toute impunité.

Aux huit de Goodyear s'ajoutent les salariés d'Air France poursuivis pour une chemise déchirée, les deux militants d'ERDF qui ont empêché le licenciement d'une salariée à Paris et les quatre

---

[*] Dans *Libération* du 12 janvier 2016.

syndicalistes de l'usine Ford Blanquefort (Gironde) convoqués par la police à la suite de deux vieilles plaintes de la boîte qui se retrouvent aujourd'hui sur le dessus de la pile.

« Ce que fait le gouvernement, c'est une catastrophe sans nom, constate Mickaël. On est en train d'écraser la liberté d'expression, les droits et les libertés des salariés. Ça cache la casse du droit du travail, le plafonnement des indemnisations de licenciement, le travail du dimanche pour tous. À un moment donné, il va se passer quelque chose. Les gens ne vont pas pouvoir continuer à s'écraser... »

Février 2016.

BLOQUER :
QUAND TOUT S'ARRÊTE, TOUT COMMENCE

Se retrouver, en ce beau mois de mai, à bloquer le dépôt de carburants Rubis, sur la zone industrielle de Grand-Quevilly, près de Rouen, c'est, outre bloquer les camions citernes alimentant les stations-services du secteur, renouer avec l'histoire sociale locale.

Déjà, en 2010, pour les retraites, nous occupions ce dépôt, nuits et jours. Cela avait donné lieu à des échauffourées avec les flics, par un petit matin glacial. Il y avait eu aussi des blocages en soutien à la raffinerie Petroplus, ou pour d'autres causes. Rubis se trouvant juste à côté de la boîte où je bossais, c'était facile pour nous de nous y rendre et d'occuper les lieux.

Depuis le début du mouvement, il est question d'actions plus fortes face à un gouvernement droit dans ses bottes qui fait passer ses lois à coup de 49.3, pour imposer les ordres du Medef, de la Commission européenne et de l'OCDE. Une dictature larvée qui envoie ses flics contre la jeunesse et les salariés, faisant ainsi monter la tension. Parce que lorsque tu te fais réprimer pour rien, t'as pas envie que ça recommence, du coup tu reviens avec de quoi te défendre et ça monte d'un cran à chaque fois.

Les grèves sont maintenant quasi inefficaces, car pour stopper le pays c'est devenu compliqué. Les

centrales, les raffineries, les usines de production sont de plus en plus difficiles à arrêter et à remettre en route, ce qui en rebute plus d'un. Les grandes industries sont moins nombreuses qu'il y a trente ans et, lorsqu'elles existent encore, le travail est séparé entre salariés à statut d'entreprise et les PME sous-traitantes, les intérimaires, voire les auto-entrepreneurs qui ne peuvent pas faire grève. De même dans les transports, l'énergie, la santé, de tels garde-fous ont été édictés qu'il devient difficile que le « service » ne soit pas rendu.

On en arrive donc à bloquer le nerf de la guerre économique : l'essence, le déplacement, la logistique. Éléments essentiels de la production et de la consommation. Bloquer les axes routiers, les zones industrielles, les ponts, les rails est devenu la pratique de lutte sociale de ces dernières années. « Une nouvelle fois la stratégie du blocage s'impose comme la pratique la plus immédiate, la plus évidente et la plus efficace dans un conflit politique », *dixit* le Comité invisible.

Donc, ce 16 mai, on se retrouve à bloquer le dépôt Rubis. Des ouvriers CGT du port et des camionneurs, mais pas seulement. Il y a des jeunes de ma boîte, des syndicalistes de Solidaires et des jeunes de Nuit debout. Cette fois – et fort des expériences précédentes – c'est une véritable barricade qui est érigée avec des pneus, des palettes, du matériel de chantier et autres encombrants recyclés. D'autres pneus brûlent plus loin pour annoncer le blocage, avec la fumée noire et dégueulasse qui va avec. Ça discute ferme, même si on est tous plus ou moins d'accord.

Un lycéen essaie de faire comprendre son point de vue à de vieux dockers qui semblent éméchés. Pas mal de gens passent et s'attardent sous une tente montée à la hâte. L'ambiance est plutôt bon enfant.

Au carrefour, les camions sont immobilisés et la plupart des chauffeurs prennent les choses à la rigolade. J'entends un Belge, qui transporte des morceaux immenses d'éoliennes, téléphoner à son patron pour prévenir qu'il risque d'être bloqué au moins trois jours. Les camionneurs sont touchés par la loi El Khomri et, eux aussi, en ont marre de Hollande et de Valls.

La file des camions s'est allongée, un type en camionnette qui, lui, est énervé, s'enquille à contre-courant et manque de percuter un motocycliste. C'est le seul incident.

Évidemment on attend les représentants de la maison poulaga, d'autant qu'on en voit souvent qui viennent faire un tour en voiture. Le jeudi 19, la préfecture prévient la CGT que la police va lever le barrage. Il n'en faut pas plus pour rameuter du monde le soir et le lendemain matin. Les flics, après avoir reçu des renforts, interviennent le vendredi à 17 heures. Pas facile de tenir un siège. Le feu est mis aux pneus et une immense colonne de fumée s'élève, comme pour prévenir la population de cette forfaiture.

Des réunions ont lieu par la suite pour réfléchir à comment reprendre Rubis. D'une part, la présence policière y est, depuis le 20, importante (on a compté au moins 10 cars de condés en faction certains jours). D'autre part, avec la grève qui touche les raffineries Total de Gonfreville et Exxon de Notre-Dame-de-Gravenchon

(toutes deux en banlieue havraise), ainsi que celle qui affecte la CIM*, laquelle ne dépote plus les tankers restant au large du Havre, le dépôt Rubis n'est plus approvisionné. Valls peut toujours dire qu'il n'y aura pas pénurie, c'est évident qu'on va dessus. Sauf abandon de la loi ou recours à la réquisition des grévistes. Ce que le PS est capable de faire. On sait jusqu'où il peut aller pour mettre en œuvre la politique d'austérité vers laquelle il s'est tourné.

À Rouen, un autre lieu s'est créé pour partager, bloquer, discuter, c'est un nouveau squat, situé dans une église désaffectée. Il s'agit de la « Commune Saint-Nicaise », où se réunissent les gens de Nuit debout. À l'entrée un drapeau rouge et un drapeau noir annoncent la couleur. La police menace d'intervenir, mais cela semble compliqué et, à l'heure où j'écris ces lignes, ce n'est toujours pas fait.

Au Havre, c'est autre chose. Plus beau, plus fort. Dans cette ville, la tradition de luttes ouvrières est encore très vivace, dernièrement encore c'était la Sidel** qui tenait le haut du pavé. D'autres actions sont aussi dans les mémoires comme le soutien en 2014 aux quatre militants syndicaux inculpés parce que, lors d'une manifestation, le local du PS avait été quelque peu décoré.

---

* La CIM réceptionne 40 % des importations françaises en pétrole brut, le distribuant par oléoducs vers les raffineries de Basse-Seine : Total à Gonfreville-l'Orcher (Seine-Maritime) et Grandpuits (Seine-et-Marne), et ExxonMobil à Notre-Dame-de-Gravenchon. Sont également concernés par cette redistribution des ressources, la région parisienne et les aéroports de Paris.
** Voir l'article paru dans *CQFD* au mois de novembre 2015.

Depuis le début du conflit contre la loi El Khomri, les actions de blocage sont quasi quotidiennes. C'est même au Havre que ça a commencé, par les blocages du port et du boulevard industriel. Les manifs y sont grosses et les gens enthousiastes. La mairie du Havre s'est trouvée occupée, comme d'autres lieux. Et lorsque les flics ont mis fin au blocage des raffineries, c'est là que les raffineurs sont entrés dans la grève, puis ont participé aux opérations de ralentissement sur les ponts de Tancarville et surtout de Normandie.

Au Havre, la CGT (et dans une moindre mesure Solidaires) a un passé de syndicalisme révolutionnaire et la mémoire de l'affaire Jules Durand est loin d'être perdue*. J'ai même rencontré des vieux cégétistes, autrefois cocos et staliniens, se disant aujourd'hui héritiers de l'anarchisme havrais…

Le Havre reste, sans conteste, un véritable bastion ouvrier, comme on souhaiterait en trouver ailleurs. Et il faut voir la peur changer de camp lorsque 2 000 dockers déboulent en manif, unis derrière leur banderole, arborant le gilet CGT et avançant au rythme des tambours, même s'il y a un côté machiste et militaro.

D'autres actions de blocages sont prévues à l'heure du bouclage de *CQFD*, je ne peux donc pas en parler, mais je peux vous le dire : on continue.

Juin 2016.

---

* En 1907, Jules Durand, responsable du syndicat des charbonniers, a été accusé à tort de la mort d'un jaune. Ce fut une sorte d'affaire Dreyfus. Si vous êtes sages, un jour, je vous raconterai ça.

SOMMAIRE

Préface 7

* * * * *

— I —

SE LEVER, FAIRE LE MUR ET BALAYER 13
LENDEMAIN DE GRÈVE 16
LES PORTES DE L'ENFER 19
LES ÉPONGES FARCIES 23
RUMEURS AVANT FERMETURE 26
RÊVE DE BANANERAIE 29
PUTAIN D'USINE : ON FERME! 32
COUPS DE POT 36
ON A TROUVÉ UN TRÉSOR 39
LE TRUST, LE LAMPISTE ET 30 MORTS 42
PÉTAGE DE PLOMBS SUR LA TOUR 45

— II —

P'TIT CHEF ET GROSSE ENVIE 51
RESTRUCTURATION : SAUVE QUI PEUT! 54
CLAIREMENT HORS CADRE 57
L'INTERNATIONAAAAALE 60
RÉVEILLON AU TURBIN 64
AUDITES-LE AVEC DES FLEURS 67
« C'EST PAS LE MOMENT » 71
BOULOT DE NUIT 76
C'ÉTAIT PAS DU JEU 80
QUELQUES FAITS RÉCENTS 82
LOGO SPARADRAP 86
VACANCES, J'OUBLIE TOUT 89

— III —

LE BUREAUCRATE ENGUIRLANDÉ	95
PRESSION MENTALE	99
TOUCHÉS PAR LA GRÂCE	102
LA DÉFENSE, ZONE IMMUNODÉFICITAIRE ?	105
UN CON	109
UN FLIC	113
ÉCRASÉE DANS L'ŒUF	117
TRAVAILLER MOINS POUR RIGOLER PLUS	121
FREDO, L'PROLO D'SAINT-NAZ'	124
D'UN CYCLE, L'AUTRE	127
LULU	130

— IV —

PICOLO PROLO	135
UN JAUNE, PATRON !	138
CASSÉS PAR LE BOULOT	141
MARRE D'ENGRAISSER L'ACTIONNAIRE !	144
TOUJOURS EN CONFLIT (LA SUITE)	147
PARCOURS DU COMBATTANT	150
LE CADRE SE REBIFFE	153
« JE SUIS UNE TEIGNEUSE »	156
DÉMOCRATIE PATRONALE	159
TOTALEMENT RESPONSABLE	162
AMBIANCE, AMBIANCE	165

— V —

BERNARD, UN ROUGE EN BLEU	171
PUTAIN D'USINE, SALOPERIE DE PATRON !	174
NON CHEF !	177
PROCÈS AZF : DÉGOUTÉS !	180
RIEN DE PIRE	184
L'HEURE DES COMPTES	188
COUP DE POMPE	191
C'EST QUAND QU'ON FERME ?	194
LES BLEUS CONTRE LES JAUNES	197
LE BAISER DE L'AMIANTE	200
PUTAIN, DEUX ANS !	203

— VI —

ON L'A ENCORE ÉCHAPPÉ BELLE ! 209
C'EST JAMAIS LE MOMENT 212
EN GRÈVE JUSQU'À LA RETRAITE 215
C'EST PAS ÇA 219
« PUTAIN D'USINE QUI FERME » 222
LES INVISIBLES 225
ZAZA EST FATIGUÉ 228
ORAISON FUNÈBRE : « C'ÉTAIT UN CON ! » 231
TOTAL : CHIMIE À VENDRE 234
HOLD-UP AU COMITÉ D'ÉTABLISSEMENT 237
ANNETTE 240

— VII —

DIRECTION ZOO DE LA DÉFENSE 245
DIX ANS PLUS TARD… 249
« PEDRO… ON NE VEUT PLUS DE VOUS. » 252
HISTOIRES DE COULAGE 255
2012, ANNÉE DE LA LOOSE 258
RÉINDUSTRIALISATION ÉLECTORALE 261
« *TASK FORCE* SÉCURITÉ » 264
UN INFINI CHAGRIN 267
LA JUSTICE OU LA MORT 270
OÙ IL N'EST PAS QUESTION DU TAULIER MAIS DE LA TAULE 273
LE PETIT CHEF DES POMPIERS 277

— VIII —

VIVE LA RENTRÉE ! 283
SOS MÉDECINS DU TRAVAIL 286
« PAYS DE MERDE ! » 289
ENVIES DE MEURTRE 292
UN DRÔLE DE CONFLIT 295
BASTA ! 298
GRANDE BRADERIE CHEZ TOTAL ! 301
LA QUILLE 304
D'UNE FERMETURE L'AUTRE 307
BAROUD D'HONNEUR 310
ADIEU PATRON ! 313

— IX —

D'UN ATELIER L'AUTRE 319
PÉNIBLE 322
TRAVAILLEURS, TRAVAILLEUSES… 325
UNITÉ! 328
LA JOURNÉE D'ACTION 331
ÉTHIQUE EN TOC 334
PLUS ÇA CHANGE, PLUS C'EST PAREIL 338
UN HOMME EN COLÈRE 341
ENCORE UN 344
GROS CHANTIER 347
MANAGEMENT À L'ANCIENNE 351

— X —

DERNIÈRE SAISON 357
« BONJOUR CHEZ VOUS » 360
CONDOLÉANCES PROLÉTARIENNES 363
« WINTER IS COMING » 365
SIX FEET UNDER 368
LAISSEZ LUTTER LES PETITS PAPIERS 371
COMMENT FAIRE CHIALER SON PATRON… 375
JÉSUS REVIENS! 379
PARTI SANS LAISSER D'ADRESSE 382
POT DE DÉPART 385
LA DERNIÈRE 388

— COMPLÉMENTS À L'ÉDITION DE POCHE —

GOODYEAR : ET SURTOUT, LA SANTÉ! 395
BLOQUER : QUAND TOUT S'ARRÊTE, TOUT COMMENCE 398

* * * * *

www.cqfd-journal.org

CQFD

Mensuel de critique et d'expérimentation sociales

Jean-Pierre LEVARAY
Je vous écris de l'usine

Préface d'Hubert TRUXLER

*Édition préparée
par Charlotte* DUGRAND*,
Bruno* BARTKOWIAK*,
Nicolas* NORRITO

*Graphisme et maquette
par www.brunobartkowiak.com*

Éditions LIBERTALIA
*21 ter, rue Voltaire, 75011 Paris
www.editionslibertalia.com
Indicatif éditeur : 978-2-9528292*

Diffusion et distribution
HARMONIA MUNDI *livre*

Reproduit et achevé d'imprimer
par l'imprimerie La Source d'or le 25 octobre 2016
Premier tirage en poche : 1 500 exemplaires
Dépôt légal : 4ᵉ trimestre 2016
Imprimé en France
Imprimeur n° 19052

Dans le cadre de sa politique de développement durable,
La Source d'Or a été référencée IMPRIM'VERT®
par son organisme consulaire de tutelle.
Cet ouvrage est imprimé - pour l'intérieur -
sur papier bouffant « Munken Print Cream » (main 1,8) 70 g
provenant de la gestion durable des forêts,
produit par des papetiers dont les usines ont obtenu
les certifications environnementales ISO 14001 et E.M.A.S.